INTRODUÇÃO ÀS CIÊNCIAS SOCIAIS

INTRODUÇÃO ÀS CIÊNCIAS SOCIAIS

JOSÉ EDUARDO AZEVEDO (ORG.)
ADILSON RODRIGUES CAMACHO
ANGELES TREITERO GARCÍA CONSOLO
EDÍLSON CÂNDIDO DA SILVA
FERNANDO PERILLO DA COSTA
FERNANDA SILVEIRA CORRÊA

JOSEFA ALEXANDRINA DA SILVA
NEUSA MEIRELLES COSTA
RENATA VIANA DE BARROS THOMÉ
SILAS GUERRIERO
SIRLEI PIRES TERRA
SERGIO LUIZ CARNEIRO

Publisher
Henrique José Branco Brazão Farinha
Editora
Cláudia Elissa Rondelli Ramos
Preparação de texto
Gabriele Fernandes
Revisão
Ariadne Martins
Renata da Silva Xavier
Projeto gráfico de miolo e diagramação
Lilian Queiroz | 2 estúdio gráfico
Capa
Os Artistas
Impressão
Maistype

Copyright © 2017 *by* José Eduardo Azevedo
Todos os direitos reservados à Editora Évora.
Rua Sergipe, 401 – Cj. 1.310 – Consolação
São Paulo – SP – CEP 01243-906
Telefone: (11) 3562-7814/3562-7815
Site: http://www.evora.com.br
E-mail: contato@editoraevora.com.br

DADOS INTERNACIONAIS PARA CATALOGAÇÃO NA PUBLICAÇÃO (CIP)

I48

Introdução às ciências sociais / José Eduardo Azevedo (org.) ; Adilson Rodrigues Camacho ... [et al.]. - São Paulo : Évora, 2017.
360 p. ; 16x23 cm.

Inclui bibliografia.

ISBN 978-85-8461-106-5

1. Sociologia. I. Azevedo, José Eduardo. II. Camacho, Rodrigues.

CDD- 301

JOSÉ CARLOS DOS SANTOS MACEDO – BIBLIOTECÁRIO – CRB7 N. 3575

SUMÁRIO

Apresentação, 1

1 Introdução ao pensamento científico sobre o social, 3
FERNANDO PERILLO DA COSTA E SILAS GUERRIERO
Objetivos, 5
As origens do pensamento sobre o social, 5
O pensamento social na Grécia, 7
O pensamento social no Renascimento, 8
O Racionalismo no século XVII, 13
O Iluminismo do século XVIII, 14
O pensamento científico sobre o social e o surgimento da sociologia, 17
Auguste Comte e a lei dos três estados, 19
A formação da sociologia, 21
A influência do pensamento positivista no Brasil, 22
O pensamento científico sobre o social e o senso comum, 23
Questões para estudo, 27
Sugestões de filmes, 27
Referências bibliográficas, 28

2 Transformações sociais do século XVIII e a consolidação do modo de produção capitalista, 29
FERNANDO PERILLO DA COSTA
Objetivos, 31
Considerações introdutórias, 31
Considerações sociológicas sobre a Revolução Industrial, 36
A exploração da mão de obra, 47
A luta dos trabalhadores, 49
Considerações finais, 63
Questões para estudo, 64
Sugestões de filmes, 64
Referências bibliográficas, 65

3 **As revoluções burguesas no século XVIII, 67**
FERNANDO PERILLO DA COSTA E JOSÉ EDUARDO AZEVEDO
Objetivos, 69
A Revolução Francesa, 69
A independência dos Estados Unidos, 83
As revoluções burguesas e a afirmação do capitalismo, 88
Questões para estudo, 92
Sugestões de filmes, 93
Referências bibliográficas, 93

4 **David Émile Durkheim: Consciência coletiva, coerção e solidariedade, 95**
NEUSA MEIRELLES COSTA
Objetivos, 97
Período histórico, 98
Aspectos gerais da sociologia de Durkheim, 100
A sociologia de Durkheim: Abordagem e campo teórico, 105
O método sociológico segundo Durkheim, 109
Representações coletivas e a teoria do conhecimento, 114
Consciência coletiva, 115
Divisão do trabalho social e solidariedade, 116
Suicídio, 119
Educação, integração e individualidade, 120
Considerações finais, 121
Questões para estudo, 122
Referências bibliográficas, 123

5 **Karl Marx: Exploração, alienação e ideologia, 125**
JOSEFA ALEXANDRINA SILVA E RENATA VIANA DE BARROS THOMÉ
Objetivos, 127
O materialismo histórico e dialético, 128
A noção de estrutura social, 130
O trabalho como mercadoria, 131
O trabalho como criação de valor e produção de mais-valia, 133
O fetiche da mercadoria, 135
Classes sociais, 136
Alienação e ideologia, 139

O pensamento de Karl Marx e o mundo atual, 141
Questões para estudo, 143
Referências bibliográficas, 144

6 **Max Weber e a busca do sentido das ações sociais, 145**
NEUSA MEIRELLES COSTA
Objetivos, 147
O método compreensivo de Max Weber, 148
Ação social na sociologia de Weber, 150
Ética protestante e espírito do capitalismo, 153
A construção de tipos ideais e sua aplicação em pesquisa, 160
Burocracia, 161
Estruturas típicas de dominação, 166
Ciência e política, 170
Questões para estudo, 170
Referências bibliográficas, 171

7 **A globalização e suas consequências, 173**
EDÍLSON CÂNDIDO DA SILVA, FERNANDA SILVEIRA CORRÊA E SIRLEI PIRES TERRA
Objetivos, 175
A globalização e a nova ordem mundial, 175
Comércio internacional, 175
Investimento internacional e mercado financeiro globalizado, 177
Tecnologia da informação, 178
Reestruturação do capitalismo: Tecnologia da produção, 180
Tecnologia da inovação, 180
Organização de grupos de empresas, 181
Dimensão sistêmica da competitividade, 182
Visões neoliberal, desenvolvimentista e da exclusão social, 183
Visão neoliberal, 183
Visão desenvolvimentista, 186
Visão crítica: A globalização como causa da exclusão no mercado de trabalho, 190
Novo panorama econômico, social e cultural, 192
A globalização do ponto de vista cultural, 193
A desterritorialização e a constituição de uma memória coletiva global, 193
Resistência à homogeneização global, 195
Questões para estudo, 197
Referências bibliográficas, 198

8 Transformações no mundo do trabalho, 201
Sirlei Pires Terra
Objetivos, 203
O trabalho na nova ordem mundial, 203
As economias capitalistas global e brasileira e a relação capital-trabalho, 205
Cenário internacional das relações capital-trabalho, 206
A economia no Brasil e a decorrente relação capital-trabalho, 208
Tecnologia e trabalho, 214
O processo de informalização do trabalho no Brasil, 216
Dinâmica atual do processo de trabalho, 218
Os trabalhadores e as transformações do mundo do trabalho, 221
O perfil que se espera do trabalhador, 222
Sindicalismo, 223
Trabalho e lazer, 225
Questões para estudo, 227
Referências bibliográficas, 228

9 Política e relações de poder: Participação política e os direitos do cidadão, 231
José Eduardo Azevedo e Josefa Alexandrina Silva
Objetivos, 233
Política, 233
Fundamentos do poder político, 235
O Estado, 237
Democracia e cidadania, 239
Participação política, 242
As relações de poder, 244
Questões para estudo, 246
Referências bibliográficas, 247

10 Urbanização: Os sentidos do processo e da estruturação social urbana, 249
Adilson Rodrigues Camacho e Sergio Luiz Carneiro
Objetivos, 251
Para começar, algumas cenas..., 251
Algumas palavras..., 252
E como estudar isso tudo?, 253
As cidades e seus atributos: O que elas têm, 256

As cidades e seus problemas: Raízes e aparências, 263
Habitação, 265
Especulação imobiliária, 266
Violência, insegurança e medo, 267
Desemprego e precarização do trabalho, 268
Os circuitos da economia e a informalidade, 269
Sistema viário, 271
Transporte coletivo, individual e o trânsito, 273
Saneamento e saúde, 274
Educação, 275
Sistemas condutores de energia e alimentação das cidades, 276
Fronteiras urbanas, 277
Questões para estudo do conteúdo, 280
Sugestões de filmes, 280
Referências bibliográficas, 281

11 A cidade, organização e dinâmica de formas e funções: Para onde apontam conteúdo e aparência, 285
Adílson Rodrigues Camacho e Sérgio Luiz Carneiro
Objetivos, 287
Palavras iniciais..., 287
A cidade como organização: Quem coloca o que ela tem, onde e quando, 288
Campo e cidade: Das percepções às definições, 293
A cidade e suas definições: O que dizem que ela é e o que deveria ser, 298
O que é a cidade: Definições, 299
O que deveria ser a cidade, 304
Questões para estudo, 308
Sugestões de filmes, 308
Referências bibliográficas, 309

12 Os movimentos sociais na sociedade em rede, 313
Angeles Treitero García Cônsolo e Josefa Alexandrina Silva
Objetivos, 315
Movimentos sociais, 315
Características dos movimentos sociais: Identidade, oposição e totalidade, 318
O princípio de identidade, 318
O princípio de oposição, 319
O princípio de totalidade, 319
O campo da ação histórica, 320

Alienação, 320
As formas de decomposição dos movimentos sociais, 321
A sociedade em movimento, 322
O movimento feminista, 323
O movimento ambientalista, 325
Movimentos da sociedade em rede, 327
Algumas características dos movimentos sociais diante das novas tecnologias, 328
Os movimentos sociais em novos formatos, 329
Flash mobs, 333
Os novos movimentos sociais, 335
Considerações finais, 336
Questões para estudo, 337
Sugestões de filmes, 338
Referências bibliográficas, 338

Índice remissivo, 341

Sobre os autores, 347

Apresentação

De modo geral, as pessoas apresentam dificuldade para compreender os nexos que estruturam a realidade em que vivem: para elas o mundo se mostra caótico, e inúmeros discursos se anunciam como portadores da verdade. Na TV, tragédias são exibidas ao lado da cultura do consumo, das novelas, da propaganda e do futebol, sem que haja a reflexão sobre os eventos que ocorrem.

Dificilmente os cidadãos se veem parte de um sujeito coletivo, portanto não conseguem estabelecer uma inter-relação entre as distintas modalidades de eventos sociais, atribuindo as mazelas da existência humana aos deuses ou, simplesmente, tomando-as como fruto da maldade humana. Não se apercebem como cidadãos livres para escolher seus destinos e, desse modo, não encontram na vida em sociedade um "sentido comum" que os ajude a viver as mudanças sociais como algo significativo e como experiência compartilhável.

São as ciências sociais que contribuem para a percepção de que a realidade tem uma ordem, de que ela é produto da ação humana e, portanto, passível de ser compreendida. A sociedade não é um caos incompreensível, mas uma instância ordenada que exige adequação do pensamento para compreensão de sua lógica. Para tanto é preciso distinguir o conhecimento sociológico de outras modalidades de conhecimento, como as baseadas em opiniões, costumes, religiões etc.

Por esse motivo, as ciências sociais estão presentes nas diretrizes curriculares de diversos cursos de graduação, tendo como objetivo contribuir para a formação humanística e ética de diferentes profissionais, preparando-os para enfrentar os desafios das rápidas transformações da sociedade e do mundo do trabalho.

As ciências sociais permitem compreender fenômenos sociais considerando-os em sua totalidade, mas também nas ligações entre fatos cotidianos, das nossas vidas individuais, com as transformações da sociedade como um todo, que estão ocorrendo em ritmo e profundidade surpreendentes.

A compreensão da cambiante realidade social atual pressupõe explorar distintas explicações e interpretações, abrangidas na teoria sociológica clássica. Desse modo, os estudantes compreenderão que a complexidade do mundo atual – e das relações sociais nele contidas – não se explica por um pensamento único, tomado como verdadeiro e incontestre.

O objetivo desta obra é, portanto, expor teorias, conceitos e temas centrais à sociologia ao estudante que inicia seus estudos nessa área, por meio de um vocabulário adequado e sem perder a precisão necessária à linguagem científica.

Ademais, o estudo dos principais conceitos sociológicos pode ser enriquecido tanto com a leitura e a discussão de matérias de jornais e revistas quanto com o debate sobre filmes e letras de música que retratem o cotidiano. Assim, este livro possibilita ao aluno exercitar a capacidade de pesquisa e, principalmente, desenvolver o pensamento crítico e autônomo.

Josefa Alexandrina Silva

1

Introdução ao pensamento científico sobre o social

FERNANDO PERILLO DA COSTA E SILAS GUERRIERO

Objetivos

1. Demonstrar as diferenças e as características entre as explicações de senso comum, conhecimento científico e religioso sobre a realidade social;
2. Apresentar o denominado pensamento finalista e normativo sobre o social e suas principais ocorrências;
3. Fundamentar a discussão sobre a importância do momento histórico e as representações do social;
4. Levar o leitor a entender as transformações sociais da modernidade, principalmente a partir da importância do Renascimento, do Racionalismo e do Iluminismo;
5. Analisar o papel do pensamento positivista na compreensão científica do social;
6. Especificar a distinção entre o pensamento científico e o senso comum.

As origens do pensamento sobre o social

É evidente que desde a Antiguidade o ser humano, por viver sob as mais diversas formas de vida coletiva, sempre teve suas preocupações específicas com os diferentes tipos de problemas que podemos denominar de sociais.

Mas o pensamento que o homem produzia sobre os fenômenos sociais era de base científica? A resposta é não, pois a abordagem científica em relação à realidade social surgiu há menos de duzentos anos apenas.

Vamos percorrer um pouco este caminho do pensamento sobre o social, para que possamos melhorar o nosso conhecimento sobre a própria forma da humanidade refletir a respeito do que ela mesma cria. Essa é uma das finalidades deste capítulo. Para tanto, temos de penetrar em determinadas fases do conhecimento filosófico e religioso, para então chegarmos às bases do pensamento científico sobre o social.

Desde quando nos preocupamos com as questões sociais? Provavelmente desde que começamos a analisar as coisas que ocorrem à nossa volta. Isto é, há muito tempo, quando o ser humano passou a refletir sobre sua existência, ou melhor, quando começamos a nos distinguir dos demais animais.

Não é exagero dizer que muitos mitos antigos diziam respeito às questões da vida coletiva. Talvez tenham sido esses, os mitos, as primeiras formulações de pensamento sobre o social. Mitos são formas de conhecimento que guardam uma relação com a verdade de maneira diferente daquela que estamos acostumados por meio do pensamento objetivo. O conhecimento mitológico se caracteriza pela forma simbólica e metafórica com que exprime a realidade.

Hoje sabemos que sem a cooperação e um mínimo de organização coletiva a nossa sobrevivência teria sido impraticável. Logo, foi necessário que nos organizássemos e, para isso, a comunicação foi fundamental. É claro que nesse processo começaram as primeiras formas de expressão de quem somos, como vivemos e como devemos nos relacionar uns com os outros e com o meio. Os primeiros mitos devem ter refletido esses aspectos.

Mas os mitos, que ainda hoje são utilizados para representar diferentes aspectos de nossas vidas, não apenas pelas pequenas sociedades, mas por todos nós, não podem ser comparados com a ciência. São formas de conhecimento distintas. Nem pior, nem melhor. Isso serve para todas as demais formas de conhecimento, como o senso comum, o religioso e o filosófico. Cada qual possui racionalidades distintas, servindo a questões muito específicas. Por exemplo, estamos acostumados a dizer que o pensamento religioso explica o "porquê" das coisas e a ciência procura explicar o "como". Tente misturar as duas e terá como resultado muitos dos embates dos últimos séculos, quando cada uma dessas formas de conhecimento se outorgou o título de detentora da verdade.

A ciência, além de querer saber o como as coisas acontecem e, no nosso caso, como as coisas sociais se dão de uma ou de outra maneira, sempre procurou, por meio de um pensamento reflexivo e sistemático, intervir na realidade. Através da descoberta de como as coisas funcionam, os seres humanos poderiam, a partir de então, modificar o mundo que os cerca. Isso vale para todos os tipos de ciência, inclusive para aquela que terá como preocupação central a sociedade.

O pensamento social na Grécia

A filosofia surgida na Grécia antiga inaugurou uma forma de pensamento que depois foi bastante utilizada pela ciência: a racionalidade discursiva. Os filósofos gregos romperam com o mito e, a partir do século V a.C., passaram a ter uma preocupação sistemática e uma reflexão mais estruturada em relação aos problemas que afetavam a organização da vida social nas cidades-estados, como Atenas.

Nesse sentido, não seriam mais as forças sobrenaturais ou as intervenções divinas que explicariam a sociedade. Surge, então, uma reflexão laica e autônoma, que busca compreender o mundo social de forma objetiva.

A partir da denominada escola socrática, representada por Sócrates (470-399 a.C.), Platão (428-348 a.C.) e Aristóteles (384-322 a.C.), as questões sociais foram analisadas pela filosofia social humanista, que passava a ter uma postura mais reflexiva, caracterizando uma alteração na forma de se interpretar a realidade natural e a social.

De um modo geral, porém, o pensamento sobre o social desde a Antiguidade Clássica até praticamente o final do século XVIII, além de ter sido marcado pela forte influência da filosofia e do raciocínio religioso, possuiu, também, uma característica predominante: *o pensamento finalista e normativo*. O que isso significa?

É uma forma de reflexão sobre o social que busca a construção de um modelo de sociedade ideal, um fim perfeito a ser atingido, muito próximo do que pode ser denominado de uma utopia. O sociólogo francês Armand Cuvillier, sobre essa característica, afirma que:

> O que caracteriza os primeiros estudos sobre a sociedade é, precisamente, um ponto de vista finalista e normativo: finalista, isto é, que só considera a busca do que deve ser a melhor organização social e política; normativo, isto é, que tem a preocupação imediata de estabelecer normas, regras de ação para a vida coletiva (CUVILLIER, 1969, p. 3).

Como foi exposto, esses filósofos ou mesmo alguns teólogos, por meio de diferentes formas de raciocínio, indagavam como a sociedade *deveria ser* e não como ela *era*.

A preocupação básica era com a demonstração e propostas de diferentes modelos de sociedades perfeitas, tal como pode ser encontrado desde Platão, em sua obra *A República*, passando por Santo Agostinho (séc. IV d.C.), em *A cidade de Deus*, por São Tomás de Aquino (séc. XIII), na sua suma teológica, no filósofo inglês Thomas Morus (séc. XVI), em sua obra *Utopia*, chegando, de certa forma, até Voltaire (séc. XVIII), em suas obras, como *Cândido* ou *Cartas inglesas*.

Houve, entretanto, alguns momentos do percurso do pensamento sobre o social, nos quais ocorreram rupturas, mesmo que parciais, com esse tipo de raciocínio, acarretando certa aproximação de um pensamento mais racional e revelando características da postura científica sobre os fenômenos sociais.

O pensamento social no Renascimento

Um desses momentos, sem dúvida, foi o do Renascimento (séculos XV a XVII), marcado pela fase de transição estrutural da sociedade medieval-feudal, para a modernidade, com os primeiros sinais de um capitalismo mercantil. Significou uma verdadeira ruptura, não apenas na forma em que a sociedade se organizava, mas também na maneira de compreendê-la.

Nesta época histórica ocorreram, concomitantemente, significativos acontecimentos e processos, tanto nos planos econômico e político como no cultural, que acabaram contribuindo, de uma forma ou outra, para a afirmação de propostas de um raciocínio geral com maior base na racionalidade das ciências.

É neste momento que ocorre o desenvolvimento das grandes navegações, descobertas e a exploração colonizadora na África, na Ásia e no Novo Mundo, principalmente por meio da marcante liderança portuguesa.

Na economia, ocorria o renascimento comercial, caracterizado pela adoção da política econômica mercantilista de parte das monarquias absolutistas e pela ação colonizadora dos europeus, estabelecendo suas colônias na América, Ásia e África. No plano político, ao mesmo tempo que havia a decadência dos senhores feudais, ocorria a importante formação dos Estados Nacionais, processo que se tornou possível graças à aliança política entre os monarcas europeus e a ascendente burguesia comercial e financeira, o que contribuiu para a afirmação das monarquias absolutistas, derrubadas somente no século XVIII.

No sentido geral da sociedade europeia da época, era o momento de ascensão da burguesia, mas basicamente no plano econômico, pois, do ponto de vista político, este processo só será complementado no século XVIII, com as denominadas revoluções burguesas, como a Revolução Francesa, de 1789. Devido ao desenvolvimento comercial, a sociedade renascentista caracterizou-se, também, pelo crescente processo de urbanização. Diversas áreas da Europa central e do norte da Itália passaram por um grande crescimento urbano e pelo florescimento de uma dinâmica atividade econômica e cultural.

Complementando as transformações estruturais, é o campo cultural, entretanto, que mais caracteriza a fase renascentista, marcada pela grande produção artístico-literária, pela retomada dos padrões culturais clássicos greco-romanos, principalmente com a produção cultural do norte da Itália, e também por uma significativa proposta de reformulação geral da forma de pensamento.

O mundo moderno tem início, portanto, justamente com o Renascimento, no qual a inspiração na Antiguidade clássica não significava uma imitação do passado, mas a busca de uma nova vida que, como afirma o historiador francês Roland Mousnier ao analisar a sociedade renascentista, os homens daquele tempo desejavam para se libertar da Idade Média.

Houve uma grande efervescência de ideias e propostas, uma nova postura diante da natureza, do homem, de sua sociedade e do próprio conhecimento sobre o mundo que o cerca. Ocorriam as mais marcantes críticas à postura da Igreja católica, que culminou com o movimento de rompimento com a Santa Sé, marcando a Reforma Religiosa e a forte religiosidade pregada por Lutero e Calvino (século XVI). Contraditoriamente, porém, o Renascimento foi assinalado por uma crescente visão laica da sociedade, pelas críticas ao dogmatismo teológico e à predestinação da ação divina, por uma postura menos contemplativa e passiva diante da realidade natural e social. Nesse sentido, é que gradativamente foi havendo a glorificação do humano e do natural, caracterizando as posturas do *antropocentrismo*, confrontando-se com o *teocentrismo*, característico do período medieval. É o momento de defesa da filosofia humanista, que entrava em choque com as posturas medievais.

A valorização do indivíduo, mas também do individualismo, é acompanhada pela pregação do hedonismo, ou seja, pela busca do prazer, pela valorização da vida terrena e por uma maior liberdade de pensamento, apesar ainda da forte reação desencadeada pela Igreja católica, que inclusive defende-se por meio do movimento conhecido pelo nome de Contrarreforma.

Como toda e qualquer fase de transição estrutural, na qual as vigas fundamentais, econômicas, políticas e culturais da sociedade são questionadas, houve o inevitável choque de valores e o advento de novos comportamentos. A ascensional burguesia mercantil e financeira procurava difundir novas concepções, muitas delas associadas à valorização do ganho financeiro-material e ao acúmulo de capital. Até mesmo a noção de tempo começa a passar por uma reformulação, pois agora esse é associado, cada vez mais, ao ganho material. Nada mais coerente a colocação de que "tempo é dinheiro; perder tempo é perder dinheiro", tenha advindo dessa burguesia renascentista.

De modo geral, é uma fase de profundas contradições, que dialeticamente explicam inclusive os grandes conflitos políticos, mas também religiosos, no plano dos valores ideológicos e no do emocional. Tratava-se do surgimento de um novo homem, que não mais aceitava passivamente o poder básico da Igreja e dos senhores feudais.

Para Roland Mousnier, o homem do Renascimento pode ser explicado da seguinte maneira:

> O Renascimento está ligado à existência de um novo tipo de homem no qual fervilha uma poderosa vida animal e sentidos palpitam. Trata-se de um tumulto das faculdades intelectuais e de um pulular de imagens violentas (...). Estes homens apreendem o mundo exterior em conjuntos instantâneos, que não analisam e que se impõem à sua consciência até surgir a nova emoção: são violentos, repentinos, extremos, móveis e contraditórios, desconcertantes. Espantosamente prontos na irritação, na injúria, no desembainhar da espada, são capazes, logo no instante

seguinte, de se abraçarem, se acarinharem, se elogiarem loucamente. Depois, por um nada, um olhar, um arranhão, surge de pronto o punhal. Devotados impulsivamente e capazes de uma traição, com a mesma rapidez, heroicos, com períodos de estranhas fraquezas, humildes, com reviravoltas súbitas, choram como crianças e morrem com o riso nos lábios. (...) Tudo isto acontece, sem dúvida, porque os homens levam uma vida intensa, toda feita de músculos e nervos (MOUSNIER, 1957, p. 23).

Lendo essa explicação, quem não se lembra de trechos das obras *Hamlet* ou *Romeu e Julieta*, de Shakespeare, ou até mesmo de *Os Lusíadas*, de Camões? O brilhante escritor português, por sua conduta, caracterizado até por seu apelido de "Trinca ferros", devido ao seu comportamento impulsivo, sem dúvida, foi um exemplo bem significativo do homem renascentista.

Toda esta profunda transformação acarretou consequências no plano do saber. No Renascimento, ocorreu uma crescente valorização do espírito especulativo, da dúvida, da observação, da experimentação, da maior sistematização e racionalidade face ao conjunto dos fenômenos naturais, mas também, face ao que ocorria no plano da sociedade. Buscava-se, a duras penas, afirmar um novo saber, uma forma nova de se conhecer a realidade natural e social da época.

Em decorrência da colonização, o contato que o homem europeu passava a ter com novos povos, sociedades e culturas, até então desconhecidos, como os africanos, os asiáticos e os indígenas da América, contribuiu para colocar em dúvida as certezas e "verdades" absolutas que faziam parte do saber da época. Como se posicionar diante de tanta diversidade cultural e social?

Tudo isso foi acompanhado pela constante busca de métodos próprios de estudo, inclusive com a valorização de certos pressupostos científicos. Essa foi, sem dúvida, a postura encontrada em certos intelectuais representativos da Renascença, como o filósofo inglês Francis Bacon (1561-1626), que ao rejeitar a teologia como a única base do pensamento, propôs o uso sistemático da razão e a necessidade de se ter um método próprio de estudo da sociedade. No campo científico, podem ser mencionadas, por exemplo, as contribuições do italiano Leonardo da Vinci (1452-1519), mais conhecido por suas obras artísticas, mas que desenvolveu importantes estudos na física e na anatomia, além de sua constante busca de um método científico de análise e pesquisa. Foi o caso, dentre outros, do padre Nicolau Copérnico (1473-1543), ao defender a teoria heliocêntrica, em clara oposição à teoria geocêntrica preconizada pela Igreja católica. O caso mais significativo é o do físico italiano Galileu Galilei (1564-1642), com seus estudos de astronomia e física.

É óbvio que todo este processo não ocorreu de forma tranquila, pois houve uma enorme reação contrária por parte da Igreja, que se utilizava das ações da Inquisição, exemplificada pela pressão sofrida por Galileu em pleno século XVII.

Toda essa ação renovadora, portanto, se fazia presente em diversas manifestações culturais, como nas artes, na filosofia, chegando até as propostas de um conhecimento com características cada vez mais científicas e que se tornava cada vez mais imperioso.

O que muito contribuiu para a divulgação das ideias, em geral, foi o surgimento da prensa (imprensa), com a utilização dos tipos móveis metálicos, criados pelo alemão Johannes Gutenberg, que em 1453 edita a Bíblia, que até então era copiada manualmente por meio de um árduo trabalho.

No campo da análise do social, houve a contribuição de alguns filósofos para a gradativa afirmação de alguns pressupostos do pensamento científico. Isso pode ser exemplificado pelas ideias do filósofo italiano Giambattista Vico (1668-1744), que em sua obra *A lei universal* defendeu a valorização do homem como produtor da história e da necessidade de entendê-la como uma ciência do homem.

Uma das maiores contribuições para a criação de um saber científico sobre o social está relacionada ao italiano Nicolau Maquiavel (1469-1527), que ao publicar em 1513 sua mais conhecida obra, *O príncipe*, tornou-se o criador da ciência política, à medida que desenvolveu a análise da política e consequentemente do poder com base na pesquisa sistemática e crítica da história. Analisou as formas de como um governante, exemplificado por um príncipe, pode conquistar ou adquirir o poder político, as maneiras de mantê-lo, de ampliá-lo e como, pelos mais diversos fatores, este governante pode vir a perdê-lo. De forma profundamente realista e crítica, sendo o poder o fim último da política, analisa historicamente como os governantes utilizam dos mais diversos meios para chegar a ele. Isso é o que ficou caracterizado pela expressão indireta de que o fim justifica os meios utilizados pelos governantes.

O Racionalismo no século XVII

Outro importante movimento intelectual que contribuiu de forma marcante para a gradativa afirmação do pensamento científico sobre o social foi o Racionalismo do século XVII. Nesta proposta filosófica, houve a clara valorização da razão, da busca de um método científico de pesquisa e análise dos fenômenos da realidade. Esse movimento buscou os básicos mecanismos que explicam a dinâmica da natureza, ou seja, o cientificismo, que, partindo da análise dos fenômenos físicos, acabou influenciando a abordagem dos processos sociais. Tratava-se, mais uma vez, de uma influência das atividades comerciais da época que, controladas pela burguesia, cada vez mais exigiam maior racionalidade, planejamento e também a procura dos fatores que explicassem a vida natural e social e a crescente melhoria das tecnologias.

A produção mais representativa desta corrente de pensamento foi a do filósofo francês René Descartes (1596-1650), que em sua obra *Discurso sobre o método,* de 1637, demonstra a importância de se construir o conhecimento a partir da dúvida e de sua consequente eliminação, forma de reflexão que ficou notabilizada pela conhecida frase "Penso, logo existo". Outra contribuição nesta linha de raciocínio, dentre muitas outras, foi a do físico inglês Isaac Newton (1642-1727), com seus estudos de física e matemática.

Neste século XVII, ocorreu, também, no campo do pensamento social, representando, de certa forma, a passagem do movimento racionalista para a base da filosofia iluminista, as contribuições do filósofo e político inglês John Locke (1632-1704), que em sua obra *Dois tratados sobre o governo civil* defendeu o liberalismo político, a propriedade privada e os direitos individuais, garantidos por um contrato social político estabelecido pelos homens, compreendidos como seres dotados de razão e vontade, com ideias que não são inatas, mas socialmente construídas. Locke foi um dos intelectuais que claramente influenciou a Revolução Gloriosa Inglesa, de 1688, processo político que derrubou o absolutismo britânico e que, no início do século XVIII, conseguiu implantar na Inglaterra o modelo de governo parlamentarista monárquico.

Outro intelectual que marca esta passagem do racionalismo para o movimento iluminista foi o economista anglo-escocês Adam Smith (1723-1790), que ao publicar a sua clássica obra *A riqueza das nações*, é reconhecido como o criador da ciência econômica. Defendeu o liberalismo econômico, preconizou o trabalho como o principal fator produtor de riqueza e valor básico para o cálculo do salário do trabalhador. Parte das ideias de Adam Smith foi retomada e reinterpretada nas propostas de Karl Marx no século XIX.

O Iluminismo do século XVIII

O movimento filosófico que também contribuiu para a gradativa afirmação do pensamento científico sobre o social foi, no século XVIII, o Iluminismo.

Surgido desde as colocações de John Locke, o Iluminismo ficou conhecido pela grande participação de intelectuais franceses, tendo sido um movimento que abordou aspectos filosóficos, políticos, econômicos e científicos.

O Iluminismo combateu o absolutismo monárquico, a política econômica mercantilista adotada e fortemente controlada pelos Estados absolutistas, as instituições e privilégios feudais, a intolerância religiosa e as formas de desigualdades sociais, sempre dentro de uma perspectiva dos ideais e valores da burguesia da época.

Por outro lado, o Iluminismo defendeu, dentro de uma leitura da burguesia, o liberalismo político e econômico, a democracia, a divisão dos poderes, uma maior liberdade do homem, a liberdade de pensamento e a utilização de métodos racionais de estudo da natureza e da sociedade. Esse conhecido movimento influenciou as seguidas revoluções burguesas que afetaram a Europa no final do século XVIII, como a Revolução Francesa de 1789, e provocou marcantes influências nos movimentos de independência dos Estados Unidos e na maioria dos países da América Latina.

Não se pode falar do Iluminismo sem deixar de se fazer uma mínima referência a determinados filósofos da época. Este é o caso de Montesquieu (título de nobreza de Carlos Second, 1698-1755), que em 1748, em sua obra *Do espírito das leis*, tece críticas ao regime absolutista, ao poder da Igreja e, ao analisar as formas de governo, propõe a tradicional divisão dos três poderes de um Estado em: Legislativo, Executivo e Judiciário, concepção que passou a ser adotada, e até hoje é como funciona na maioria dos países.

Outro conhecido representante do pensamento iluminista foi Voltaire, apelido de François-Marie Arouet, que com suas irônicas críticas à Igreja e ao comportamento dos padres, como em sua obra *Cândido,* defendeu o direito à liberdade individual, tendo sido um específico representante de um tipo de expressão do pensamento liberal da época.

Outro nome bem significativo da filosofia iluminista, sem dúvida, foi Jean-Jacques Rousseau (1712-1778), que em 1763 publicou a obra *Do contrato social* e em 1773 *Discurso sobre a origem e os fundamentos da desigualdade entre os homens*. Rousseau fez parte dos denominados filósofos contratualistas, na medida em que propõem a necessidade de se estabelecer um contrato entre os homens para que possa haver harmonia e uma melhor vida social.

Rousseau partia da ideia de que no denominado Estado de Natureza "os homens nascem bons e livres, mas a sociedade os torna perversos". Opunha-se à colocação do filósofo inglês Thomas Hobbes (1588-1679), que defendia o Estado Absoluto, pois o homem está sujeito à sua própria destruição, visto que, ao contrário de Rousseau, no Estado de Natureza vive em constante luta, situação caracterizada pela conhecida frase de que "o homem é o lobo do homem". Para Hobbes, é dessa situação de permanente luta entre os homens que decorre a necessidade de eles transferirem para um soberano todos os seus direitos, para que este possa agir de forma absoluta e acima dos indivíduos, concedendo estabilidade e ordem social.

Rousseau defendeu justamente a opinião oposta, ou seja, a necessidade de se estabelecer um contrato social, por meio do qual os homens renunciam às suas vontades particulares, em favor dos interesses da coletividade. Por meio de um contrato social, transferem seus direitos pessoais a um soberano, que deve expressar a chamada *vontade geral*, entendida não como a soma da vontade de todos, mas como expressão do interesse da coletividade. Dessa forma, o soberano deve representar de maneira democrática o povo e a vontade geral. Este tipo de colocação política embasou diversas ideias da denominada democracia burguesa, fortemente difundida a partir do século XIX.

Rousseau argumenta ainda que a origem da desigualdade entre os homens é fonte de diversas injustiças sociais e está na desigual propriedade privada da terra, considerada como o bem básico para a sobrevivência da humanidade. Em seu discurso sobre a desigualdade entre os homens, Rousseau afirma que:

> O verdadeiro fundador da sociedade civil foi o primeiro que, tendo cercado um terreno, lembrou-se de dizer "isto é meu" e encontrou pessoas suficientemente simples (ingênuas) para acreditá-lo. Quantos crimes, guerras, assassínios, misérias e horrores não pouparia ao gênero humano aquele que, arrancando as estacas e enchendo o fosso, tivesse gritado a seus semelhantes: "Defendei-vos de ouvir esse impostor, estareis perdidos se esquecerdes que os frutos são de todos e que a terra não pertence a ninguém" (ROUSSEAU, 1978, p. 259).

Rousseau, coerentemente, defendia a ideia de que o homem mais puro e bom é aquele que mais contato possui com a natureza. Partindo dessa premissa, argumentava que os homens mais puros eram os indígenas, ideia que ficou claramente expressa numa de suas obras, *Discurso sobre a origem e os fundamentos da desigualdade entre os homens*. Essas colocações de Rousseau inspiraram fortemente, no século XIX, o movimento literário do romantismo, marcado pela defesa da vida em constante contato com a natureza, bucólica e idílica. Outra obra de Rousseau, o romance *Emílio*, influenciou correntes pedagógicas, ao mesmo tempo que fez severas críticas ao sistema educacional praticado na Europa, que era fortemente marcado pela presença e influência religiosa.

Os pensamentos iluministas puderam ser difundidos, apesar da forte repressão, devido à publicação da *Enciclopédia*, obra de 35 volumes, editada na França entre 1751 a 1780. Abordou assuntos filosóficos, científicos artísticos, literários e políticos, sempre de forma crítica à política absolutista, isto é, ao *ancien régime*, à postura da Igreja e defendendo a filosofia liberal-humanista, tendo sido, por isso mesmo, proibida pelo governo francês. Essa obra, dirigida pelo filósofo Denis Diderot e por D'Alambert, contou em diversos artigos, com a participação de Montesquieu, Voltaire, Rousseau, Buffon e do Barão de Holbach. Sua divulgação contribuiu para a propagação das ideias contra o absolutismo monárquico e para a posterior publicação da Enciclopédia Britânica.

Deve ser ressaltado, entretanto, que apesar da importância e da consistência das ideias iluministas, o pensamento sobre o social ainda continuava basicamente preso à filosofia, não caracterizando um mais completo e autêntico pensamento científico, pois inclusive carece da prática da pesquisa empírica e de uma fundamentação teórica relacionada aos procedimentos fundamentais das ciências.

Mas, como o pensamento sobre o social adquiriu base científica? É o que será explicado no item a seguir.

O pensamento científico sobre o social e o surgimento da sociologia

À medida que se aproximou do século XIX o pensamento sobre o social foi recebendo uma gradativa contribuição de aspectos que caracterizam a prática científica, principalmente mediante a influência do racionalismo.

Convém lembrar que este século representou uma importante modificação na maneira de vermos o mundo. É o momento da consolidação daquilo que denominamos modernidade e a crença do surgimento de uma época de ouro que, por meio do progresso, levaria à solução de todos os problemas através da intervenção humana proporcionada pela ciência. A grande divisão entre os saberes científicos que conhecemos hoje teve origem nesse período. As ciências da natureza já conseguiam explicar e, por vezes, controlar muitos dos fenômenos naturais. Faltava uma ciência que pudesse explicar, também, os fenômenos humanos e sociais. É nesse bojo que vão surgir, mais para a segunda metade do século XIX, a sociologia, a psicologia e a antropologia, entre outras áreas de conhecimento.

Um dos movimentos que muito contribuiu para a consolidação da ciência e para a passagem do pensamento finalista-normativo para o científico, no século XIX, foi o positivismo.

Constitui-se como uma importante corrente filosófica, surgida diretamente da influência do filósofo francês, o conde de Saint-Simon (1760-1825), que apesar de sua origem nobre passou a combater o regime absolutista e a propagar as ideias liberais burguesas, tendo direta participação nos movimentos revolucionários que atingiam a França naquela época.

Toda essa contribuição reflete as profundas transformações estruturais que ocorriam na Europa ocidental na segunda metade do século XVIII, provocadas por duas revoluções: a Industrial e a Revolução Francesa, fundamentais para a solidificação da estrutura social capitalista. A análise mais específica sobre estes significativos acontecimentos será abordada no capítulo seguinte, cabendo agora apenas algumas considerações sobre o papel desempenhado pelo positivismo, principalmente o preconizado por Auguste Comte, o mais importante seguidor das ideias de Saint-Simon.

A intensidade e a dramaticidade dos acontecimentos que atingiam a Europa neste início da industrialização capitalista, portanto, é que provocaram a necessidade de se compreender mais a fundo a realidade abrangente, o que só seria possível, segundo os positivistas, por meio da aplicação de princípios básicos de uma abordagem científica.

Os paradigmas de explicação e análise dos fenômenos sociais tendo por base a filosofia pura e as reflexões religiosas já não mais bastavam para que se pudesse ter uma maior clareza sobre a conturbada conjuntura histórica. Fazia-se necessária, mais do que nunca, a adoção de novas bases explicativas e procedimentos de análise e pesquisa que pudessem trazer maior possibilidade de intervenção sobre a realidade social geral.

Parte considerável da intelectualidade da época, liderada pelos positivistas, busca na nova proposta e na aplicação de determinados pressupostos científicos uma saída mais viável de poder intervir sobre a realidade social. Esta era uma exigência imperativa daquele momento, uma vez que a ruptura da sustentação das bases estruturais, principalmente mediante os profundos efeitos advindos das condições sociais geradas pela industrialização, era vista como ameaçadora para a já tão abalada sociedade europeia.

Como uma espécie de resposta ao que ocorria no plano geral da sociedade ocidental é que surgiram as propostas e interpretações provenientes da filosofia positivista.

Auguste Comte e a lei dos três estados

O desenvolvimento e a propagação dessas concepções positivistas da realidade social, intimamente associadas a uma postura científica, deveram-se, entretanto, ao mais importante seguidor de Saint-Simon: o filósofo francês Auguste Comte (1798-1857).

Comte, que possuía inicial formação como engenheiro, após ter sido assistente-secretário de Saint-Simon, passou a dar maior sistematização e estruturação às ideias positivistas e cientificistas do mestre, procurando compreender a confusa realidade histórica da época, caracterizada pela transição estrutural do antigo sistema feudal para a nova ordem industrial capitalista.

Quais eram, pois, suas principais propostas filosóficas que tanto contribuíram para a construção de um pensamento mais cientificista do social?

De maneira resumida podemos dizer que, para Comte, assim como nas ciências naturais, o conhecimento deveria buscar as leis que regem a dinâmica da sociedade, o que só seria possível por meio de uma postura científica e que viesse substituir as concepções teológicas e filosóficas da realidade.

Para que melhor se possa compreender esta leitura da realidade, cabe uma mínima explicação sobre parte das teorias de Comte, a que aborda o processo de construção do conhecimento humano.

Tendo por base, também, certas explicações do filósofo Condorcet, Comte partia da premissa de que o homem é um ser naturalmente social e portador de razão, que construía a sua inteligência e interferia sobre a formação de seu pensamento. Argumentava que a sociedade humana passava evolutivamente pelo o que foi por ele denominado de *lei dos três estados (ou estágios) do conhecimento e do pensamento humano.*

O primeiro estado do conhecimento humano foi denominado por Comte, como *o estado teológico*. Neste estágio, o homem colocava Deus (ou forças sobrenaturais) como o regente de tudo que ocorre no cosmo e na vida social, conferindo-lhe uma ordem e uma determinada forma de lógica. Tratava-se, portanto, de uma concepção teocêntrica da vida social, calcada numa crença ou na fé irracional, carregada de dogmas e predestinações, que colocava o homem numa posição fatalista e submissa diante da realidade.

Num segundo momento, o homem evoluiu e atingiu o estado denominado de *metafísico*. Nessa fase, o homem já não vê mais a figura divina como a única presente, agindo sobre os fenômenos do mundo e de sua existência. Ao lado da ação divina, percebida ainda como uma essência fundamentalmente presente, já são notadas determinadas formas de intervenção da parte do homem. Trata-se de uma fase de questionamentos e levantamento de dúvidas, que já buscam uma ação além do que poderia provir do divino, considerado pelos positivistas como um momento de progresso e evolução do pensamento humano, mas ainda incompleto e insuficiente para que houvesse uma mais racional intervenção humana sobre a realidade abrangente. Isso só seria possível à medida que o homem evoluísse para um estado considerado superior: o *positivo*.

Neste estágio do conhecimento, o homem é concebido como o articulador dos acontecimentos da vida social. Numa formulação antropocêntrica da realidade, nesse estado, considerado por Comte como fixo e definitivo, há a valorização da busca do saber, da reflexão, com base na razão, nos métodos científicos também denominados de positivos e no uso da racionalidade. Tal só seria alcançado naquela nova sociedade industrial, conduzida para o progresso. É nessa perspectiva que Comte, em 1839, propôs a criação de uma nova ciência: a sociologia, originalmente denominada de *física social*. Por meio dela seria possível adquirir um conhecimento mais racional e cientificamente fundamentado sobre os fenômenos sociais.

Ao analisar o que ele denominou de evolução do conhecimento humano, Comte propõe, claramente, que no estado positivo, sinônimo de científico, há a aplicação de determinados procedimentos científicos para a compreensão da realidade social.

Comte afirma que nesse estado as noções não são mais absolutas, mas relativas; que é fundamental a aplicação do raciocínio, não acatando mais o caráter absoluto do que ocorre na realidade, da observação, da busca das leis que regem a relação entre os fenômenos, entendidos como algo empírico, real, e a própria adoção de um método de observação e estudo, partindo da apreensão dos fenômenos particulares e suas relações com situações gerais, muito próximo de uma postura indutiva face à realidade. Todas essas concepções, evidentemente, refletiam a sua inicial formação no campo das ciências matemáticas.

A formação da sociologia

Em suas propostas, Comte elaborou uma classificação das ciências: matemática, astronomia, física, química, biologia e sociologia. Para tanto, Comte adotou o critério de classificação partindo da matemática, considerada a ciência mais simples e abstrata, chegando até a mais complexa e concreta, que era a nova ciência da sociedade, ou seja, a sociologia.

Comte via esta nova ciência, da qual é considerado o fundador, como uma física social[1], mas acabou por adotar e propor modelos de análise advindos da biologia. Neste sentido, Comte passou a conceber a sociedade como um grande organismo vivo. Assim como cada parte do corpo humano depende das demais para o seu funcionamento, compondo um todo harmônico, a sociedade é concebida como um grande corpo, com suas partes coesas e harmônicas e, como todo e qualquer organismo biológico, portadora de leis que explicam os seus fenômenos e suas relações sociais. Essa concepção do social é que mais tarde passou a influenciar o denominado organicismo social, intimamente relacionado à postura evolucionista da realidade.

A proposta filosófica de Comte pode ser considerada uma reação de caráter conservador aos ideais da Revolução Francesa e ao momento de grande instabilidade institucional que atingia seu país, porém refletia os valores ideológicos da classe burguesa, que buscava maior harmonia social.

Comte defende em diversos momentos a reorganização e a estabilidade da sociedade industrial, inclusive por meio da preservação da moral, da qual decorre a aplicação da noção de *ordem e progresso*. É o próprio Comte que afirma: "Nenhum grande progresso pode efetivamente se realizar se não tende finalmente para a evidente consolidação da ordem" (COMTE, 1978, p. 9). Essa colocação não é bem familiar para nós brasileiros?

A influência do pensamento positivista no Brasil

A influência do pensamento positivista foi marcante em todo Ocidente e até na Rússia czarista. No Brasil e em outros países latino-americanos, como Argentina, Chile e México, foi bem acentuada.

---

[1] Comte acreditava que assim como a física é a ciência que estuda os movimentos da natureza, a sociologia deveria estudar os movimentos da sociedade. Por isso, é possível dizer que a física foi a primeira ciência a influir na sociologia, sendo substituída posteriormente pela biologia.

No final do período imperial brasileiro, mas principalmente na fase republicana, as ideias positivistas foram extremamente influenciadoras de diversas medidas adotadas pelo governo da nascente República.

Sua doutrina de tendência antiliberal, rejeitada na própria França, encontrou no Brasil fortes aliados. Essa influência esteve presente desde a própria formação do Partido Republicano, em 1870, e nas ideias dos mais significativos republicanos e militares que participaram da Proclamação da República, em 1889, inclusive ficando registrada em nossa bandeira. Por sugestão principalmente do tenente-coronel Benjamin Constant, professor de filosofia positivista na Academia Militar no Rio de Janeiro, foi colocada no pavilhão nacional a conhecida frase "Ordem e Progresso", retirada do pensamento de Comte. Sua influência atingiu, ainda, a redação da nossa primeira Constituição republicana, de 1891, a elaboração do primeiro Código Civil, inúmeras medidas administrativas, além de ter orientado medidas educacionais e pedagógicas instituídas pelo Estado brasileiro e até mesmo em inúmeras diretrizes implantadas pelo governo de Getúlio Vargas após 1930.

A união da religião e a ciência, matéria e espírito, reforma e conservadorismo e a tríade família-pátria-humanidade desenvolvidas por Comte fascinaram alguns homens e mulheres da elite brasileira. A religião positivista encontrou solo fértil no Brasil, cuja finalidade era "formar crentes e modificar a opinião por meio de intervenções oportunas nos negócios públicos" (COMTE, 1978, p. 16).

A Igreja positivista, embora tenha decrescido consideravelmente no século XXI, ainda existe no Rio de Janeiro e no Rio Grande do Sul.

O pensamento científico sobre o social e o senso comum

Diante da realidade abrangente, ou seja, do conjunto formado pela realidade natural, social e psicológica, o homem produz diferentes formas de explicá-la. A realidade é interpretada por diferentes concepções, caracterizando as diversas formas de explicações, de representações simbólicas, os diferentes repertórios, discursos, opiniões e lógicas.

Dentre estas formas interpretativas do real é que encontramos o pensamento e o conhecimento científicos e as explicações provenientes do denominado senso comum.

Em algumas áreas da ciência, há certa dificuldade inerente que faz nossas opiniões sobre as coisas ficarem atrapalhadas. Qual é o conhecimento um pouco mais profundo que um cidadão comum tem acerca da composição última das partículas subatômicas? E sobre os algoritmos matemáticos de uma sequência de aminoácidos? Provavelmente insuficiente, e esse indivíduo não se atreverá a dar sua opinião sobre esses assuntos numa roda de amigos. Já em relação ao mundo humano e social, o cenário muda. Todos nós vivemos em sociedade, somos tocados por aspectos de nossa cultura, sofremos na pele as consequências das decisões políticas e sentimos as angústias e o peso da nossa existência. Essas realidades são muito mais próximas de nosso cotidiano, resultando em formulações rotineiras sobre as dimensões sociológicas, antropológicas, políticas ou psicológicas. Como se costuma dizer, fazemos muita "psicologia de bar". Mas esse conhecimento é científico? Claro que não. O problema está quando queremos substituir um conhecimento mais sistemático e objetivo por essas opiniões muitas vezes superficiais.

Vejam o caso da violência. Por tanto ouvirmos falar dessas questões, ou mesmo experimentarmos sua presença ao nosso redor, acabamos nos vendo como qualificados para emitir um laudo sobre o tema e para procurar a melhor forma de lidar com ela. Sem dúvida que isso não passará de um conhecimento assistemático, próprio do senso comum e que não pode ser considerado científico.

Já que muito se falou do pensamento científico, é conveniente estabelecer de maneira complementar ao que foi exposto, que até aqui a mínima diferença entre o pensamento científico é o que mais dele se opõe, isto é, o pensamento de senso comum.

E o que é o senso comum? Senso é uma expressão de origem latina – *sensu* – relacionada à noção de atribuição de sentido, entendimento e juízo. No caso, ela se apresenta associada à expressão *comum*, representando seu aspecto de generalidade.

Trata-se, portanto, de um conjunto de explicações, opiniões, juízos (julgamentos) extremamente vulgarizados, não fundamentados, que constituem crenças e afirmações que além de nos serem bem familiares, são difundidas e repetidas mecanicamente.

O senso comum, que pode ser considerado como uma forma de um pré-saber do real, de um modo geral, aparece como sendo "o conhecimento único e possível da realidade", configurando-se como verdadeiros "dogmas" sobre o real, ou seja, opiniões quase que inquestionáveis, justamente por serem largamente difundidas como "verdades absolutas".

O senso comum contém valores e juízos estereotipados, vinculados a posturas preconceituosas, carregadas de frases feitas, clichês, "chavões" que constantemente ouvimos sobre os mais diferentes fenômenos, fazendo parte do que se convencionou denominar de "achismos". Isto porque o senso comum não possui comprovação empírica nem é o resultado de alguma forma de pesquisa ou aplicação de métodos de estudos mais fundamentados.

No senso comum, podemos encontrar, face a situações, questões e fenômenos por vezes bem complexos e intrincados, respostas simplificadoras e/ou conclusivas, que acabam por reduzir uma realidade apenas aos seus elementos mais perceptíveis, sem se chegar às suas reais causas e à complexidade das relações dos componentes.

Na maioria das explicações da realidade elaboradas pelo senso comum, há interpretações bem vulgarizadas, que possuem uma linguagem bem popularizada e acessível. Há, entretanto, outras formas de colocações que compõem um tipo específico de senso comum, mais elaborado em termos de linguagem e que acabam se constituindo como verdadeiros lugares-comuns que, sem cairmos em nenhuma generalização, podem ser encontrados e são difundidos em determinadas programações da mídia de massa.

Opondo-se, claramente, ao senso comum, mas por vezes partindo dele, há as explicações científicas sobre os mesmos fenômenos da realidade.

O pensamento e as explicações que caracterizam o conhecimento científico não são algo ao acaso ou fortuito. Como foi visto na parte anterior, o pensamento científico sempre reflete determinadas exigências históricas de concretos agentes sociais coletivos, isto é, está relacionado a um processo de produção cultural coletiva e historicamente localizada.

A produção cultural científica corresponde e responde a determinadas dúvidas, questões e problemas concretos, que exigem explicações fundamentadas e busca a regularidade dos fenômenos da realidade.

O pensamento e as explicações científicas não são, entretanto, neutras ou isentas de valores, como era colocado pelos positivistas. Toda e qualquer reflexão científica reflete valores e interesses que marcam a postura de determinados agentes sociais coletivos e, por isso mesmo, é ideologicamente contaminada, assim como qualquer outra forma de explicação do real. O pensamento científico, porém, deve sempre buscar uma postura de objetividade, evitando as prenoções e possíveis influências ideológicas.

Ao contrário do senso comum, o pensamento científico não possui conclusões absolutas ou dogmáticas, mas sim uma postura relativista diante de suas constatações e respectivas teorias. Deve haver constantes alterações em suas conclusões, resultado de um contínuo autoquestionamento, que, variando no tempo e no espaço, acaba por enriquecer o conjunto da produção científica.

O pensamento e o conhecimento científicos sempre estão relacionados a uma forma de prática da pesquisa, vinculada à aplicação de um tipo de método científico de investigação, que possui suas específicas técnicas de produção de dados. O conhecimento científico exige, portanto, demonstrações e comprovações. A constante presença da observação e da prática da pesquisa é algo fundamental na postura científica. Os resultados das pesquisas é que fornecem uma fundamentação às conclusões de um estudo e análise.

Diante dos fenômenos da realidade, a postura de análise científica adota uma forma própria de compreendê-los, procura descrevê-los, classificá-los, aplica uma lógica correlativa, faz a análise e a interpretação dos dados produzidos e busca o nexo causal entre os fenômenos estudados. Diretamente relacionado ao pensamento científico se produz os específicos conceitos, que irão ser utilizados como verdadeiras ferramentas teóricas deste processo.

Questões para estudo

1. Quais foram as maneiras empreendidas, ao longo da história, para se entender a sociedade? Relacione esta questão ao que deve ser entendido pelo denominado pensamento finalista e normativo.
2. Explique a importância e as principais características do Renascimento nas mudanças do pensamento sobre a sociedade, relacionando este importante processo histórico à fase de transição para a modernidade.
3. Cite as principais características do Iluminismo, destacando de que maneira esse movimento contribuiu para o pensamento político, econômico e científico sobre o social.
4. Em que medida as transformações estruturais que ocorreram na Europa contribuíram para a formação da sociedade capitalista e para o posterior surgimento da sociologia?
5. Explique, a partir da concepção positivista de Auguste Comte, os três estados da evolução da sociedade e a importância do pensamento positivista para a formação da ciência da sociedade.
6. O que mais diferencia as explicações de senso comum e o pensamento científico sobre os fenômenos da realidade?

Sugestões de filmes

Agonia e Êxtase. Estados Unidos, 1965, Dir. Carol Reed, 138min.
Giordano Bruno. Itália/França, 1973, Dir. Giuliano Montaldo, 114min.
Joana D'Arc. França, 1999, Dir. Luc Besson, 158min.
O nome da Rosa. Estados Unidos, 1986, Dir. Jean-Jacques Annaud, 131min.
Romeu & Julieta. Estados Unidos, 1996, Dir. Baz Luhrmann, 114min.

Referências bibliográficas

COMTE, A. *Curso de Filosofia Positiva*. In: *Comte*. (Coleção Os Pensadores). São Paulo. Abril Cultural, 1978.

COSTA, C. *Sociologia*: Introdução à ciência da sociedade. São Paulo: Moderna, 2005. 3ª edição.

CUVILLIER, A. *Introdução à Sociologia*. São Paulo: Nacional/Edusp, 1969.

FERREIRA, D. *Manual de Sociologia*: Dos clássicos à sociedade da informação. São Paulo: Atlas, 2003. 2ª edição.

MOUSNIER, R. Os séculos XVI e XVII – Os progressos da civilização europeia. In: *História geral das civilizações* (Vol IV). São Paulo: Difusão Europeia do Livro, 1957.

ROUSSEAU, Jean-Jaques. *Discurso sobre a origem e os fundamentos da desigualdade entre os homens*. In: *Rousseau*. (Coleção Os Pensadores). São Paulo: Abril Cultural, 1978.

TOMAZI, Nelson Dacio (org.) *Iniciação à Sociologia*. São Paulo: Atual, 1993.

2

Transformações sociais do século XVIII e a consolidação do modo de produção capitalista

Fernando Perillo da Costa

2 Transformações sociais do século XVIII e a consolidação do modo de produção capitalista

Objetivos

1. Levar o leitor a compreender a importância da denominada fase de transição estrutural do capitalismo na passagem do século XVIII para o XIX;
2. Contribuir para que o leitor tenha uma visão não só histórica, mas sociológica da Primeira Revolução Industrial, destacando os anteriores modos de produção e as razões da mecanização da produção industrial e seus efeitos sobre a força de trabalho;
3. Compreender os movimentos sociais e as fases do processo de organização da classe trabalhadora e suas reivindicações pelos direitos trabalhistas, em confronto com o posicionamento da burguesia industrial;
4. Possibilitar ao leitor a compreensão das repercussões, no século XIX, do processo de industrialização em outras áreas, como a agrícola, os transportes e nas comunicações.

Considerações introdutórias

O modo de produção capitalista veio se formando gradativamente, mas é no século XVIII que ocorre sua definitiva consolidação. Mas por que naquele século ocorreram tantos e importantes acontecimentos para o mundo ocidental? A resposta está relacionada a diversos fatores.

Primeiro, porque no final do século XVIII e início do XIX ocorreu outra fase de transição estrutural, completando um processo que se iniciou no século XV, durante o período renascentista. Na segunda metade do século XVIII, a decadência do feudalismo se completava e, ao mesmo tempo, ocorria a afirmação da estrutura capitalista.

Em segundo lugar, porque o século XVIII foi marcado por um quadro político mundial que servirá de paradigma para as revoluções políticas e econômicas da segunda metade daquele século e início do seguinte, ou seja, um contexto no qual ocorreram a Revolução Industrial, as Revoluções Burguesas, exemplificadas pela conhecida Revolução Francesa, de 1789, e a independência das treze colônias inglesas na América do Norte, que em 1776 constituíram os Estados Unidos da América.

Como em toda época em que ocorre uma transformação estrutural, as alterações que se fazem presentes são caracterizadas por mudanças fundamentais na estrutura da sociedade. As vigas de sustentação do sistema existente apresentam profundas rupturas nos planos econômico, político e cultural, provocando o rompimento do tecido social básico, das relações sociais básicas e a emergência de uma nova forma de sociedade, que gradativamente vai firmando novas bases e novos valores ideológicos.

Foi a conjunção desses importantes processos históricos que possibilitou a solidificação do modo de produção capitalista.

Referindo-se aos raros momentos históricos de transição estrutural e após ter explicado que sempre há uma continuidade entre os acontecimentos, José Jobson de Arruda (1991, pp. 17-8) nos diz que:

> Nessa medida, o devir histórico é gradual e contínuo. Porém, se nos colocarmos no nível mais profundo das estruturas, conseguiremos perceber as rupturas, as grandes transformações que marcam os momentos decisivos da história da humanidade, os momentos de transição. Tais momentos se revelam, no nível dos eventos, por uma contração do tempo histórico, isto é, pelo aceleramento dos acontecimentos mais importantes que se sucedem numa cadeia ininterrupta e avassaladora, demonstrando que, por detrás das aparências necessárias dos eventos, as relações sociais estão em completa ebulição.

Os mais diversos tipos de mudanças na sociedade acontecem a todo o momento, mas numa época de transformações estruturais elas ocorrem nos processos econômicos, políticos e culturais que servem de base para esta sociedade, provocando uma completa, mesmo que gradativa, alteração nas relações sociais fundamentais. Todo período de transformações estruturais, como

2 Transformações sociais do século XVIII e a consolidação do modo de produção capitalista

já comentado no primeiro capítulo, é uma época de rupturas e de emergência de um novo ritmo social, de acirramento das contradições sociais, gerando um inevitável choque de valores, principalmente entre os interesses básicos que caracterizam as principais forças ou classes sociais daquele período. Isso cria uma situação que provoca uma aparência de grande confusão, de um certo caos e a aparente inexistência de lógica que explique uma série de fatos sociais, mesmo os do cotidiano.

Não foi o que assistimos e vivenciamos nesta passagem do século XX para o XXI? Tal ocorre porque também estamos vivendo uma época de transição estrutural, mas cabe ressaltar que a sensação de confusão e de impossibilidade de se encontrar respostas para os acontecimentos não significa que não haja uma lógica explicativa em relação a eles. Cabe a quem analisa um período histórico com essas características encontrar os elementos e fatores causais que fornecem a lógica, o nexo e a coerência entre os processos que se fazem intensamente presentes.

Essa era a situação da Europa ocidental a partir das últimas décadas do século XVIII, com um processo que adentrou o século XIX, consolidando o modo de produção capitalista.

Essa expressão – modo de produção – originalmente encontrada na teoria de Karl Marx e largamente utilizada pelo sociólogo brasileiro Florestan Fernandes, não se refere apenas à produção econômico-material, mas a qualquer forma de produção, abrangendo as práticas políticas e a produção simbólico-cultural, caracterizando, na realidade, a existência de um modo de vida em seus múltiplos aspectos.

De acordo com Florestan Fernandes, a expressão *modo de produção*, não pode ser utilizada em seu sentido restrito, ou seja, relacionado apenas à noção de *produção*.

> Porém, "modo de produção" não é a mesma coisa que produção, no sentido usado pelos clássicos, envolvendo a determinação dos caracteres gerais e históricos de uma das esferas da Economia. Ao contrário, na terminologia marxista "modos de produção" implica todo um complexo

sociocultural, extremamente típico e variável: compreende as noções de forma social e de conteúdo material em sua correspondência efetiva (FERNANDES, 1960, p. 328).

Na sequência, o mesmo autor diz ser o modo de produção algo próximo das condições que propiciam a "reprodução da realidade", constituído por três elementos essenciais:

> a) as forças materiais de produção (as forças naturais e os instrumentos de produção como máquinas, técnicas, invenções etc.); b) um sistema de relações sociais, que definem a posição relativa de cada indivíduo na sociedade, através do seu status econômico; c) um sistema de padrões de comportamento, de que depende a preservação ou transformação da estrutura social anterior. Esses elementos são interativos. Qualquer mudança numa das esferas provoca mudanças concomitantes nas demais (...) (Fernandes, 1960, p. 328).

A noção de modo de produção é utilizada de maneira muito próxima do conceito de estrutura social[1], relacionada a um sistema produtivo e a uma forma de produção das concretas condições de existência, da vida, conseguida por uma ação social envolvendo relações entre concretos agentes sociais, ou seja, relações de produção que, partindo da estrutura econômica e do processo de produção, atingem as dimensões política e econômica de uma sociedade concreta.

Para Marx, praticamente o criador da expressão, no modo de produção as práticas encontradas na estrutura econômica acabam condicionando, em última

---

1 Sociologicamente, o conceito de *estrutura social* refere-se a uma articulação ou um complexo arranjo de partes fundamentais de uma sociedade, ou seja, sua estrutura econômica, política e cultural (ou simbólica), que fornecem a esta sociedade a sua devida sustentação básica. Nestas partes que compõem toda e qualquer estrutura social são encontradas ligações específicas, mas também articuladas relações sociais entre os agentes coletivos daquele momento histórico. Desta forma, há na estrutura econômica as relações de produção e o processo de trabalho, na estrutura política as relações de poder e o processo de mando, e na estrutura cultural as relações simbólicas, que podem caracterizar uma situação de hegemonia cultural entre os agentes sociais daquele momento histórico.

instância, as estruturas e as práticas política e cultural, com suas respectivas relações de poder e de hegemonia ideológica.

Dessa forma, quando dizemos que houve uma alteração do modo de produção, sociologicamente significa que a estrutura de uma sociedade passou por uma transformação em sua base. É ao que se assistia a partir do final do século XVIII, com a consolidação do modo de produção capitalista. Para melhor compreender o período iniciado naquele momento, temos de analisar o contexto histórico marcado pelas profundas transformações sociais em geral.

No século XVIII, o ritmo das manifestações que se operavam na Europa foi marcado pelas críticas que a burguesia fazia às intervenções do estado absolutista e de sua política econômica mercantilista e, opondo-se a esta situação geral, pela propagação do pensamento liberal.

A argumentação de alguns economistas dessa época deu início a um período marcado pela defesa da liberdade econômica, que refutava toda e qualquer forma de regulamentação estatal, característica da política econômica mercantilista até então adotada pelos estados absolutistas.

O mesmo ocorreu em relação às pregações políticas, cada vez mais críticas ao regime do absolutismo monárquico, como as colocadas pelos filósofos iluministas. O liberalismo econômico passou a ser acompanhado pelas ideias do liberalismo político, sempre dentro dos ideais e valores da parte dinâmica da burguesia comercial e financeira.

Outros processos, evidentemente, também contribuíram para as transformações sociais nesta segunda metade do século XVIII.

É importante destacar que esta é uma abordagem sociológica dos acontecimentos que marcaram aquela importante época histórica, mas evidentemente temos de esclarecer o que significa uma análise sociológica de qualquer processo histórico.

Vamos analisar, separadamente, cada um desses importantes acontecimentos, em suas principais características, ressaltando a análise sociológica propriamente dita.

Resumidamente, pode-se dizer que quando efetuamos uma análise sociológica, no mínimo, devem ser identificados alguns fatores ou elementos constituintes fundamentais, tais como: os principais agentes sociais coletivos, ou os atores sociais, como conceitua Max Weber, que fazem parte, atuam como forças sociais e exercem importantes papéis no processo histórico em análise; as principais características e os tipos de relações sociais travadas entre aqueles agentes sociais coletivos, nos planos econômico, político e cultural; e os principais interesses e valores que estão em confronto ou fazem parte do processo histórico. Cabe, ainda, ser verificado em que medida o processo em estudo alterou ou não as relações sociais estruturais daquele momento histórico.

Considerações sociológicas sobre a Revolução Industrial

Esse importante processo histórico teve início por volta de 1760, na Inglaterra, principalmente na produção têxtil. A primeira fase da Revolução Industrial se estendeu até aproximadamente 1850, correspondendo ao denominado *capitalismo liberal ou concorrencial*. A segunda fase iniciou-se em meados do século XIX, adentrando o século XX e caracterizando o denominado *capitalismo monopolista*.

A Primeira Revolução Industrial constitui-se num processo de transformação socioeconômica como poucas vezes foi visto na história da humanidade. Essas drásticas alterações, que começaram no campo das técnicas de produção têxtil de algodão, foram marcadas pela passagem do modo de produção manufatureiro para a produção industrial maquinofatureira, impulsionada pelo advento da máquina a vapor. Essa notável evolução tecnológica causou uma profunda transformação nos hábitos e costumes da sociedade, tornando necessária uma inevitável adaptação dos indivíduos a essa nova tecnologia.

> A partir deste momento, as relações sociais são redefinidas em seu conjunto, os conflitos sociais são redesenhados num espaço determinado (...). Nestes termos, a Revolução Industrial é determinada e determinante de uma sociedade com feições e estrutura completamente novas. A Revolução Industrial é uma síntese que culmina um período de transição e dá nascimento ao capitalismo pleno, superando a fase de acumulação primitiva do capital, nesta medida é uma ruptura e uma consolidação, porque consolida definitivamente o modo de produção capitalista, modo de produção este que passa a estar identificado ao mundo da industrialização (ARRUDA, 1991, pp. 18-9).

No trecho acima, de José Jobson de Arruda, fica explícita a relação entre o momento de transição estrutural marcado pela Revolução Industrial e o processo de total afirmação do modo de produção capitalista.

É justamente neste ponto que sempre se coloca a questão: por que a Revolução Industrial surgiu na Inglaterra?

A resposta a essa questão envolve diversos aspectos, mas, de maneira didaticamente resumida, pode-se dizer que os principais fatores que justificaram a primazia britânica são:

    a. O reino inglês foi um Estado que ao longo de aproximadamente três séculos conseguiu um grande acúmulo de capital, devido ao sucesso de seu papel na Revolução Comercial e à adoção da política econômica mercantilista, habilmente aplicada em relação ao comércio ultramarino com suas colônias, além do capital proveniente da exploração colonial e do lucrativo tráfico de escravos. O conjunto desses últimos fatores é o que denominamos de *acumulação primitiva de capital*, processo fundamental para os futuros investimentos na produção industrial.

A Inglaterra soube não só efetivamente explorar suas colônias, como também exercer uma forte interferência político-econômica sobre outros países europeus, como foi o caso de Portugal, envolto em enormes dívidas com o Estado britânico, passando a usufruir, indiretamente, da exploração colonial portuguesa no Brasil, principalmente na fase da extração de ouro e diamante de Minas Gerais no século XVIII.

    b. Outra condição que também explica a hegemonia britânica na Revolução Industrial foi, no plano político, o fato de a Inglaterra ter sido o primeiro Estado europeu a derrubar o regime absolutista, em função da Revolução Gloriosa (1688-9). Esse processo conferiu à burguesia inglesa maiores poderes e interferências na política e na economia, além de, no início do século XVIII, terem conseguido instalar a forma de governo parlamentarista, acompanhado pelo crescente poder da burguesia e de uma soberania real limitada.

A Inglaterra, no século XVIII, sem dúvida passava a ser a principal nação capitalista, até porque a França estava abafada e envolvida nos entraves do forte absolutismo monárquico e, em seguida, sob os efeitos da Revolução Francesa de 1789.

    c. Outros fatores de ordem natural também estiveram presentes: a existência de considerável reserva de carvão e ferro no subsolo das ilhas inglesas. Além deste aspecto, fatores climatológicos também contribuíram para o avanço capitalista, na medida em que o clima úmido das ilhas britânicas é propicio à tecelagem de algodão, contribuindo para não tornar o fio de algodão quebradiço. Essas causas naturais, que sempre existiram, entretanto, de nada adiantariam se não tivessem ocorrido os mencionados fatores político-econômicos, que possibilitaram o concreto aproveitamento das condições naturais da Inglaterra.

Antes, porém, de abordarmos essa radical alteração que ocorreu na forma de se produzir, para ficar mais claro, temos que comentar sobre as anteriores formas de produção, ou seja, os modos de produção que antecederam o da *maquinofatura*.

O primeiro modo de produção têxtil (e de outros produtos) foi o *artesanato*.

Neste sistema produtivo, característico da fase final da Idade Média e dos séculos iniciais da Idade Moderna, não havia divisão do trabalho, pois todas as etapas da produção eram feitas nas oficinas pelo mestre artesão, auxiliado por pessoas de sua família ou por seus companheiros e por jovens aprendizes.

Tratava-se, portanto, de uma atividade com fortes características artísticas, na qual esse tipo de produção artesanal doméstica em relação aos mais diversos produtos era feito nas denominadas oficinas das cidades medievais.

No decorrer da história medieval, os mestres artesãos de um mesmo ofício se associaram numa corporação de ofício (ou grêmio), que controlava as atividades artesanais por meio de rigorosa regulamentação, inclusive sobre a qualidade da produção e a qualificação de pretendentes à função de mestres, submetidos a verdadeiras provas de habilidade técnica controladas pelos mestres, sobre a remuneração dos companheiros, em relação à forma de comercialização dos produtos (bens finais) e até à forma de divulgar o local da oficina e seus produtos. Essas corporações de ofício visavam, evidentemente, o monopólio da produção e comercialização de um determinado ramo de atividade numa certa região.

Outro modo de produção que antecedeu o industrial foi o *manufatureiro*, uma etapa mais sofisticada face ao artesanal.

Na manufatura ocorria a concentração de diversos trabalhadores numa espécie de grande galpão, sob a direção direta de um chefe, o burguês manufatureiro, que era o proprietário do capital e dos *meios materiais de produção*.

Nesta seção temos de fazer uma pequena interrupção na abordagem do que foi o modo de produção manufatureiro para elucidar o importante conceito de meios de produção utilizado pela sociologia e pela economia, entre outros estudos.

Sociologicamente, o conceito de meios materiais de produção diz respeito a importantes aspectos que aparecem em qualquer produção, sem os quais ela não seria possível de ser realizada. Compõem os *meios materiais de produção* dois conjuntos de elementos: a) os *objetos de trabalho*, ou seja, toda e qualquer matéria-prima ou bruta, sobre a qual será exercido um processo de transformação, gerando um produto (ou bem) final ou um serviço. b) os *instrumentos de trabalho*, constituídos por toda e qualquer ferramenta ou equipamento que possibilita a transformação de uma matéria-prima ou bruta num produto acabado. Não há produção, do que quer que seja, sem a presença dos meios de produção, desde a construção de uma sofisticada nave espacial até a refeição diária de uma família feita por uma dona de casa. Veja a roupa que você está vestindo. Ela é um produto acabado/final que você adquiriu como consumidor. Mas o que a tornou possível? Quais os principais meios de produção que apareceram no processo de sua produção? Os objetos de trabalho utilizados na produção de sua camisa foram, desde a matéria bruta, que pode ser o algodão ou o petróleo, do qual foram quimicamente extraídas as substâncias fundamentais que entraram na composição dos fios sintéticos que foram tecidos, até diversas matérias-primas, como o tecido acabado, os botões, a própria tinta utilizada no tingimento dos fios ou do tecido etc.

Dessa maneira, quando dizemos que algum agente social faz parte de uma classe proprietária dos meios de produção, ela é, justamente, proprietária dos objetos e instrumentos de trabalho, fundamentais para a produção de qualquer produto material ou de um serviço, além, evidentemente, de ser proprietária do capital aplicado e do local onde será realizado o trabalho.

Agora, podemos voltar à análise em relação às manufaturas.

Grande parte delas se instalava na parte externa, próxima dos burgos, nos quais havia a regulamentação e restrições determinadas pelas corporações de ofício, fator de controle de sua produção.

Os trabalhadores na manufatura recebiam por dia de trabalho, ou seja, pela jornada de trabalho, de onde decorre sua denominação de *jornaleiros*.

Nessa forma de produção ocorria uma significativa divisão técnica de trabalho, mas ainda tudo dependia da capacidade e da habilidade técnica do trabalhador manufatureiro que, por isso mesmo e por ser ainda um trabalho basicamente manual, determinava o ritmo da produção, além de interferir na forma do seu salário, o que, por sua vez, condicionava o custo do objeto a ser produzido.

Para que possamos melhor entender o processo que se seguiu, temos de ressaltar que na manufatura, devido à qualificação e à habilidade técnica dos jornaleiros, eles eram colocados numa situação de confronto com os proprietários dos meios de produção. Em sua obra *Classes, regimes, ideologias*, Robert Srour, neste sentido, nos diz:

> Com efeito, a manufatura não descarta a qualificação profissional dos jornaleiros: estes continuam difíceis de substituir, o que obriga os burgueses manufatureiros a ceder a algumas de suas exigências; ademais, não podem ser forçados a jornadas de trabalho muito prolongadas e a ritmos incessantes de produção, em virtude dos próprios limites orgânicos do trabalho manual. A acumulação do capital encontra aí barreiras para uma ampliação acelerada (SROUR, 1980, p. 192).

A colocação anterior é de fundamental importância para que possamos entender de forma mais completa a presença de outros fatores que atuaram no advento do *modo de produção maquinofatureiro*, além da compreensível necessidade de se ampliar a produção, reduzindo seu tempo e custo.

A velocidade e o prazo se tornaram a mola mestra do progresso econômico. A maior produtividade com baixo custo e a menor dependência do trabalho braçal permitiram que o progresso econômico se concentrasse no desempenho da máquina. Surge, assim, o fenômeno denominado de *maquinofatura*, no qual o trabalho que era realizado basicamente com as mãos, com o auxílio de ferramentas simples, passa a ser feito por meio de máquinas, elevando, assim, muito a quantidade de mercadorias produzidas.

Aqueles que trabalhavam para os proprietários das manufaturas reivindicavam maior remuneração, tendo como elemento de forte sustentação da argumentação a sua inegável qualificação técnico-profissional.

No século XVIII, a burguesia manufatureira percebeu que a única saída era a invenção de máquinas que viessem a substituir os tecelões, o que iria, sem dúvida, aumentar sua taxa de lucro e de acúmulo de capital, na medida em que não haveria mais este condicionante, representado pelas exigências dos trabalhadores.

Tecendo uma consideração em relação ao que ocorre com o trabalhador nesses três modos de produção anteriormente explicados, Karl Marx, em sua clássica obra *O capital,* estabelece a seguinte e oportuna comparação:

> Na manufatura e no artesanato, o trabalhador se serve da ferramenta; na fábrica, serve à máquina. Naqueles, procede dele o movimento do instrumental do trabalho; nesta, tem de acompanhar o movimento do instrumental. Na manufatura, os trabalhadores são membros de um instrumento vivo. Na fábrica, eles se tornam complementos vivos de um mecanismo morto que existe independente deles (MARX, 1971, p. 483).

Ressaltam-se, neste momento, dois aspectos complementares. A utilização das inovações tecnológicas da Revolução Industrial foi determinante para o crescimento da acumulação de capital, porque houve o aumento da produção em função da implantação das novas tecnologias industriais, colaborando para um menor custo final dessa produção, pois centenas de trabalhadores foram substituídos pelas máquinas, e os que foram absorvidos pelo novo sistema fabril recebiam baixos salários.

Outro aspecto que merece ser destacado é o fato de que, devido à ausência de qualquer legislação trabalhista, ocorria um grande aviltamento da força de trabalho, que além de ficar submetida a toda ordem de exploração, recebia uma remuneração salarial que durante, praticamente, um século, dependia da vontade patronal.

A grande mecanização introduzida no sistema produtivo, portanto, não atendia apenas às duas exigências mencionadas, ou seja, aumentar a produção, dentro do menor custo possível, mas também visava outro objetivo, sociologicamente importante, mas pouco destacado em algumas abordagens históricas: retirar do trabalhador, por meio da introdução das máquinas, a sua capacidade, sua habilidade e sua qualificação técnica ao produzir.

Devido à mecanização do processo produtivo, o trabalhador fabril perdeu o seu poder de pressão e de negociação, que caracterizavam os anteriores embates salariais, fato que o colocava na condição de ser facilmente substituído, até porque as máquinas iniciais não exigiam uma grande habilidade técnica, o que facilitava o aproveitamento de qualquer pessoa disponível no mercado. Dessa forma, o operário industrial, perdendo o seu poder de barganha, ficou totalmente submetido à classe empresarial, também por causa da mencionada ausência inicial de legislação trabalhista.

Não há como se referir à primeira fase da Revolução Industrial sem deixar de mencionar, mesmo que de maneira resumida, um dos aspectos que mais a caracterizaram e que, por vezes, é o único a ser ressaltado: as sucessivas inovações tecnológicas e mecânicas.

A partir da década de 1760, o novo sistema fabril conheceu uma sucessão de invenções, inovações e uma evolução tecnológica, que foi introduzida inicialmente na tecelagem de tecidos de algodão, porque havia uma legislação específica que limitava a tecelagem de produtos de lã.

Em 1764, James Hargreaves inventou a *spinning jenny*, uma máquina capaz de fiar ao mesmo tempo oito fios de algodão. Em 1769, Richard Arkwright inova com a *water frame*, máquina de fiar movida à água que possibilitava tecer fios de algodão mais grossos. Em 1779, Samuel Crompton aprimora todo o processo produtivo quando apresenta a *mule* (mula), que, por ser híbrida, combinava em uma só máquina a parte de fiação e tecelagem.

Um grande salto tecnológico ocorreu quando, em 1768, James Watt alterou a força motriz, com a inovação e o aperfeiçoamento da máquina a vapor, que desde o final do século XVII já existia, porém de forma bem precária. Watt logo se associou ao empresário Matthew Bulton, e juntos passaram a produzir diversas máquinas a vapor voltadas para as mãos de diferentes áreas, tanto nas fábricas como utilizadas na exploração das minas de carvão, de cobre, em cervejarias e em fundições de ferro.

Em 1785, já com a utilização da máquina a vapor, Edmund Cartwright inova com um tear mecânico, que aumentava consideravelmente a capacidade de fiar e tecer.

Até outras inovações de fora da Inglaterra passaram a contribuir para a industrialização, como o caso da máquina descaroçadora de algodão, inventada pelo norte-americano Eli Whitney em 1792, o que facilitou significativamente a produção algodoeira. Em 1774, John Wilkson, em sua indústria de ferro, já passava a produzir chapas de ferro e outros materiais para as mais diversas finalidades.

O fato é que, com o advento do sistema fabril, as pesadas e grandes máquinas já não podiam ser colocadas nas casas dos trabalhadores, como acontecia na manufatura doméstica. Agora, era definitivamente a fábrica o estabelecimento da maquinofatura capitalista.

Sobre o papel da máquina a vapor no processo de industrialização, entretanto, cabe uma pequena consideração, que pode ser verificada numa colocação de Marx, ao afirmar que:

> A própria máquina a vapor (...) até o começo da década de 1780, do século XVIII, não provocou nenhuma revolução industrial. Foi, ao contrário, a criação das máquinas-ferramentas que tornou necessária uma revolução na máquina a vapor (...)
> O aumento do tamanho da máquina-ferramenta e do número dos instrumentos com que opera ao mesmo tempo exige um motor mais possante, que, para vencer a própria resistência, precisa de uma força motriz superior à força humana (MARX, 1971, pp. 428-9).

A Revolução Industrial foi, portanto, minimamente caracterizada por três fatores complementares: 1) o surgimento do sistema fabril, com a maquinofatura e a crescente mecanização da forma de se produzir; 2) a fundamental utilização de trabalhadores assalariados, suficientemente livres, porém despossuídos da propriedade dos meios de produção e, por isso, obrigados a vender sua força de trabalho; e 3) os proprietários dos meios de produção, ou seja, a burguesia manufatureira.

Robert Srour, sobre esse aspecto do capitalismo, afirma que:

> No capitalismo, o trabalhador é um homem livre, desprovido de meios de produção e à procura de meios de subsistência. Para viver, vê-se obrigado a vender sua força de trabalho – o único bem de que dispõe – ao melhor preço do mercado. Assina um contrato de trabalho com o empregador, no qual se compromete, em troca de um salário estipulado, a trabalhar tantas horas por dia, no local designado pelo capitalista, no quadro de regulamentos vigentes na empresa e sob as ordens de quem for chefiá-lo (...). A Revolução Industrial foi, antes de mais nada, uma revolução capitalista. Não foram as inovações técnicas que criaram o capitalismo, mas o capital investido nas manufaturas da Idade Moderna que levou à introdução da máquina-ferramenta, desenvolveu o sistema fabril e aplicou força motriz não animal à indústria (SROUR, 1980, pp. 158-62).

Numa linha de raciocínio muito próxima, o historiador norte-americano, Leo Huberman, em sua obra *História da riqueza do homem*, afirma que:

> O capitalista é dono dos meios de produção – edifícios, máquinas, matéria-prima, etc., compra a força de trabalho. É da associação dessas duas coisas que decorre a produção capitalista. (...) Somente quando os trabalhadores não são donos da terra e das ferramentas – somente quando foram separados desses meios de produção – é que procuram trabalhar para outra pessoa. Não o fazem por gosto, mas porque são obrigados, a fim de conseguir recursos para comprar alimentos, roupa e abrigo, de que necessitam para viver. Destituídos dos meios de produção, não têm escolha. Devem vender a única coisa que lhes resta – sua capacidade de trabalho, sua força de trabalho (HUBERMAN, 1977, p. 16).

Chamamos a atenção para esse tipo de análise sociológica da Revolução Industrial, que efetua uma abordagem crítica e não se restringe apenas às inovações mecânicas, como é muito comum de ser encontrada em diversas obras.

Outro aspecto que deve ser ressaltado sobre a fase inicial da Revolução Industrial é a questão da grande disponibilidade de oferta de mão de obra, também decorrente do abandono de atividades rurais ou da expulsão de pequenos proprietários rurais de suas propriedades, em função do cercamento das terras comunais (coletivas), processo que ocorreu desde a primeira metade do século XVIII, conhecido como *enclosures*, o que impossibilitou a continuidade da prática do pastoreio de seu rebanho de carneiros, obrigando-os a irem procurar emprego nas nascentes indústrias urbanas.

Em relação a essa situação dramática de pequenos camponeses que eram forçados a deixar o campo, Karl Marx dá um significativo relato, sobre o que ocorria na Escócia:

> Quando não há mais camponeses independentes para expulsar, começa a "limpeza" das casas; assim, os trabalhadores agrícolas não encontram no solo por eles cultivado nem o lugar necessário à sua própria casa (...). Como exemplo do método, no século XIX, a "limpeza" feita pela Duquesa de Sutherland nos basta. Essa pessoa, conhecendo economia, resolveu transformar todo o campo, cuja população já fora, por processos semelhantes, reduzida a 15 mil habitantes, numa pastagem de ovelhas. De 1814 a 1820, esses 15 mil habitantes, cerca de 3 mil famílias, foram sistematicamente caçados e expulsos. Todas as aldeias foram destruídas e incendiadas, e seus campos transformados em pastagens. Soldados britânicos impuseram essa expulsão, e entraram em choque com os habitantes. Uma velha, que se recusara a abandonar sua cabana, foi queimada. Dessa maneira, a Duquesa se apropriou de 794 000 acres de terra que, desde épocas imemoriais, pertenciam ao clã (MARX, 1971, p. 439).

Quando lemos essa explicação, não há como deixar de lembrar de fatos quase idênticos que, infelizmente, aconteceram em determinadas regiões brasileiras, principalmente no Nordeste, quando centenas de pequenos proprietários rurais e trabalhadores agrícolas, em geral no início do século XX, foram expulsos de suas terras, em decorrência da pressão exercida pelos senhores das usinas de cana de açúcar, caracterizando a prática do poder do "coronelismo". Mas voltemos à Revolução Industrial europeia.

A exploração da mão de obra

Diante de todo o quadro sobre a utilização de excedentes de trabalhadores, compreendem-se o porquê da significativa utilização da mão de obra feminina e infantil, que sempre eram menos remuneradas do que o trabalhador masculino, fato que até mesmo gerou o aumento do desemprego desta camada social.

Uma das marcas da primeira Revolução Industrial, sem dúvida, foi o largo emprego da mão de obra feminina e infantil, cercada de características específicas, visto que no início da mecanização a habilidade para operar as primeiras máquinas estava nivelada por baixo, fato que facilitava a incorporação de mão de obra não qualificada. Isso pode ser atestado pelo fato de que, por volta de 1835, havia no Reino Unido, aproximadamente, 1 263 fábricas de tecidos de algodão, empregando um total de 221 169 trabalhadores, dos quais 129 283 eram do sexo feminino, ou seja, um pouco mais que 50% da força de trabalho absorvida pela indústria de tecidos de algodão, além de aproximadamente 13% de crianças com menos de 14 anos de idade e com uma mão de obra masculina de 100 886 trabalhadores (Cf. ARRUDA, 1991, p. 71).

Em relação a essa utilização da mão de obra feminina e infantil, Karl Marx, explica:

> Tornado supérflua a força muscular, a maquinaria permite o emprego de trabalhadores sem força muscular ou com desenvolvimento físico incompleto, mas com membros mais flexíveis. Por isso, a primeira preocupação do capitalista ao empregar a maquinaria foi a de utilizar o

trabalho das mulheres e das crianças. Assim, de poderoso meio de substituir trabalho e trabalhadores, a maquinaria transformou-se imediatamente em um meio de aumentar o número de assalariados, colocando todos os membros da família do trabalhador, sem distinção de sexo e de idade, sob o domínio direto do capital. O trabalho obrigatório para o capital tomou o lugar dos folguedos infantis e do trabalho livre realizado em casa, para a própria família, dentro de limites estabelecidos pelos costumes (MARX, 1971, p. 449).

Uma abordagem sociológica da Revolução Industrial, evidentemente, volta sua atenção para a alteração da relação entre o capital e o trabalho, além da análise das condições concretas vividas pelo operariado em geral, mas principalmente nas primeiras décadas da industrialização, conforme nos demonstra o historiador inglês Phyllis Deane, em sua obra específica sobre a Revolução Industrial, quando nos afirma que:

> Nesse estágio da Revolução Industrial, a força de trabalho era em sua grande maioria não qualificada (ou, na melhor das hipóteses, semiqualificada) e era, portanto, relativamente homogênea. Esse foi outro fator que ajudou a tornar a oferta de mão de obra relativamente elástica a um custo baixo. Empregos como na construção civil, os quais requeriam força física, podiam ser desempenhados pelos imigrantes irlandeses pobres, bem como pelos ingleses, de origem nativa. As tarefas que exigiam resistência, e não força, podiam ser, e eram, desempenhadas por mulheres e crianças bem como por homens. O empregador tinha uma grande gama de candidatos para emprego da qual retirava os mais baratos. Enquanto a taxa de crescimento demográfico permanecia elevada nas ilhas britânicas, e os irlandeses continuavam a emigrar para a Grã-Bretanha à procura de empregos, a reserva de mão de obra continuava maior do que a procura em potencial, mesmo em condições de expansão, e os custos da mão de obra permaneciam confortavelmente baixos (DEANE, 1969, p. 175).

É óbvio que com essa grande utilização de mulheres e crianças nas fábricas, parte considerável dos homens ficava sem emprego, acarretando uma taxa de desemprego de tal proporção que Karl Marx, caracterizando essa situação afirmou que naquele momento havia um verdadeiro "exército industrial de reserva" disposto a vender sua força de trabalho por qualquer salário.

Esta alteração das relações entre capital e trabalho é o que sociologicamente é definida como uma alteração das denominadas *relações sociais de produção*, ou seja, a modificação nas relações estabelecidas entre os que são proprietários dos meios materiais de produção (burguesia) e os vendedores da força de trabalho (trabalhadores).

A luta dos trabalhadores

Outro aspecto sociologicamente significativo para a compreensão mais crítica da Revolução Industrial diz respeito à situação inicial de ausência de leis trabalhistas, além de uma clara proibição do direito de criação de associações de trabalhadores, o que, evidentemente, era aplicada em relação aos novos operários industriais e nada em relação aos proprietários das empresas. Sobre esta situação Phyllis Deane (1969, p. 177) afirma que: "No que diz respeito aos empregadores, é lógico, as leis que proibiam a formação de entidades de classe eram totalmente ineficazes. Quem iria impedir um grupo de três ou quatro empregadores (...) de fazer um acordo tácito para reduzir os salários?"

Em relação à questão da ausência de leis trabalhistas, pode-se afirmar que o operariado, que no início não possuía nenhuma forma de mobilização organizada, passou por um longo período de reivindicações, greves e lutas, quase nunca vitoriosas.

Opondo-se à dramática situação geral, o operariado logo no início do processo de industrialização, alarmado pela onda de desemprego, de pressão e ausência de qualquer direito, revoltava-se de forma desordenada e com uma difusão de liderança. Essa situação prolongou-se pelo século XIX, conforme a colocação de Phyllis Deane de que a grande maioria desses trabalhadores era completamente destituída de qualquer instrução, com um considerável número de trabalhadores formado por pessoas analfabetas e que ainda não possuíam uma consciência política de classe que objetivasse uma organização mais estruturada de sua luta por direitos e melhores condições de trabalho.

Desde os primeiros momentos do processo de industrialização ocorreram diversos movimentos de protesto e respostas face ao desemprego, provocado pela mecanização da produção, pela concorrência dos novos trabalhadores que chegavam aos centros urbanos em sucessivas levas e também pela utilização crescente do trabalho feminino e infantil.

Tais protestos, boicotes, greves meio desordenadas, destruição de máquinas e dos edifícios das fábricas e sabotagens resultaram no movimento do "quebra-máquinas", como o que ocorreu em 1769 em Lancaster, e que se tornou cada vez mais constante em Manchester e Liverpool.

Com a maioria dos trabalhadores afetada pela mecanização da produção e por todas as precárias condições que cercavam o trabalho fabril, ingenuamente, eles atribuíam a causa do desemprego e da pobreza generalizada em que viviam à máquina, considerada a vilã principal a ser destruída. Na leitura que faziam de toda a situação por eles vivida, não percebiam, porém, que o problema não era a inovação mecânica, mas sim como o sistema capitalista fazia uso da mecanização.

Essa insatisfação contra as máquinas e a substituição da mão de obra humana, gerou, em 1811, uma onda de assaltos de homens usando máscaras ou encobrindo o rosto, que, armados com martelos, lanças e pistolas, vagavam de um distrito a outro destruindo tudo o que encontravam e apavorando os donos das fábricas. Este movimento conhecido pelo nome de *luditas* ou *ludismo* fazia uma alusão a um operário, Ned Ludd, que em 1779 invadira uma oficina para quebrar as máquinas a marteladas.

Todos esses movimentos foram reprimidos com enorme violência policial, além de a burguesia ter recorrido ao Parlamento britânico, que em 1812 aprovou uma lei que determinava pena de morte para quem destruísse máquinas, equipamentos, edifícios das fábricas e praticasse sabotagens.

A repressão ao movimento dos trabalhadores era de enorme violência, com a utilização de grande número de policiais e de cavalaria, resultando em constantes prisões dos líderes operários. Ante à enorme violência da repressão, ocorriam constantes mortes de trabalhadores, principalmente quando eles desencadeavam greves e outras formas de manifestações de rua. Essa repressão não ficou restrita à Europa, mas era encontrada também nos Estados Unidos.

Gradativamente, o movimento do operariado foi tendo alteração em seu foco ou objetivo de luta. Reivindicaram o direito do voto, contido nas cartas de petições, encaminhadas ao Parlamento, fato que constituiu o denominado *movimento cartista*.

Na década de 1830, este tipo de movimento preconizava reformas parlamentares e fazia reivindicações de caráter nacional e bem mais abrangente, ultrapassando a própria classe trabalhadora operária e incorporando diversos setores de trabalhadores urbanos pobres.

Aos poucos, as *trade-unions* – primeiras associações de trabalhadores – foram se formando, apesar da grande resistência oficial, e os primeiros sindicatos ingleses seguiram caracterizando cada vez mais um crescente sentimento de classe social. As *trade-unions*, desde o início, lutavam pelos direitos trabalhistas, principalmente em relação à regulamentação, à diminuição da jornada de trabalho e à melhoria salarial. O movimento sindicalista que teve origem na França e parte considerável das lutas sociais da época refletiam, sem dúvida, uma influência das ideias e transformações geradas pela Revolução Francesa de 1789. Na Inglaterra, entretanto, durante mais de 25 anos, era considerada ilegal a formação dos sindicatos ou associações de trabalhadores. A intenção em instituir um sindicato era considerada um ato conspiratório e contrário aos interesses nacionais. Havia uma completa ausência de direitos e leis que protegessem o nascente operariado urbano.

O processo de industrialização acentuou o fosso da desigualdade social, tornando os "ricos mais ricos e os pobres, desligados dos meios de produção, mais pobres", como afirma o historiador Leo Huberman.

Para termos uma visão um pouco mais completa sobre todo esse processo, temos de nos perguntar: como eram as condições de trabalho na nascente indústria mecanizada? Analisemos uma fábrica de tecidos daquela época.

A jornada de trabalho era de aproximadamente dezesseis horas, havendo casos de até dezoito horas contínuas, fato que perdurou por mais de cinco décadas, quando após inúmeras greves e dramáticas lutas, que às vezes culminavam com a morte de inúmeros operários com a violenta repressão policial, os trabalhadores conseguiram reduzir para doze horas sua jornada de trabalho. Que vitória amarga!

Nas fábricas o regime de trabalho era extremamente rígido, com a adoção de uma severa disciplina, sem liberdade para quase nada, inclusive multando trabalhadores quando transgrediam as duras normas impostas pelos patrões, verdadeiros autores do que consideravam justo para o operário. Até para beber água ou ir ao banheiro durante o trabalho havia rígidas determinações. Evidentemente, também não havia, no início, nenhuma lei trabalhista que regulamentasse a política salarial. Os proprietários das fábricas pagavam o que bem queriam, fato que explica claramente o largo uso do trabalho feminino e infantil, considerado "mais passivo e menos reivindicativo".

Sobre a questão salarial, a ausência de leis específicas sobre o assunto, e referindo-se ao caráter quase que fortuito em que eram feitos os acordos salariais – obviamente sempre com menor poder de decisão da classe trabalhadora –, o economista Adam Smith, considerado um dos pais da ciência econômica e do liberalismo econômico, privilegiado espectador do incipiente processo da Revolução Industrial, em sua clássica obra *A riqueza das nações*, comenta:

> Os salários normais do trabalho dependem em cada caso do contrato normalmente feito entre ambas as partes, e os seus interesses não são, de forma alguma, os mesmos. Os trabalhadores desejam ganhar o máximo e os patrões pagar-lhes o mínimo possível. Tanto uns como os outros tentam

agrupar-se entre si com o fim de obterem, respectivamente, aumento ou baixas de salários. Não é, porém, difícil ver qual das duas partes tem, em ocasiões normais, vantagem nessa disputa e pode forçar a outra a aceitar um contrato nos termos que mais lhe interessam (SMITH, 1978, p. 56).

No início da industrialização, diversos donos de fábricas chegaram a comprar o trabalho infantil de crianças cuja idade variava de 7 a 11 anos nos orfanatos, qualificando-os como aprendizes até os 21 anos. O regime de trabalho das crianças e adolescentes chegava a uma média de doze a quinze horas diárias, havendo castigos corporais para os considerados negligentes, o que, inevitavelmente, acarretava um elevado número de acidentes de trabalho e mortes.

A respeito da exploração do trabalho infantil, há inúmeras descrições e relatos que podem ilustrar o que de fato ocorria com as crianças e adolescentes. Marx, em sua obra *O capital,* transcreve uma matéria publicada no jornal *The Daily Telegraph,* de Londres, em janeiro de 1860, ou seja, um século após o início do processo de industrialização, relatando a descrição de um juiz sobre o assunto, e que reproduzimos a seguir alguns trechos, apenas para que possamos ter uma ideia do que ocorria naquele momento histórico:

> O juiz do condato Broughton, presidindo uma reunião na prefeitura de Nottingham (...) declarou que naquela parte da população, empregada nas fábricas de renda da cidade, reinavam sofrimentos e privações em grau desconhecido no reino do mundo civilizado (...) Às 2, 3 e 4 horas da manhã, as crianças de 9 e 10 anos são arrancadas das camas imundas e obrigadas a trabalhar até às 10, 11 ou 12 horas da noite, para ganhar o indispensável à mera sobrevivência. Com isso, seus membros definham, sua estatura se atrofia, suas faces se tornam lívidas. (...) O sistema, como descreveu o reverendo Montagu, constitui uma escravidão ilimitada, escravidão em sentido social, moral e intelectual (...), que pensar de uma cidade onde se realiza uma reunião pública para pedir que o tempo de trabalho para os homens se limite a 18 horas por dia! (...) (MARX, 1971, p. 275).

A forma pela qual era utilizada a força de trabalho infantil era de tal maneira revoltante que, em 1863, época da passagem da primeira para a segunda fase da Revolução Industrial, o governo inglês constituiu uma comissão específica para levantar dados e elaborar um relatório sobre a dramática situação das crianças que trabalhavam nas indústrias.

Marx, em *O capital*, reproduz e comenta em diversas passagens os resultados deste relatório oficial, intitulado "Comissão do emprego de crianças", produzido de 1863 a 1867, do qual transcrevemos um pequeno, mas significativo trecho:

> Ocorre ainda na Inglaterra que mulheres "tomam garotos aos asilos e os alugam a qualquer comprador por 2 xelins e 6 pence por semana". Apesar da legislação, 2 mil garotos, pelo menos, são vendidos pelos pais, na Grã-Bretanha, como máquinas vivas de limpar chaminés, embora existam máquinas para substituí-los (MARX, 1971, pp. 452-4).

Quando lemos trechos como o anterior, é impossível não lembrar o trabalho quase escravo que por vezes é descoberto em determinadas regiões rurais do Brasil, ou da vergonhosa utilização de crianças na mendicância urbana.

Retornando à explicação do antigo processo de industrialização na Inglaterra, vemos que desde o início da industrialização os empresários logo perceberam que podiam ter uma produção contínua, ou seja, 24 horas por dia, instituindo o trabalho diurno e noturno ininterrupto, em todos os dias da semana, pelo sistema de revezamento das turmas de trabalhadores, incluindo os diversos setores da produção, como os altos fornos e laminações de outras indústrias metalúrgicas.

Nessas indústrias, a força de trabalho não fugia à regra, absorvia trabalhadores adultos, crianças e adolescentes de ambos os sexos. Em alguns desses ramos da produção eram empregadas crianças cuja idade partia dos 6 anos. Em outro relatório sobre as condições de trabalho, produzido em 1865, é mencionado que moças e mulheres eram empregadas nas minas de carvão e nas pilhas de coque, tipo de combustível derivado de carvão betuminoso, durante as 24 horas do dia, inclusive sendo constantemente molestadas sexualmente pelos colegas de trabalho, de acordo com relatos encontrados na obra de Marx.

Torna-se interessante saber qual a opinião da classe empresarial, naquela época, em relação às péssimas condições de trabalho em metalúrgicas, altos fornos e produção de aço. Nada melhor do que ler um trecho sobre um depoimento feito por um desses proprietários à "Comissão do emprego de crianças":

> Os garotos não sofrem com o calor. A temperatura é provavelmente de 86 até 90 graus Fahrenheit (...). Na forja trabalha-se de 12 a 12 horas..., achamos que não faz nenhuma diferença para a saúde do operário trabalhar de dia ou de noite. (...) Cerca de 20 menores com menos de 18 anos trabalham à noite (...). Não poderíamos passar sem o trabalho noturno desses menores. Opomo-nos ao aumento dos custos de produção (...). Considerando a pequena proporção de menores que empregamos, seriam de pequena importância ou de pouco interesse para nós as limitações do trabalho noturno desses menores (Marx, 1971, p. 295).

Diante dessa declaração, poderíamos até concordar com a sinceridade do depoente, mesmo que ele ache que ninguém sofra numa temperatura tão elevada, equivalente a 29°C, na medida em que fica claro o real objetivo desse tipo de depoimento.

A maior parte das fábricas possuía uma péssima ventilação e baixa luminosidade, o que, como não poderia deixar de ser também, contribuía para a propagação de diversas doenças, como a tuberculose e outras epidemias.

O ambiente altamente insalubre das fábricas, inclusive com diversas formas de contaminação, é detalhadamente descrito nos relatórios da "Comissão do emprego de crianças", já mencionado e comentado por Marx, do qual, mais uma vez, transcrevemos o trecho a seguir, referente às fábricas de produção de palitos de fósforo:

> A metade dos trabalhadores são meninos com menos de 13 anos e adolescentes com menos de 18. Essa indústria é tão insalubre, repugnante e mal-afamada que somente a parte mais miserável da classe trabalhadora, viúvas famintas etc., cede-lhe seus filhos, "crianças esfarrapadas,

subnutridas, sem nunca terem frequentado escola" (...). O dia de trabalho variava entre 12, 14 e 15 horas, com trabalho, empesteado pelo fósforo. Dante acharia que foram ultrapassadas nessa indústria suas mais cruéis fantasias infernais (MARX, 1971, p. 295).

De fato, era uma situação desumana, não há como ser contestada, mas que, sem dúvida, trazia boas condições de acumulação de capital para o sistema.

Como já mencionado, as principais reivindicações dos trabalhadores eram sobre a redução da jornada de trabalho, as condições salariais e até quanto ao direito de representantes da classe trabalhadora terem assento no parlamento britânico e poderem ter seus sindicatos livres.

Mais de setenta anos após o início da Revolução Industrial e intensas lutas de parte do operariado é que surgiram as primeiras leis favoráveis à classe trabalhadora, o que não significa que eram plenamente seguidas e respeitadas pelo empresariado da época.

No período compreendido entre 1833 e 1864, foram elaboradas algumas leis, principalmente referentes à redução da jornada de trabalho. Dessa forma, em 1833, o Parlamento inglês aprovou a lei que reduzia a jornada de trabalho para menores de 13 a 18 anos a doze horas de trabalho.

Pode parecer irônico, mas é isso mesmo, entretanto o dia de trabalho, para os maiores de 18 anos, devia começar às 5h30 da manhã e estender-se até às 20h30, ou seja, quinze horas de trabalho, tendo o direito a uma hora e meia para as refeições. Legalmente estava proibido o emprego de crianças menores de 9 anos na maioria das atividades e os com idade entre 9 a 13 anos podiam trabalhar oito horas diárias, com início às 5h30. Que bondade e consideração do parlamento britânico!

Imediatamente, houve diversas reações do empresariado, que procurava burlar a recente legislação, além de não haver uma sistemática fiscalização em relação ao cumprimento da lei.

Em 1844, novas leis foram promulgadas: referiam-se ao trabalho das mulheres maiores de 18 anos, com seu tempo de trabalho reduzido para doze horas, e aos menores de 11 anos, que tiveram a jornada de trabalho reduzida para seis horas e meia, mas mantendo os adolescentes entre 11 a 13 anos, com dez horas diárias.

Em 1847, entretanto, diante das pressões do empresariado, a idade mínima para as crianças começarem a trabalhar foi reduzida de 9 para 8 anos. Era um novo retrocesso, quase oitenta anos após o início da industrialização.

Em 1848, após novas mobilizações dos trabalhadores, a jornada de trabalho para as mulheres e os adolescentes entre 13 a 18 anos caiu para dez horas, mas a dos trabalhadores homens maiores de 18 anos praticamente se mantinha por volta de catorze a quinze horas diárias. Também aumentava a repressão policial ao movimento cartista, inclusive com a prisão de seus líderes e dissolução de algumas associações de classe. Obviamente que os donos das fábricas perceberam que uma saída era a dispensa de mulheres e dos adolescentes e o aumento da utilização de trabalhadores homens, também no trabalho noturno, visto que a sua jornada de trabalho era, ainda, maior que as demais.

A classe burguesa habilmente atuando junto ao Parlamento constantemente conseguia alterar as determinações anteriores, criando ressalvas e leis específicas para diferentes setores da produção fabril, além de, na prática, haver um grande desrespeito ao cumprimento dessas leis, o que pode ser verificado no fato de que crianças de 8 a 10 anos eram largamente empregadas nas fábricas, sem qualquer punição aos proprietários infratores.

Algo que implicou num maior controle dos trabalhadores, da parte dos capatazes, feitores e todo o tipo de pequenos chefes de turma, foi o fato de no sistema fabril, com a mecanização, ocorrer uma maior divisão técnica do trabalho, porque algumas tarefas agora passavam a ser exercidas por diferentes equipes de trabalhadores que realizavam tarefas complementares, inclusive em diferentes áreas da fábrica, determinando o aparecimento do tipo de trabalhador parcelar, isto é, aquele que realiza apenas uma parcela do todo da produção.

Em relação ao papel dessa nova divisão do trabalho, Adam Smith, um dos mais clássicos autores defensores do liberalismo econômico, referindo-se ao que ocorria na nascente industrialização, da qual era um importante espectador, afirmava em sua obra que ficou conhecida pelo nome de *A riqueza das nações*:

> O crescente desenvolvimento da produtividade do trabalho, e o aumento do engenho, destreza e discernimento ao qual está ligado, parece ter sido provocado pela divisão do trabalho (...). A divisão do trabalho, que pode ser efetuada em cada caso, origina, porém, em todas as indústrias, um aumento proporcional da produtividade. Este considerável aumento de produção que, devido à divisão do trabalho, o mesmo número de pessoas é capaz de realizar, é resultante de três circunstâncias diferentes: primeiro, ao aumento da destreza de cada trabalhador; segundo, à economia de tempo, que antes era perdido ao passar de uma operação para outra; terceiro, à invenção de um grande número de máquinas que facilitam o trabalho e reduzem o tempo indispensável para realizar, permitindo a um só homem fazer o trabalho de muitos (SMITH, 1978, pp. 7-9).

Essa nova divisão do trabalho obviamente determinou o início de uma nova forma gerencial, inclusive com a presença de todos estes tipos de pequenos gestores, que atuavam em nome do patrão e fiscalizavam os trabalhadores diretos de forma extremamente severa, exercendo um rigoroso controle de tudo que aqueles realizavam. É lógico que a direção básica das empresas permanecia sob o controle direto e altamente presente do proprietário dos meios de produção, ou seja, do dono da empresa, que em inúmeros casos contava com a colaboração direta de algum familiar ou um conhecido de alta confiança que ocupava algum cargo de chefia, também diretamente subordinado ao proprietário da empresa.

Como se percebe, essa é uma longa história de idas e vindas no embate dos diferentes interesses na relação entre o capital e o trabalho, que ocorria não só na Inglaterra, mas nos demais países europeus como a França, Bélgica, além do que acontecia no processo de industrialização encontrado na região norte dos Estados Unidos.

O processo de industrialização, logicamente, acarretou efeitos em todos os campos da vida social. As fábricas atraíam uma grande massa de trabalhadores rurais para os centros urbanos, provocando um rápido crescimento de vilas e cidades.

Em aproximadamente setenta anos, ocorreu uma rápida urbanização de grande parte da Inglaterra. Em apenas cinquenta anos, muitas cidades inglesas tiveram um salto populacional assustador, conforme os dados divulgados pelo historiador Leo Huberman, referentes à população de algumas cidades industriais:[2]

Cidades	1801	1841
Manchester	35 000	353 000
Leeds	53 000	152 000
Birmingham	23 000	181 000
Sheffield	46 000	111 000

As condições gerais dessas cidades e das moradias dos operários eram também as piores possíveis. Moravam em ruas estreitas, sem pavimentação, com valas a céu aberto servindo de esgoto, em casas sem ventilação nem iluminação adequadas, com famílias enormes habitando porões, sótãos ou pequenos cômodos, os denominados *slums,* vivendo em grande desorganização e falta de higiene.

Será que isso, infelizmente, não nos lembra nossas favelas atuais e os inúmeros cortiços encontrados nas grandes cidades, não só nas periferias, mas também em áreas centrais degradadas das regiões metropolitanas brasileiras? Como se nota, a história não se repete, mas o processo de proletarização possui incríveis e lamentáveis semelhanças.

Observe o que ocorre em diversos bairros, até mesmo os centrais de grandes cidades como São Paulo, onde há mais de duas mil e quinhentas pessoas vivendo em favelas e cortiços.

É óbvio que isso gerava o aumento da criminalidade, da violência, da prostituição, do alcoolismo, do suicídio, até do infanticídio e da propagação de inúmeras doenças, como a tuberculose e a cólera, o que provocava o aumento da taxa de mortalidade, principalmente a infantil. O conjunto desses fatores é

---

2 HUBERMAN, Leo. Op. cit., p. 193.

bem assustador, mas, infelizmente, nos é um pouco familiar, quando observamos o que ocorre em diversas áreas metropolitanas brasileiras.

Outro aspecto relacionado à Revolução Industrial, principalmente ao longo do século XIX, passando de sua primeira para a segunda fase, diz respeito à propagação do processo de mecanização, que logo foi adotado pelas atividades agrícolas, melhoradas pela invenção de máquinas que facilitavam os mais diversos trabalhos rurais, como os grandes arados, debulhadoras e, em 1834, a ceifadeira mecânica nos Estados Unidos, além de outros inventos na área da química agrícola, com a produção de adubos artificiais e o aperfeiçoamento biológico de raças bovinas, tudo isso acarretando um expressivo aumento da produção agrícola.

Outras áreas rapidamente também foram atingidas pelos efeitos da mecanização, provocando uma marcante revolução nos transportes, na construção de estradas, inclusive com muitas delas sendo pavimentadas, além da abertura de canais e drenagem de pântanos, fatos que contribuíram para melhorar o mercado interno.

A melhoria das estradas facilitou o uso das diligências e carruagens que, de acordo com o dizer da época, tornaram-se verdadeiras "máquinas voadoras", pois andavam a uma "assustadora" velocidade de 16 km/hora!

A navegação fluvial foi facilitada pela construção de uma grande rede de canais que interligavam as principais cidades inglesas. Por volta de 1830, a Inglaterra já possuía diversas estradas de ferro, por onde trafegavam locomotivas.

As máquinas a vapor logo foram adaptadas à navegação fluvial, contando com a contribuição de importantes inventos norte-americanos, que já se faziam presentes desde o início do século XIX. Na década de 1830, os barcos a vapor foram adaptados à navegação marítima, chegando a cruzar o Atlântico em linhas regulares.

Todo esse desenvolvimento não podia deixar de se fazer repercutir no sistema de comunicação, pois o desenvolvimento do sistema produtivo e a própria dinamização do comércio interno e externo passavam a exigir uma forma mais ágil de comunicação. Nesse sentido, em 1820, o físico francês Ampère inventa os primeiros modelos de telégrafo, que foram sendo aperfeiçoados, e, em 1837, com o surgimento do código de transmissão, criado pelo norte-americano Samuel Morse, o sistema de comunicação à distância foi enormemente facilitado, sobretudo com a criação, em 1844, da primeira linha telegráfica com fins comerciais. Em 1851, foi construído o cabo submarino pelo Canal da Mancha, interligando a Inglaterra à França e, em 1866, pela iniciativa norte-americana, houve a colocação do primeiro cabo transatlântico, que interligou os Estados Unidos à Inglaterra.

Outros inventos, em várias áreas da produção e da comunicação, foram surgindo, principalmente no período da segunda fase da Revolução Industrial, iniciada por volta de 1860. A partir da década de 1860, ocorrem diversas alterações significativas para o sistema capitalista, que podem ser resumidas em suas principais manifestações, tais como: o surgimento do aço, como material básico para diversas atividades, em substituição gradativa do ferro; o surgimento dos diversos inventos na área da eletricidade, substituindo o vapor enquanto força motriz, principalmente, após a invenção do dínamo, convertendo a energia mecânica em energia elétrica. Uma das mais revolucionárias descobertas nessa segunda fase foram as primeiras explorações dos poços de petróleo.

Numa etapa correspondente ao período da segunda fase da Revolução Industrial, houve a grande exploração dos poços de petróleo, resultando no desenvolvimento de uma indústria petroquímica e, consequentemente, no aproveitamento dos diversos produtos derivados do petróleo, logo utilizados como fonte básica de força motriz.

Em relação à exploração do petróleo, os Estados Unidos da América tiveram um fator altamente positivo e favorável, visto que eles passaram a ter suas próprias reservas internas desse produto. Por volta de 1859, deram início à exploração do primeiro poço de petróleo, na Pensilvânia. Logo em seguida, começou a exploração petrolífera no Oeste norte-americano, em estados como Califórnia e Texas, expropriados numa guerra contra o México, assim, também, como os atuais estados do Novo México e Alabama.

A exploração do petróleo, alguns anos à frente, propiciou o surgimento dos motores de combustão interna, com o advento da indústria automobilística.

Nessa fase de passagem para o segundo período da Revolução Industrial, também passou a ter alta importância a utilização de ligas metálicas leves, como o aço, relacionadas ao desenvolvimento da siderurgia e de diversos produtos decorrentes da química industrial.

Não podemos deixar de explicar, mesmo que superficialmente, a propagação da industrialização. Ainda na primeira fase da Revolução Industrial ocorreu a expansão desse processo para outras regiões do ocidente. Desta maneira, logo no começo do século XIX atingiu outros países europeus, como o caso da Bélgica.

Na década de 1840, uma maior industrialização, finalmente, chegou à França. O retardo deveu-se ao fato de que tal país, até então, sofria com os efeitos e a grande conturbação provocada pela Revolução Francesa, pelas guerras expansionistas de Napoleão Bonaparte e por outras revoluções que geravam instabilidade política e impediam uma industrialização mais estruturada.

Desde as primeiras décadas do século XIX, o processo de industrialização atravessou o Atlântico e apresentou suas primeiras manifestações no norte dos Estados Unidos.

Além disso, por volta da década de 1860, já praticamente adentrando à sua segunda fase, o mesmo processo começou a atingir algumas regiões germânicas, como o caso da Prússia, mas somente houve o seu desenvolvimento com a unificação política da Alemanha, ocorrida em 1871.

A industrialização italiana, que ocorreu no norte do país, também só foi possível após o processo de unificação dessa região, complementado em 1870, com a formação do reino da Itália, governado pelo rei Vitor Emanuel I.

Outras regiões europeias vieram a conhecer a industrialização bem mais tarde, como os casos da Rússia czarista e do Império Austro-Húngaro.

Fora das regiões ocidentais, praticamente o único país que desenvolveu a industrialização foi o Japão, mas somente após a instalação de uma nova dinastia real, a Meiji, que, ascendendo ao trono em 1868, empreendeu um sistemático programa de industrialização.

Nessa altura, muitos devem se perguntar: como ocorreu o processo de industrialização no Brasil?

Essa é uma outra história que ficaria muito extensa se relatada aqui, até mesmo porque é analisada em outra parte deste livro, mas, em termos resumidos, pode-se dizer que o processo de industrialização brasileiro foi extremamente tardio e bem específico, em relação ao dos outros países.

Considerações finais

A respeito da análise da impactante Revolução Industrial, pode-se dizer que ela representou, de fato, a definitiva ascensão da burguesia ocidental, pois graças ao sucesso da industrialização, complementou-se o processo de solidificação econômica dessa classe social, afinal ela já se fazia presente nas atividades comerciais, financeiras e manufatureiras, mas, com sua atuação no setor industrial, historicamente afirmou-se em decorrência de sua vitoriosa presença, agora, como burguesia industrial.

A acumulação do capital inicial, conforme explicado no começo deste capítulo, foi um fator básico para que houvesse a industrialização, propiciando, assim, um acúmulo maior ainda, processo que representou a afirmação do modo de produção capitalista tal como o entendemos hoje, que será destrinchado no próximo capítulo.

Podemos fechar este capítulo sintetizando o que foi explicado, por meio da reprodução de um trecho do livro de Robert Srour, que afirma:

> O modo de produção capitalista conseguiu nascer da combinação desses elementos: uma massa monetária considerável que pôde ser investida na compra de meios de produção; trabalhadores desprovidos destes meios e juridicamente livres, confiados a Deus e com medo de passar fome; uma propriedade econômica do tipo privatista (...); a presença de um Estado centralizado e eficaz, mobilizado na defesa da propriedade; mercados de consumo nacionais livres de alfândegas internas; colônias produtoras de matérias-primas baratas e de bens primários de consumo. Resta dizer

uma força de trabalho que seja fácil de substituir e que não disponha de capacidade de impor o valor de seu trabalho. Tal questão foi resolvida pela Revolução Industrial (SROUR, 1980, p. 191).

Questões para estudo

1. Por que a passagem do século XVIII para o XIX é considerada uma das mais importantes fases históricas da realidade ocidental? E por que pode ser encarada como uma fase de transição estrutural?
2. O que, em síntese, deve ser destacado numa análise sociológica diante de um fato ou processo histórico?
3. Quais razões explicam o fato de a Primeira Revolução Industrial ter início na Inglaterra?
4. O que mais caracteriza e diferencia os modos de produção artesanal, o manufatureiro e o maquinofatureiro? Por que foi necessária a mecanização da produção?
5. O que mais caracterizou as condições de trabalho da mão de obra operária a partir da introdução da mecanização no sistema fabril? Relacione esses aspectos às fases de organização e luta da classe trabalhadora, desde o movimento ludista até os *trade-unions*.

Sugestões de filmes

Germinal. França/Itália/ Bélgica, 1993, Dir. Claude Berri, 160min.
Os Miseráveis. Reino Unido, 2012, Dir. Tom Hooper, 150min.
Pelle, o Conquistador. Suécia, 1987, Dir. Bille August, 157min.
Vidas Marcadas. Inglaterra, 1987, Dir. Bill Douglas, 180min.

Referências bibliográficas

ARRUDA, J. J. de A. *A Revolução Industrial*. 2. ed. São Paulo, Ática, 1991.

_____. *Toda a História*. São Paulo: Ática, 1997.

CASTRO, A. M.; DIAS, Edmundo F. *Introdução ao pensamento sociológico*. Rio de Janeiro: Eldorado, 1977.

COSTA, C. *Sociologia – Introdução à ciência da sociedade*. 3. ed. São Paulo: Moderna, 2005.

CROSSMAN, R.H.S. *Biografia do Estado Moderno*. São Paulo: Ed. Ciências Humanas, 1980.

CUIN, C. ; GRESLE, F. *História da sociologia*. São Paulo: Ensaio, 1994.

DEANE, P. *A Revolução Industrial*. Rio de Janeiro: Zahar, 1969.

FERNANDES, F. *Ensaios de sociologia geral e aplicada*. São Paulo: Pioneira, 1960.

HOBSBAWM, E. *A era das revoluções – 1789-1848*. Rio de Janeiro: Paz e Terra, 1977.

HUBERMAN, L. *História da riqueza do homem*. 21. ed. Rio de Janeiro: Livros Técnicos e Científicos, 1986.

MARX, K. *O Capital – Crítica da economia política*. 2. ed. Livro 1. Rio de Janeiro: Civilização Brasileira, 1971.

MARTINS, C. B. *O que é sociologia*. 20. ed. Coleção Primeiros Passos. São Paulo: Brasiliense, 1988.

SMITH, A. *Investigação sobre a natureza e causa da riqueza das nações*. Coleção Os Pensadores. São Paulo: Abril Cultura, 1978.

SROUR, R. H. *Classes, regimes, ideologias*. 2. ed. São Paulo: Ática, 1992.

TOMAZI, N. D. (org.). *Iniciação à sociologia*. São Paulo: Atual, 1993.

3

As revoluções burguesas no século XVIII

Fernando Perillo da Costa e José Eduardo Azevedo

Objetivos

1. Contribuir para uma visão crítica da Revolução Francesa, iniciada em julho de 1789, e de seus efeitos nos planos político, econômico e cultural;
2. Analisar os principais fatores que marcaram o processo de independência dos Estados Unidos da América;
3. Poder estabelecer a relação entre o conjunto de importantes processos históricos que marcaram a passagem do século XVIII para o XIX, o advento de diversos movimentos intelectuais e o aparecimento das ciências sociais, representadas pela sociologia.

A Revolução Francesa

Um importante movimento social que marcou o século XVIII e acarretou consequências em diversos países até o século XIX, sem dúvida, foi a Revolução Francesa, em 1789.

Se a Revolução Industrial, de acordo como o que foi explicado no capítulo anterior, significou a ascensão econômica da burguesia capitalista, a Revolução Francesa, por sua vez, representou a ascensão e a afirmação política da burguesia, que a partir de então passou a controlar a estrutura política do novo Estado burguês, o que muito caracteriza o mundo contemporâneo.

A Revolução Francesa foi o acontecimento político até o presente momento mais espetacular e significativo da história contemporânea, pois, apesar de ter correspondido aos interesses políticos da burguesia, contou com uma marcante participação das massas da população e fez por encerrar a sociedade feudal, além de ter aberto o caminho para a modernidade.

Inspirada pelos ideais iluministas, a sublevação do lema "Liberdade, igualdade e fraternidade", ecoou em todo o mundo ocidental, pondo abaixo regimes absolutistas, antecedendo os valores burgueses e tornando-se no decorrer dos séculos XIX e XX uma bandeira de grande parte da humanidade. Nesse sentido, o sociólogo francês Raymond Aron, afirma: "A passagem do Ancien Régime para a sociedade moderna é consumada na França com uma ruptura e uma brutalidade únicas" (ARON, 1980, p. 46).

O autor refere-se diretamente à queda do Antigo Regime, ou seja, ao período político que, originado no século XV, foi marcado pelas monarquias e Estados absolutistas, em suas diversas formas de expressão e que tinha na França um dos mais significativos exemplos de governo autocrático.

A Revolução Francesa possui um complexo conjunto de causas, dentre as quais destacamos: no campo político, foram geradas pelo longo governo absolutista dos Bourbons, com a insatisfação agravada pelos resultados dispendiosos das constantes guerras nas quais a França estava envolvida. No campo econômico e social, a manutenção de diversos privilégios feudais que eram garantidos pela monarquia, somada a um ilógico e injusto sistema tributário que isentava a nobreza e o clero, mas atingia a maioria do povo, tudo isso potencializado por um contexto social de grande agravamento da pobreza que afetava a maioria da população francesa.

Sempre que é analisada a Revolução Francesa são relacionadas as causas culturais e intelectuais vinculadas à propagação das ideias liberais e democráticas pregadas pelos filósofos iluministas, como Montesquieu, Voltaire e Rousseau, entre outros.

De fato, a influência desses pensamentos se fez presente no processo revolucionário, mas deve-se ressaltar que não são as influências ideológicas isoladamente que geram ou provocam uma revolução. As ideias só podem se propagar desde que associadas às condições reais e objetivas que são decorrentes do agravamento da situação econômica, política e social. Numa abordagem sociológica, pode-se dizer que nenhum movimento ideológico desencadeia um processo revolucionário se não houver um concreto terreno socioeconômico e político que o receba.

Quando passamos do estudo dos ideais da Revolução Francesa para o exame dos resultados desse movimento político, nos deparamos com um panorama ainda mais pungente, que pode ser traduzido na frase do historiador inglês Eric Hobsbawm:

A França forneceu o vocabulário e os temas da política liberal e radical-democrática para a maior parte do mundo. A França deu o primeiro grande exemplo, o conceito e o vocabulário do nacionalismo (HOBSBAWM, 1977, p. 71).

Num sentido geral, Carlos Guilherme Mota, afirma que:

> A Revolução derrubou a aristocracia que vivia dos privilégios feudais e liquidou a servidão, destruindo a base social que sustentava o estado absolutista encarnado na figura do monarca Luís XVI. As massas populares urbanas esfomeadas, a pequena burguesia radical, os pequenos produtores independentes e, sobretudo, os camponeses ainda enleados na tributação do Antigo Regime mobilizaram-se nesse processo em que se pôs abaixo o sistema (MOTA, 1989, p. 3).

Para que possamos melhor compreender essa grande luta pela instalação de um Estado democrático, é necessário fazer uma retrospectiva histórica da França nos anos que antecederam o conhecido 14 de julho de 1789, ou seja, a famosa Queda da Bastilha, que passou a ser o fato emblemático e simbólico desse significativo movimento revolucionário.

Ainda na segunda metade do século XVIII, a França estava plenamente controlada por um Estado absolutista, governado pela dinastia Bourbon e, em decorrência dessa contingência política, sofria diretamente os efeitos de um corrupto sistema financeiro, caracterizado por uma numerosa classe parasitária, isenta do pagamento de impostos, composta pelos membros do alto clero da Igreja e por uma problemática, mas ainda presente, nobreza.

Dois mundos se defrontavam na França. O primeiro era o mundo do privilégio, composto pelos homens e mulheres dos salões, das luxuosas festas palacianas, dos castelos e das grandes propriedades fundiárias. Um universo de bom gosto, requinte e refinamento, que a renda da terra e os ainda presentes direitos feudais lhes asseguravam. Próximo a ele, encontrava-se a corporação clerical, os príncipes da Igreja, os teólogos, os reitores eminentes e os altos dignitários que representavam os interesses de Roma no seio da sociedade francesa.

Naquele momento, no suntuoso Palácio de Versalhes, símbolo da opulência da corte dos Bourbons, nobres, marcantemente ociosos, e bispos, ávidos de poder político, apesar de viverem ligados à corte real, a partir de um determinado momento, irmanavam-se numa frente comum contra certas medidas que o rei Luís XVI vinha adotando e que ameaçavam a continuidade de seus privilégios. Desejavam, no mínimo, a restauração de algumas antigas regalias que começavam a ser timidamente suprimidas pelo monarca.

O mundo social era representado pelo mundo burguês, do trabalho, do comércio, do negócio, da pequena fábrica, da vida sóbria em casas modestas; do dia a dia "probo", economizando os tostões para não ter de mendigar na velhice.

Era, principalmente, do trabalho burguês que o reino extraía a prosperidade que conheceu no século XVIII. Para esse mundo, era cada vez mais odioso o sistema ainda vigente na França, no qual justamente quem trabalhava de sol a sol era punido com uma pesada taxa tributária. O sistema de ordens, com os privilégios do sangue e da casta, já lhes parecia insuportável e arcaico, injusto e abominável. O mundo que almejavam era o dos talentos e das capacidades intelectuais. O que eles representavam era a produção, os lucros e os salários, enquanto o outro mundo, o do privilégio, vivia da renda, dos tributos e da servidão.

Num sentido sociológico e jurídico-político, a França, desde a Idade Média, estava dividida (estratificada) nas denominadas *ordens ou estados*. O primeiro estado era formado pelo clero (baixo e alto), somando por volta de 130 mil membros, sendo que o alto clero advindo da nobreza constituía a maioria dos proprietários das terras. O segundo estado, formado pela nobreza (de sangue e de toga), possuía uma nobreza rural em situação de geral decadência, mas que mantinha não só a pose como diversos privilégios. O restante da população formava o povo e constituía o denominado terceiro estado, do qual participavam a burguesia (incluindo os comerciantes), os artesãos urbanos e os camponeses, que eram a maioria da população. Considerável parte dos camponeses era formada pelos pequenos proprietários e os meeiros que viviam submetidos a inúmeros tributos, explorações e imposições feudais.

Deve ser esclarecido que os reis da França não convocavam os Estados Gerais – organização equivalente a uma espécie de Congresso Nacional ou

Parlamento, integrada por representantes da população francesa, ou seja, do clero, da nobreza e do denominado Terceiro Estado – desde 1614.

Por volta de 1789, a França possuía aproximadamente 26 milhões de habitantes, sendo que 120 mil pertenciam ao clero, 350 mil eram representantes da nobreza, (subdividida em nobreza togada, e a "de sangue", isto é, a aristocracia), incluindo uma ociosa nobreza palaciana que vivia em Versalhes e recebia pensão de parte do Estado. O restante representava a maioria do povo, constituído por volta de 98% da população. Destes, aproximadamente, 14% pertenciam à burguesia e 85% era formado pelo segmento majoritário dos camponeses, ou seja, as camadas mais pobres da sociedade. Do total da população francesa, aproximadamente 21 milhões viviam na zona rural, constituindo, pois, um enorme país agrário e uma sociedade extremamente arcaica. Sua capital, Paris, possuía apenas 700 mil habitantes, sendo que mais de 160 mil eram indigentes.

Na década de 1780, a França vivia um clima de expressivo descontentamento, uma considerável crise financeira, principalmente decorrente dos enormes gastos com as inúmeras e dispendiosas guerras que os monarcas franceses haviam se envolvido ao longo do século XVIII e com os custos da luxuosa e extravagante corte palaciana de Versalhes. Diante, entretanto, de uma sucessão de impasses políticos, que também envolviam a decretação de novos tributos, em grande parte para atender os crescentes gastos do governo, o rei Luís XVI, em 1788, não teve outra saída senão convocar a Assembleia dos Estados Gerais.

Naquele momento, os Estados Gerais compunham-se de 1154 representantes: 291 deles eram deputados do clero, 285 da nobreza e 578 do Terceiro Estado, basicamente composto por representantes da burguesia. Na representação dos Estados Gerais, o povo, que perfazia a imensa maioria, tinha só dois parlamentares a mais do que os da nobreza e do clero. Os representantes desses últimos colocavam-se contra o denominado Terceiro Estado, ou seja, a parcela da população que de modo genérico representava politicamente o povo e que lá estava, justamente, para lhes podar as vantagens, os favores e as prebendas escandalosas que aqueles ainda usufruíam.

As diferenças entre os deputados do Terceiro Estado, da nobreza e do clero não ocorriam só no comportamento, mas na maneira de se vestir, pois os deputados do Terceiro Estado eram obrigados a vestir-se de preto, enquanto os das ordens privilegiadas podiam trajar-se luxuosamente. Nos debates que convergiam para a formação de uma monarquia constitucional, os representantes do Terceiro Estado insistiam na abolição de antigos privilégios e na supressão da votação com um voto representativo de cada um dos estados. Desejavam que cada representante, individualmente, tivesse direito a um voto, o que daria maioria, ainda que apenas por dois votos, aos deputados do Terceiro Estado.

Por trás da insistência do Terceiro Estado, alinhava-se um descontentamento generalizado com a monarquia, com a inépcia do rei Luís XVI e com os desatinos da rainha Maria Antonieta, chamada de A Austríaca, pessoa das menos estimadas pelo povo francês em todos os tempos.

Convictos do absolutismo, os reis franceses desprezavam qualquer instituição que pudesse criar-lhes algum obstáculo ao uso irrestrito do poder. No início de 1789, no entanto, o rei Luís XVI, com a convocação dos Estados Gerais, pretendia que eles resolvessem a crise financeira que se alastrava pela França e que, àquela altura, beirava o caos.

Em janeiro de 1789, Luís XVI baixou um decreto instituindo as votações para a composição dessa assembleia, tendo sua primeira reunião marcada para o mês de maio e a ser realizada em Versalhes. O local não foi escolhido por acaso: o palácio de Versalhes, a morada do rei e sede do governo, era um templo de esplendor erguido por Luís XIV, o conhecido *Rei Sol*, para celebrar a magnificência do absolutismo. Luís XVI pretendia, de certa forma, impressionar os deputados com a suntuosidade das instalações e também não interromper as suas caçadas pelos bosques vizinhos, enquanto os parlamentares tentariam tirar o reino do fundo do poço.

De certa maneira, era previsível o que aconteceu. Quando deixaram falar a nação emudecida por dois séculos, que teve de assistir em silêncio respeitoso os desastres da monarquia Bourbon[1], só contando com os homens de letras

---

1 A dinastia Bourbon governou a França de 1589, com Henrique IV, até 1792, quando foi derrubada durante a Revolução Francesa, com a prisão e morte na guilhotina de Luís XVI e de Maria Antonieta, estabelecendo a Primeira República, em 1793.

como seus defensores, nos Estados Gerais, ela não mais se calou. O próprio rei havia aberto as comportas. A enxurrada em breve iria afogá-lo.

Thomas Jefferson (1743-1826), na época embaixador estadunidense na França, testemunhou, em maio, a cerimônia de abertura e comparou-a a uma imponente ópera, dado o ritual com que foi cercado aquele episódio. Por meio de seu ministro da Fazenda, o rei francês apresentou o Relatório do Rei como "o desejo exagerado de inovação". Porém, essa benemerência do rei era para apresentar um déficit orçamentário de 56 milhões de libras (depois se descobriu que chegava na verdade a 162 milhões de libras!) e não passava de uma convocação para que os representantes da nação assumissem essa dívida.

Em meados de junho, o Terceiro Estado, já em fase de pré-rebelião, proclamou-se em Assembleia Nacional, transformando-se em órgão supremo do povo.

Conforme afirmou o abade Sieyès, membro dos Estados Gerais, o povo francês "não aceitava qualquer lei ou autoridade que não a sua – nem a da humanidade como um todo, nem a de outras nações" (HOBSBAWM, 1977, p. 78).

Essa medida provocou a indignação de Luís XVI, pois ele convocou os Estados Gerais para que o auxiliassem a superar a crise e não para que se revoltassem contra a sua autoridade. Mas o seu poder rapidamente entrou em processo de corrosão. Parte da coragem dos representantes devia-se aos chamados *cahiers de doléances*, ou seja, os *cadernos de queixas*, que continham os reclamos do povo, trazidos por eles nas suas bagagens quando foram para a reunião em Versalhes. A insatisfação com o regime era evidente, mas ainda estava longe de prever-se uma insurreição. As ordens privilegiadas, a nobreza e o clero, quando sentiram que o rei pouco poderia lhes dar, começaram a debandar para o lado do Terceiro Estado.

Logo em seguida, o rei ordenou a dissolução da Assembleia, mandando a guarda suíça evacuar a sala dos trabalhos legislativos. Os deputados, porém, não se renderam. Reuniram-se então num outro local, na sala do *jogo da pela*[2], e lá juraram que não se separariam enquanto não dotassem a França de uma Constituição.

---

2   O jogo da pela era um antigo jogo de raquetes, semelhante ao tênis.

Com tal ato legislativo, praticamente romperam com o absolutismo. Foi nesse momento que despontou o controvertido conde Mirabeau, que se tornou o grande tribuno do Terceiro Estado e a primeira personalidade da revolução.

Eleito pelo Terceiro Estado, Mirabeau enfrentou diretamente o enviado do rei que viera com a missão de dissolver a Assembleia. Disse-lhe que somente o povo francês, a quem os parlamentares representavam, podia cassar os deputados, que eles dali não sairiam. Mirabeau, desafiando o emissário do rei, declarou-lhe que, se ele estava ali para que saíssem, devia pedir ordens para usar a força, completando: "Estamos aqui pela vontade do povo e só deixaremos nossos lugares pela força das baionetas!" (Mota, 1989, p. 60). Em seguida, declarou-se a inviolabilidade parlamentar, significando que nenhum deputado doravante poderia ser preso sem autorização da Assembleia Nacional.

Confirmava-se, assim, a rejeição da monarquia absolutista. O rei, desgastado e de mãos atadas, não pôde se opor. O absolutismo cambaleara, mas não caíra.

O ápice da subversão da ordem política ocorreu com a proclamação da Assembleia Nacional Constituinte, em 9 de julho de 1789, com o propósito de instituir uma nova ordem social e elaborar uma Constituição para a França. Faltava a insurreição popular, o que não tardou a acontecer.

Os amotinamentos, arruaças, incêndios e refregas recrudesceram pela França. No dia 12 de julho, as tropas reais concentraram-se em Versalhes e Paris para tentar evitar novos levantes. O povo, protestando, saiu às ruas para o enfrentamento, e os motins se alastravam. Logo pela manhã, a população mais pobre de Paris encheu os largos e as vielas armada de machados, pistolas, pedras e porretes. As tropas reais foram abandonando a cidade, bairro após bairro. Os revoltosos, então, assaltaram os armeiros e os arsenais militares, levando centenas de espingardas.

No dia 14 de julho, a multidão que estava submetida às fortes tensões resolveu atacar a Bastilha, fortaleza-prisão construída por Carlos V, no século XIV, com oito torres, muralhas de 25 metros de altura cercadas por fossos, um verdadeiro símbolo do despotismo, que por inúmeras vezes serviu de prisão para presos políticos. Os habitantes de Paris imaginavam-na um local onde o inominável acontecia. Diziam que torturas e punições indescritíveis lá eram praticadas. Era o símbolo concreto do vale-tudo dos privilegiados, pois permitia aos nobres, com o apoio real, a usar suas instalações como cárcere dos seus desafetos. O prisioneiro não era informado do seu delito, nem por quanto tempo ficaria preso. Poderia ser encalabouçado por alguns meses, como ocorreu com Voltaire, ou permanecer 37 anos no cárcere, como se deu com o infeliz Latude, nobre considerado o prisioneiro mais famoso da Bastilha.

A Queda da Bastilha passou a ser o símbolo da derrubada do despotismo monárquico, apesar de naquele dia o governo francês já ter retirado da Bastilha os presos mais importantes, permanecendo alguns poucos e inexpressivos.

Quando informaram ao rei Luís XVI que o povo havia tomado a Bastilha num assalto sangrento, ele reagiu com assombro:

— Mas isso é um motim!

— Não, senhor. Não é um motim, é a revolução — respondeu-lhe um palaciano.

O incrédulo Luís XVI estava perplexo, mas a revolução estava mesmo nas ruas de Paris.

Vitoriosa, a Assembleia Nacional Constituinte se reuniu e aprovou o fim da servidão e dos privilégios feudais. Aprovou, ainda, a famosa Declaração dos Direitos do Homem e do Cidadão, assegurando o direito à liberdade, à igualdade, à defesa da propriedade e o de se rebelar contra os abusos do governo. Foi aprovada também a Constituição Civil do Clero, que determinava o confisco dos bens do clero francês e transformava seus membros em funcionários do Estado. Embora ainda mantida a monarquia, o poder executivo passa a submeter-se à lei. "A legalidade cede ao arbítrio que imperava na estrutura monarco-despótica rompida pela burguesia emergente"[3].

Deve ser destacado que a Declaração dos Direitos do Homem e do Cidadão após a Segunda Guerra Mundial (1939-1945) acabou inspirando a **Declaração Universal dos Direitos Humanos**, promulgada pela Assembleia Geral da ONU em dezembro de 1948.

---

3 NERI, M. de A. Disponível em: < http://www.dominiopublico.gov.br/download/teste/arqs/cp063187.pdf>. Acesso em: 27 set. 2016.

De forma mais completa, a Revolução Francesa abrangeu de 1789 a 1799, mas não pode ser vista como um processo único ou homogêneo. Na realidade, como afirma o escritor inglês Eric Hobsbawm, houve *Revoluções Francesas*, no plural, visto que é possível distinguir no mínimo duas fases distintas, duas revoluções: a de 1789 a 1792, denominada de revolução burguesa e a de 1793 a 1794, quando ocorreu o que o autor denomina de "a Revolução dentro da Revolução", visto que, com a proclamação da República, instalou-se um processo mais popular, com a ascensão de líderes dos chamados *sans-culottes parisiens*[4], como Danton, Robespierre e Marat, relacionados ao grupo dos jacobinos. Após 1794, instalou-se uma grande reação liderada pela parte mais conservadora da burguesia, levando a uma alteração do rumo da revolução.

Aqui, é importante que se faça uma explicação sobre o caráter do sentido dado à Revolução Francesa. De acordo com determinadas teorias políticas, uma revolução não pode ser caracterizada apenas pelos que dela participam, mas também pelo sentido ideológico que é dado a esse processo. Em sentido geral, a Revolução Francesa foi um movimento da burguesia, pois o aspecto ideológico dominante (hegemônico) correspondeu, predominantemente, aos valores burgueses.

Como já foi mencionado, essa revolução contou com uma enorme mobilização das massas populares. Nada mais tinham a perder ao participarem do movimento armado, mas o sentido ideológico dado à Revolução foi o de corresponder aos objetivos e interesses da burguesia francesa.

A grande massa da população foi facilmente envolvida pelo processo revolucionário e, sem dúvida, teve um papel predominante, mas foi utilizada como uma verdadeira massa de manobra ou "bucha de canhão" da burguesia, o que revela ser um erro caracterizar a revolução como popular. Nesse sentido, Carlos Guilherme Mota afirma que:

---

4 A denominação *sans-culottes* refere-se à maioria da população pobre urbana, que era assim chamada devido ao uso de um tipo de calça bem simples e diferente da que era utilizada pelas camadas mais abastadas da população, como a nobreza.

Se observada em seus resultados, a Revolução deve ser conceituada como burguesa, dela não se pode, entretanto, dissociar o movimento camponês e popular que lhe deu sustentação. No caso dos camponeses, duramente atingidos pela crise econômica, a pobreza os assolava, jogando-os na miséria e aumentando a insegurança nos campos. Sua ira contra os senhores ampliava-se em toda a França, com levantes, tumultos e reivindicações contra os direitos feudais. Com intensidade variável conforme a região, o movimento abala a aristocracia como um todo (MOTA, 1989, p. 15).

Essa explicação é complementada pelo historiador francês Albert Soboul, ao afirmar que, "as massas populares foram acionadas muito mais pelo agravamento de suas miseráveis condições de existência do que pela força das ideias" (SOBOUL, 1974, p. 49).

É evidente que as lideranças populares esperavam, com a vitória do movimento e como tinham pegado em armas, receber algumas vantagens, ou seja, algumas "fatias do bolo revolucionário". Santa ilusão! Ficaram apenas desejando, apesar do entusiasmo do canto do hino da revolução, a esfuziante *La Marseillaise*.[5]

De um modo geral, didaticamente, pode-se dizer que o processo revolucionário passou por três grandes fases.

A primeira, iniciada com a instalação da Assembleia Nacional Constituinte, indo até 1792. Durante esse período, ocorreu o crescimento político do Terceiro Estado, devido à marcante atuação de seus representantes na Assembleia.

Em 1791, a Assembleia Constituinte aprovou uma Constituição que abolia as principais práticas do feudalismo, instituía a Monarquia Constitucional, estabelecia a divisão dos poderes em executivo, legislativo e judiciário, conforme o que era defendido por Montesquieu; instituía o fim da isenção de impostos para o clero e a nobreza; criava as escolas primárias gratuitas e a assistência médica gratuita aos velhos, mas fundava o voto censitário.

---

[5] *A Marselhesa* deu origem ao Hino Nacional francês e identifica o momento social em que foi produzida, 1792, ano de intensas agitações, quando o povo na cidade de Marselha saiu cantando contra a monarquia francesa.

Foi no interior da França que ocorreu a maior violência por parte dos camponeses, que de forma desordenada invadiram, saquearam e destruíram castelos e mosteiros, chegando a matar diversos nobres.

Desde a primeira fase da revolução, os seus reflexos já se fizeram sentir em outras partes da Europa, influenciando diversos movimentos revolucionários na Holanda, na Bélgica e na Suíça, além de manifestações de apoio de parte de movimentos sociais como na Irlanda, na Áustria, na Prússia (atual Alemanha) e em regiões do norte da atual Itália. As repercussões dos ideais da Revolução Francesa acabaram também se fazendo presentes em diversos movimentos de independência de países da América Latina, como os comandados por Simón Bolívar, Bernardo O'Higgins, José de San Martín e outros líderes latino-americanos.

Interrompendo um pouco a explicação da Revolução Francesa, faremos uma colocação paralela: quem já não ouviu falar de posições políticas de direita, esquerda e de centro? Pois bem, essa conhecida e largamente utilizada denominação de diferentes posturas ideológicas nasceu durante as reuniões da Assembleia Nacional francesa, pois gradativamente os deputados foram se agrupando por afinidades de princípios e posturas políticas. Dessa maneira, na sala das reuniões os deputados mais conservadores e até mesmo favoráveis a uma monarquia constitucional, sentavam-se à direita da mesa diretora dos trabalhos. Os deputados com posições mais revolucionárias, com posturas republicanas e outras medidas mais radicais, sentavam-se à esquerda, e no centro ficavam os deputados que não possuíam uma posição mais definida e adotavam posturas por vezes até mesmo contraditórias ou conciliadoras.

Ainda na primeira fase da Revolução Francesa o monarca Luís XVI, percebendo a perda gradativa de seus poderes, dos da nobreza e do clero, chegou a conspirar com outros monarcas absolutistas da Europa e tentou fugir da França, mas foi reconhecido na fronteira e de forma humilhante foi obrigado a voltar a Paris. Eram os derradeiros sinais da queda da monarquia francesa.

Com a invasão da França pelo Exército prussiano, que pretendia restabelecer o poder absoluto do monarca francês, que, ao que tudo indica, havia pedido apoio ao país vizinho, conspirando contra a revolução em curso e a seguida derrota das tropas invasoras, em setembro de 1792, ocorreu a derrubada da Monarquia e a proclamação da primeira República francesa.

Tinha início a segunda fase da Revolução Francesa, que se estendeu até aproximadamente o ano de 1795.

Este período, conhecido pelo nome de fase da Convenção Nacional, organização formada por 750 deputados eleitos por voto universal masculino, voltada para a elaboração de uma nova Constituição, mas que também acabou decretando a morte do rei Luís XVI, acusado de traição à pátria, guilhotinado em janeiro de 1793, juntamente com sua detestada esposa austríaca, a rainha Maria Antonieta.

A Convenção Nacional marcada por posições radicais, principalmente de parte dos jacobinos, adotou uma série de medidas de defesa dos ideais da Revolução, mas acabou caindo num grande e indiscriminado período de repressão a qualquer sintoma de reação contrarrevolucionária, inclusive condenando à morte na guilhotina inúmeras pessoas julgadas de forma arbitrária pelo temido Tribunal Revolucionário.

Diversas outras medidas foram adotadas, tais como a abolição da escravidão nas colônias francesas, a derrubada do direito exclusivo da primogenitura (até então, somente o filho primogênito tinha direito às posses da família); colocou à venda, em condições bem favoráveis a cidadãos mais pobres, parte das grandes terras tomada dos decadentes nobres; tabelou o preço do trigo e de outros produtos de primeira necessidade e até chegou a elaborar um novo calendário, no qual o ano inicial (Ano I) passava a ser o da proclamação da República, ou seja, 1792, e transformou a França num estado laico, isto é, leigo e desvinculado do poder, interesses e interferências da Igreja (como é hoje o Estado brasileiro, desde a proclamação da República, em novembro de 1889). Caía, nesta fase, a base de sustentação da sociedade das três ordens que tanto caracterizou o Ancien Régime.

Durante esse período, a fase compreendida entre meados de 1793 e 1794 ficou conhecida pelo nome de Período do Terror, e foi comandada por Robespierre, um dos líderes do grupo dos jacobinos, que decretou a morte na guilhotina de mais de 17 mil pessoas. A reação ao radicalismo não tardou a vir, e grupos contrários acabaram tomando o poder e conduziram igualmente à morte na guilhotina Robespierre e seus aliados. Começava o terceiro período da Revolução, marcado pela chamada Reação Termidoriana.

A nova fase da Revolução estendeu-se de 1795 até o golpe aplicado por Napoleão Bonaparte, em novembro de 1799. Este último período, com uma nova Constituição, ficou conhecido pelo nome de fase do Diretório. O poder executivo era exercido por um Diretório formado por cinco membros, nomeados pelas duas casas legislativas, ou seja, o Conselho dos 500 (que correspondia, aproximadamente, à Câmara dos Deputados) e o Conselho dos Anciãos (correspondente ao Senado), todos eleitos por uma forma de votação que praticamente restabelecia o voto censitário.

Essa fase foi um retrocesso conservador durante o qual a alta burguesia retomava o poder, tendo sido ainda marcada por uma grande estagnação, uma enorme corrupção, subornos e desenfreado nepotismo com os cargos públicos, por parte dos membros do governo.

Neste período, a França foi praticamente governada pelos representantes da alta burguesia. O país envolveu-se também em novas e desgastantes guerras externas contra Inglaterra, Áustria, Rússia, Prússia, Holanda e Espanha. Foi nesse contexto bélico que se destacou na guerra contra a Áustria um jovem militar, Napoleão Bonaparte. Este tornou-se general com apenas 25 anos devido à sua brilhante participação nas guerras, principalmente nas campanhas da Itália e do Egito, e passou a ser a figura de segurança para os diretores que governavam a França.

Alguns desses diretores, diante da ameaça de um golpe jacobino, por meio da ação de Luciano Bonaparte, militar irmão de Napoleão, resolveram apoiar, em novembro de 1799, a dissolução do Diretório e indicar para governar o país três cônsules provisórios, sendo um deles o próprio Napoleão Bonaparte.

Em poucos dias, Napoleão foi se assenhorando do poder e logo foi nomeado primeiro cônsul. Esse golpe de Estado denominado 18 Brumário, data do então novo calendário francês, correspondente ao dia 9 de novembro de 1799, praticamente pôs fim ao processo revolucionário e inaugurou a fase napoleônica, de 1800 a 1815. No dizer de um dos membros do Consulado: "*Citoyens, la Révolution est finie*" ("Cidadãos, a Revolução terminou").

Em 1804, Napoleão se autoproclamou imperador e, num retorno à fase do regime ditatorial, governou a França, mesmo com algumas interrupções, até 1815. Restabelecia-se o regime despótico, porém associado à grande expansão externa da França, caracterizado pelas campanhas militares de Bonaparte. Sobrou até para Portugal, eterno aliado do reino inglês, que em 1808 viu-se invadido pelas tropas de Napoleão, obrigando a família real portuguesa, tendo à frente o príncipe regente D. João, a fugir para o Brasil, fato que acelerou o nosso processo de independência de Portugal.

Finalizando a abordagem da Revolução Francesa, não se pode deixar de lado a influência ou os frutos deixados por esse processo revolucionário. Se internamente houve a queda do Antigo Regime, acompanhado entre outros feitos pela destruição dos resquícios feudais, externamente ocorreu a abolição da escravidão nas colônias francesas, como no Haiti, fato que colaborou para a independência desse país.

A repercussão do espírito revolucionário, como já destacado, fez-se presente no movimento de independência de diversos países latino-americanos e colaborou para agravar a crise do sistema colonial europeu.

A independência dos Estados Unidos

Ao lado da Revolução Francesa, a independência das colônias inglesas na América, em 1776, que deu origem aos Estados Unidos da América, se constitui em um dos principais movimentos propagadores das ideias liberais e democráticas que provocaram efeitos ao longo do século XIX, em toda a América e nas democracias contemporâneas.

A Guerra da Independência Norte-Americana (1775-1783) é emblemática para as revoluções burguesas, pois apresenta uma nova concepção de democracia nacional. Mesmo com diferenças circunstanciais que a separam da Revolução Industrial da Inglaterra e da Revolução Francesa, a Independência dos Estados Unidos influiu sobremaneira na formação dos Estados nacionais modernos.

Para um melhor entendimento desse processo revolucionário, é importante ter uma mínima descrição do que ocorria na América do Norte no período.

Os primeiros colonos ingleses eram fugitivos políticos e religiosos, pois se opunham às ordens absolutistas da monarquia inglesa, além de serem puritanos (seguidores de religião derivada dos preceitos religiosos característicos do calvinismo) e não aceitarem a imposição da religião anglicana, seita oficial do reino inglês. Os primeiros colonos chegaram à América do Norte em 1607, e a primeira colônia, Virgínia, foi fundada pelo inglês John Smith. A colônia que, no entanto, logo prosperou foi a de Pensilvânia, fundada por William Penn, chefe da seita Quaker.

Entre 1607 e 1682, esses colonos, além de outros de origem holandesa, escocesa e sueca, fundamentalmente presbiterianos, fundaram na costa leste as famosas treze colônias, em torno de um processo de colonização conhecido pela denominação de *colônia de povoamento*, visto que se fixavam de forma definitiva na América, vindo com toda a família, criando imediatas condições de desenvolvimento econômico interno e uma base educacional relacionada às práticas religiosas puritanas. Essa forte influência religiosa, intimamente vinculada à ética do trabalho, típica da concepção atribuída ao trabalho por Calvino, foi fundamental para o desenvolvimento dessas colônias, fato que foi brilhantemente analisado pelo sociólogo alemão Max Weber, em 1905, na sua clássica obra *A ética protestante e o espírito do capitalismo*.

Desde o início, as treze colônias, entretanto, tinham um desenvolvimento diferente. Nas oito colônias do norte e do centro, denominadas de Nova Inglaterra, predominavam as pequenas e médias propriedades policultoras, com trabalho basicamente livre e familiar e com atividades manufatureiras, apesar da proibição metropolitana e comerciais. Os colonos do norte já organizavam triângulos comerciais com a África, de onde importavam escravos, com as Antilhas e com as colônias do sul, com as quais trocavam melaço e rum por escravos, além do comércio mantido com a Espanha e Portugal, comercializando peixes, madeira e cereais.

Nas cinco colônias do sul, a economia era agrícola, e a sociedade dividia-se em duas camadas sociais: senhores e escravos. O trabalho era basicamente praticado pelos escravos negros nas atividades de produção de produtos tropicais, como o tabaco e o algodão, além de terem grande dependência do mercado externo, estabelecido com a metrópole.

Essa diferença socioeconômica prolongou-se pelo século XIX, inclusive refletindo-se na Guerra de Secessão (1861-1865), entre o norte e o sul estadunidenses, ao término da qual foi abolida a escravidão em todo o território dos Estados Unidos.

O conflito das treze colônias com a Inglaterra teve início com uma luta pelo direito dos colonos pelas atividades manufatureiras e comerciais e a compensação de injustiças provenientes da opressão da Inglaterra, que aprovara um conjunto de leis que proibiam os norte-americanos a comercializarem com outras nações, obrigando-os a ter essa relação apenas com a metrópole, resultando numa carga tributária elevada para os colonos.

O escritor Crossman (1980, p. 70) salienta sobre esta divergência com a Inglaterra:

> A causa imediata e última da guerra não consistiu tanto no confronto de interesses comerciais entre a Inglaterra e suas colônias. Consistiu antes nas reivindicações coloniais buscando o exercício daqueles direitos pelos quais também os parlamentares ingleses tinham lutado, e finalmente alcançado.

Na segunda metade do século XVIII ocorreu uma série de problemas que alteraram as relações entre a Inglaterra e suas colônias na América do Norte.

O crescimento do comércio com as colônias levou o reino britânico a aplicar leis restritivas que já existiam, mas que não eram severamente praticadas. Outro fator que explica a alteração das relações decorre dos efeitos da Guerra dos Sete Anos (1756-1763), entre a Inglaterra e a França, que apesar de ter sido vitoriosa para os britânicos, implicou em aumento dos tributos para cobrir os gastos com a guerra, pois o Parlamento inglês considerou que os colonos também deveriam pagar mais impostos.

Entre as diversas leis impeditivas aos colonos da América do Norte, três são significativas e se tornam a pedra de toque para a Declaração de Independência dos

Estados Unidos: as *Leis de Navegação* que estabeleciam que a produção de riquezas como fumo, arroz, açúcar, alcatrão e madeira só poderiam ser exportadas para a Inglaterra, assim como as mercadorias manufaturadas só poderiam ser importadas do continente inglês. Destas leis de navegação fez parte, em 1764, a *Lei do Açúcar*, que criava a exclusividade da exportação de açúcar para a Inglaterra. Com tudo isso, o reino britânico pretendia pôr fim à concorrência comercial da França e da Espanha.

Notando que essas leis eram incapazes de cercear o comércio exterior das colônias, a Inglaterra impôs, em 1765, a *Lei do Selo* que tornava obrigatório o uso de um selo, estampilhas no valor de meio penny até vinte xelins, em todos os contratos alfandegários, bem como nos jornais, folhetos, documentos legais e congêneres impressos nas colônias norte-americanas. Essa lei também acendeu ainda mais a revolta dos colonos.

A terceira lei, imposta pelo governo da Inglaterra, foi o monopólio da venda de chá, a *Lei do Chá*, de 1773, que determinava que o chá produzido pelas treze colônias norte-americanas só poderia ser vendido para uma empresa particular inglesa, impedindo, assim, o comércio com os países europeus. Tal lei dava o monopólio do comércio do chá à Companhia das Índias Orientais, que passava a transportar o chá diretamente das Índias para a Inglaterra e colônias da América, prejudicando sobremaneira os colonos ingleses.

Notando que o poder dos colonos estava se sobrepondo ao seu, o rei George III, em 1774, impôs ainda as chamadas *Leis intoleráveis*, entre as quais uma obrigava os colonos norte-americanos a fornecerem moradia, alimento e transporte para os soldados ingleses. Essas leis fizeram transbordar as insatisfações dos colonizadores das treze colônias, culminado com a declaração de revolta dos colonos e o início do processo de independência dos Estados Unidos.

Em 1775, a batalha ocorrida em Lexington, próxima de Boston, foi o ponto decisivo da tentativa do governo inglês em demonstrar sua supremacia, uma vez que determinou que tropas inglesas destruíssem o depósito de armas que os revoltosos mantinham na cidade, porém com a resistência veemente dos colonos, os soldados ingleses foram forçados a retroceder. A intervenção da França nesta batalha a favor dos colonos foi decisiva, pois o auxílio marítimo e financeiro que prestou garantiu a vitória dos colonizadores, bem como a declaração de independência.

Estava deflagrada a Guerra de Independência dos Estados Unidos, com as tropas dos colonos comandadas pelo general George Washington.

Em 4 de julho de 1776, representantes das treze colônias se reuniram na Filadélfia e aprovaram a *Declaração de Independência*, redigida por Thomas Jefferson, com algumas modificações introduzidas por Benjamin Franklin e Samuel Adams. A Guerra de Independência assumiu um caráter maior quando Benjamin Franklin conseguiu o apoio militar da França e da Espanha, contando inclusive com a participação militar francesa, comandada pelo marquês de La Fayette e pelo general Rochambeau.

Pela primeira vez na história da expansão europeia, uma colônia tornava-se independente por uma constituição política escrita. Dentre seus princípios, constavam o direito à vida; à liberdade e à procura da felicidade como bens inalienáveis; o direito de as colônias constituírem estados independentes, sem qualquer obediência à coroa britânica; a garantia da propriedade privada, interesse da burguesia; a República federativa com a formação e equilíbrio dos poderes legislativo, executivo e judiciário; a garantia dos direitos individuais do cidadão, sob influência dos iluministas franceses. A França foi o primeiro país a reconhecer essa independência, assinando em 1783 o Tratado de Versalhes.

Em 1787, com a promulgação da Constituição Norte-Americana, estava instaurada uma efetiva República federativa, com grande autonomia dos Estados, com o sistema presidencialista de governo e com a clássica divisão dos três poderes, tendo por base a proposta do filósofo francês Montesquieu. Em 1789, foi eleito presidente dos Estados Unidos da América o general George Washington, cargo ocupado por dois mandatos.

Como observou Crossman, a revolução norte-americana não se resumiu na rebeldia de uma sociedade igualitária visando destruir a tirania do imperialismo inglês, nem sequer representou a ação de uma insatisfeita minoria de advogados e de políticos. Foi um movimento complexo, do qual podemos destacar três aspectos: a ausência de uma aristocracia feudal nos moldes europeus; a existência de um vasto território a ser explorado; e a tolerância com qualquer seita religiosa. Esse jogo interno e recíproco produziu as ideias e os interesses desse movimento revolucionário.

As revoluções burguesas e a afirmação do capitalismo

Como não poderia deixar de ser, todo esse processo de profundas transformações estruturais ocorrido no século XVIII, marcado pela afirmação do modo de produção capitalista, alterou acentuadamente o mundo cultural em suas diversas formas de manifestação, influenciando também os acontecimentos dos séculos XIX e XX.

Já foram comentadas as grandes inovações tecnológicas, que só foram possíveis graças ao avanço que ocorreu em diversas áreas das ciências e que tinham uma direta ou indireta participação nas atividades industriais, principalmente nos campos da física, da química, da biologia e da geologia. Mas as alterações culturais não ficaram restritas a essas áreas e se fizeram manifestar em outras formas da produção cultural.

No campo da filosofia, após uma significativa influência das ideias iluministas (explicado em suas linhas gerais no primeiro capítulo), ainda na segunda metade do século XVIII, ocorreu a propagação da filosofia idealista, inicialmente devido às ideias do filósofo alemão Immanuel Kant (1724-1804), autor de *Crítica da razão pura*. O filósofo mais representativo dessa corrente foi, entretanto, o também alemão Georg W. Hegel (1770-1831), autor da obra *Fenomenologia dos espíritos*, na qual apresentava o mundo como resultado do espírito (das ideias), possuindo uma permanente dialética entre seus fenômenos. O ideário político, além de fazer parte do pensamento de Jean-Jacques Rousseau (1712-1778), influenciou o denominado idealismo romântico, que se propagou ao longo do século XIX.

Naquele século ocorreu também a significativa influência e propagação, em todo o mundo ocidental, da filosofia positivista de Auguste Comte (1798-1857), como explicado no primeiro capítulo.

Já no início do século XIX, em relação às propostas da filosofia política, houve o advento de várias correntes, principalmente das que assumiam, por diferentes considerações, posturas críticas ao sistema capitalista.

Uma primeira corrente nessa área foi a do socialismo utópico, representada pelo francês Charles Fourier (1722-1837) e pelo galês Robert Owen (1771-1858). A outra filosofia política que se propagou ao longo do século XIX foi o anarquismo, exemplificado pelo pensamento do francês Pierre Proudhon (1809-1865) e dos russos Mikhail Bakunin (1814-1876), Piotr Kropotkin (1842-1921) e do escritor Leon Tolstói (1828-1912), autor de romances como *Guerra e paz* e *Anna Kariênina*.

O anarquismo chegou a influenciar o movimento sindicalista, defendido principalmente pelo francês Georges Sorel (1847-1922), que, a partir dos acontecimentos na França, propagou-se para outras regiões da Europa, como na Itália, com a formação do movimento anarcossindicalista.

Alguns desses movimentos chegaram a ter uma importante influência em atividades políticas e revoluções, como as de 1848 na França, na qual o socialista Louis Blanc fez parte de um governo revolucionário provisório.

O mais importante movimento filosófico-político, no entanto, foi decorrente da difusão das ideias do alemão Karl Marx (1818-1883), que junto com seu parceiro Friedrich Engels (1820-1895), foram os mais severos críticos do capitalismo, inaugurando o denominado socialismo científico.

No campo das teorias econômicas, nasciam naquele momento as importantes formulações da ciência econômica, principalmente a partir das propostas dos economistas clássicos liberais. O marco dessa corrente foi o anglo-escocês Adam Smith (1723-1790), seguido pelos ingleses Thomas Malthus (1766-1834), David Ricardo (1772-1823) e Nassau Senior (1790--1864), entre outros.

Os princípios do liberalismo econômico podem ser resumidos nas seguintes propostas: o Estado não deve intervir na economia, devendo apenas garantir, pela segurança pública, as condições de ordem e de proteção às iniciativas econômicas particulares; defesa da iniciativa particular nas atividades econômicas, ou seja, do individualismo econômico; deixar o mercado regulado livremente pela lei da oferta e da procura, defendendo, portanto, a livre concorrência e o livre-câmbio; defesa da liberdade de contrato nas relações econômicas e nos contratos trabalhistas entre o capital e o trabalho.

Nas áreas das artes, também ocorreu o advento de novos estilos literários e artísticos em geral. No campo da literatura, conforme já destacado, houve a propagação do romantismo, representado, entre outros, pelos escritores e poetas ingleses Percy Shelley (1792-1822) e Lord Byron (1788-1824), pelo romancista alemão Johann W. Von Goethe (1749-1832), autor da obra *Fausto*, e pelos franceses François Chateaubriand (1768-1848), mas principalmente nas obras de George Sand, pseudônimo da escritora Aurore Dupin (1804-1876) e de Victor Hugo (1802-1885), com seu épico *Os miseráveis*, no qual faz uma denúncia das desigualdades sociais. Na pintura, entre outros artistas, temos o francês Eugène Delacroix (1798-1863).

Outro campo artístico que se afirma nesse cenário diz respeito a novos estilos musicais, a partir do final do século XVIII, como nas primeiras óperas e nas sinfonias. Nesse sentido, destacaram-se o compositor alemão Joseph Haydn (1732-1809), autor de diversas sinfonias, e Wolfgang Mozart (1756-1791), que apesar de sua morte prematura, produziu um enorme número de obras clássicas importantes, largamente divulgadas ainda nos dias de hoje. Outro nome bem conhecido no campo musical é o do compositor alemão Ludwig Beethoven (1770-1827), que mesmo acometido pela surdez, ainda jovem, é um dos autores clássicos mais executados no mundo inteiro. Uma de suas composições, "Terceira Sinfonia", escrita em 1804 e inicialmente dedicada a Napoleão Bonaparte, após o próprio compositor ter rasgado a partitura diante das claras intenções de Napoleão tornar-se imperador, passou a ser mais conhecida pelo nome de "Sinfonia Heroica" e acabou, ironicamente, tornando-se uma de suas obras mais conhecidas e executadas.

A música clássica romântica conheceu, ainda, o destaque do compositor austríaco Franz Schubert (1797-1828), autor de uma enorme quantidade de obras, como óperas, missas e sinfonias.

Já no início do século XIX, surge a necessidade de se ter uma abordagem científica sobre os fenômenos sociais, para que gradativamente pudesse desligar-se da pura filosofia. Como foi abordado no primeiro capítulo, isso ocorreu por volta de 1839, em decorrência da produção de intelectuais e filósofos relacionados ao positivismo de Auguste Comte. Já abordamos as bases dessa filosofia, que acabou por propor uma ciência geral do social, ou seja, a sociologia. Deve ser ressaltado que a criação dessa nova ciência não pode ser vista como algo ao acaso ou produto de apenas um intelectual.

O aparecimento da sociologia, como ciência, atendeu às novas exigências de explicações com maiores bases, decorrentes das necessidades derivadas de todo aquele cenário profundo e socialmente conturbado. A própria classe burguesa sentia-se ameaçada pela constante movimentação social na primeira metade do século XIX e passava a cobrar da intelectualidade explicações que conduzissem a uma tomada de posição e pudessem, ao estudar a conjuntura social, "restabelecer a ordem e o equilíbrio social", como afirmava o filósofo Auguste Comte.

Diversos autores estabelecem essa importante relação, sempre destacando a sociologia como uma ciência da crise, ou seja, como resultado das exigências criadas pelos processos já analisados, que passavam a ter a necessidade de uma abordagem mais fundamentada.

Charles-Henry Cuin e François Gresle, em seu livro *História da sociologia*, chegam a destacar essa relação ao denominarem a sociologia como "herdeira da Revolução"(CUIN e GRESLE, 1994, p. 21).

Florestan Fernandes, nessa mesma linha de reflexão, nos esclarece com a seguinte colocação:

> Existe, portanto, fundamento razoável para a interpretação segundo a qual a sociologia constitui um produto cultural das fermentações intelectuais provocadas pelas revoluções industriais e político-sociais, que abalaram o mundo ocidental moderno (FERNANDES, 1960, p. 34).

Concluindo este capítulo com as razões que justificam o aparecimento da sociologia como ciência, tomamos de empréstimo o que é colocado pelos sociólogos Anna Maria de Castro e Edmundo Dias, em seu livro *Introdução ao pensamento sociológico*, quando reproduzem trechos referentes ao momento do aparecimento da sociologia, como o excerto de Luiz Costa Pinto, ao dizer que:

As transformações econômicas e sociais que assinalam a primeira metade do século XIX e o desenvolvimento do método científico noutros setores do conhecimento humano, paralelos à sociologia, criaram, a esse tempo, as condições práticas e teóricas, históricas e filosóficas, para a organização da sociologia como disciplina, e só nesse quadro, ligando a Revolução Industrial às condições sociais da liquidação do 'Ancien Régime' e da inauguração da era industrial, é possível entender o momento histórico em que a sociologia começou a destacar-se como setor especializado do conhecimento, sistematizando-se como ciência (Pinto apud Castro; Dias, 1977, p. 20).

Mas essa sistematização dos métodos de estudo da sociologia, que começaram a surgir ainda na segunda metade do século XIX, é outro assunto, que merece considerações específicas e, por isso mesmo, estão analisadas em outro capítulo, que aborda as iniciais teorias clássicas da sociologia, como as de Durkheim, Marx e Weber.

Questões para estudo

1. Quais as principais causas que provocaram a eclosão da Revolução Francesa (1789)? Por que ela não pode ser denominada uma revolução basicamente popular?
2. Quais as principais características das fases da Revolução Francesa e a repercussão desse importante processo histórico?
3. Destaque os principais fatores que atuaram no processo de independência dos Estados Unidos da América.
4. Quais as razões que explicam a relação entre os importantes processos históricos da passagem do século XVIII para o XIX e o advento das ciências sociais, representadas pela sociologia, por volta de 1839?

Sugestões de filmes

A lenda do tesouro perdido – O livro dos segredos. Estados Unidos, 2004, Dir. Jon Turteltaub, 124 min.
Amistad. Estados Unidos, 1997, Dir. Steven Spielberg, 152 min.
Casanova e a revolução. França, 1982, Dir. Ettore Scola, 150 min.
Danton – o processo da revolução. França, 1983, Dir. Andrzej Wajda, 136 min.
Gangs de Nova York. Estados Unidos/Itália, 2002, Dir. Martin Scorsese, 167 min.
Jefferson em Paris. França/Estados Unidos, 1995, Dir. James Ivory, 139 min.
Lincoln. Estados Unidos, 2012, Dir. Steven Spielberg, 150 min.
Maria Antonieta. França, 2006, Dir. Sofia Coppola, 127 min.
O Patriota. Estados Unidos. 2000. Dir. Roland Emmerich, 175 min.

Referências bibliográficas

ARON, R. *O ópio dos intelectuais*. BRASÍLIA: UNB, 1980.
ARRUDA, J. J. de A. *A Revolução Industrial*. 2 ed. São Paulo: Ática, 1991.
_____. *Toda a história*. São Paulo: Ática, 1997.
CASTRO, A. M. e DIAS, E. F. *Introdução ao pensamento sociológico*. Rio de Janeiro: Eldorado, 1977.
COSTA, C. *Sociologia – Introdução à ciência da sociedade*. 3 ed. São Paulo: Moderna, 2005.
CROSSMAN, R. H. S. *Biografia do Estado Moderno*. São Paulo: Ed. Ciências Humanas, 1980.
CUIN, C.; GRESLE, F. *História da sociologia*. São Paulo: Ensaio, 1994.
DEANE, P. *A Revolução Industrial*. Rio de Janeiro: Zahar, 1969.
FERNANDES, F. *Ensaios de sociologia geral e aplicada*. São Paulo: Pioneira, 1960.
HOBSBAWM, E. *A era das revoluções – 1789-1848*. Rio de Janeiro: Paz e Terra, 1977.

HUBERMAN, L. *História da riqueza do homem*. 21. ed. Rio de Janeiro: Livros Técnicos e Científicos, 1986.

KOSHIBA, L.; PEREIRA, D. M. F. *Américas – uma introdução histórica*. São Paulo: Atual, 1992.

MARX, K. *O Capital – Crítica da economia política*. 2 ed. Livro 1. Rio de Janeiro: Civilização Brasileira, 1971.

MARTINS, C. B. *O que é sociologia*. 20 ed. Coleção Primeiros Passos São Paulo: Brasiliense, 1988.

MOTA, C. G. *A Revolução Francesa – 1789-1799*. São Paulo: Ática, 1989.

SMITH, A. *Investigação sobre a natureza e causa da Riqueza das nações*. Coleção Os Pensadores. São Paulo: Abril Cultura, 1978.

SOBOUL. A. *História Da Revolução Francesa*. Rio De Janeiro: Zahar, 1974.

SROUR, R. H. *Classes, regimes, ideologias*. 2 ed. São Paulo: Ática, 1992.

TOMAZI, N. D. (org.). *Iniciação à sociologia*. São Paulo: Atual, 1993.

David Émile Durkheim: Consciência coletiva, coerção e solidariedade

Neusa Meirelles Costa

Objetivos

Durkheim foi o primeiro dos sociólogos a se ocupar em caracterizar o objeto da nova ciência, sociologia, a delinear os fatos que constituiriam o objeto de pesquisa e a propor um método adequado para seu estudo. Neste capítulo espera-se familiarizar o estudante inicial de sociologia com a contribuição desse sociólogo francês, visando os seguintes objetivos:

1. Apresentar Durkheim, seus dados biográficos com vista a descrever o período histórico em que ele viveu, e que está refletido em sua obra, especialmente em sua preocupação com a moral e com o direito;
2. Expor o pensamento durkheimiano. O item "Aspectos gerais da sociologia de Durkheim e de suas principais obras" foi elaborado tendo por guia o próprio discurso durkheimiano em sua aula inaugural em Bordeaux, ocasião em que ele próprio se dispunha a guiar os estudantes pelos caminhos da sociologia.
3. Sublinhar aspectos centrais da abordagem e do campo teórico durkheimiano, fornecendo ao estudante um "mapa" no qual constam as principais obras do autor;
4. Caracterizar o conceito "fato social" conforme o pensamento de Durkheim, exposto em sua obra *As regras do método sociológico*, que já desde o primeiro capítulo define e focaliza suas principais características.
5. Comentar a aproximação entre apriorismo e empirismo, realizada por Durkheim, ao remeter as representações coletivas e categorias de conhecimento para o âmbito da elaboração da sociedade, especialmente da religião.
6. Detalhar o conceito durkheimiano de "consciência coletiva" como um modelo de valores e normas de conduta que servem como espelho para os indivíduos, mas que não espelha a nenhum deles, portanto diferindo do conceito "consciência social";
7. Familiarizar o leitor com os conceitos centrais à análise durkheimiana "divisão do trabalho social" e "modalidades de solidariedade"

(mecânica e orgânica), ambos trabalhados pelo autor francês como recursos para explicação da complexidade social crescente.
8. Analisar brevemente as implicações entre processos de socialização, de educação, como mecanismos de coerção social e inserção na ordem, constituintes da formação da individualidade, e o distanciamento da ordem, refletindo no processo de anomia;

Período histórico

Émile Durkheim viveu um período de grandes e profundas mudanças na Europa: em 1871 a França amargurou com a derrota na Guerra Franco-Prussiana, perdendo para a Prússia, militarista e industrializada, parte da Lorena, região rica em jazidas de carvão e ferro. A guerra integrava a estratégia vitoriosa do chanceler Otto von Bismarck para unificação dos reinos alemães.

A rendição francesa acentuou tensões sociais, econômicas e políticas que afetavam a classe trabalhadora e que explodiram com a instalação da Comuna de Paris – uma tentativa de governo socialista, mas que durou pouco e foi seguida por uma violenta repressão por parte do governo.

David Émile Durkheim era então um garoto de 13 anos que estava longe dos conflitos de Paris, convivendo com a arrogância de alemães vitoriosos em sua cidade natal, Épinal, uma cidade da Lorena. Ele era o filho caçula de uma família judia, seu avô e seu pai eram rabinos, o que lhe rendeu o nome hebraico (David) e uma educação religiosa familiar judaica, mas não ortodoxa, com estudos da Torah e do Talmud, e valorização dos estudos de filosofia e de ciência. Esse traço da biografia de Durkheim, segundo Barbara Weil, explica o comentário do autor em *As formas elementares da vida religiosa* (1912): "É o culto que suscita essas impressões de alegria, paz interior, de serenidade, de entusiasmo"

Em 1879 ele está em Paris, estudando na École Normale Supérieure, convivendo com colegas como o futuro filósofo Henri Bergson, Jean Jaurès, líder socialista, e tendo como professores Fustel de Coulanges (*A cidade antiga*),

Émile Boutroux (*Ciência e religião na filosofia contemporânea*), com quem estudou as bases filosóficas do positivismo de Auguste Comte, e Charles Renouvier, ao lado do qual aprendeu sobre o neokantismo. Tais influências podem ser detectadas no lastro filosófico da sociologia durkheimiana.

Em 1882 Durkheim prestou concurso de docência em filosofia e, com o título de *agrégé de philosophie*, foi nomeado para professor em Sens e Saint-Quentin.

Nos cinco anos seguintes (1882-1887), Durkheim deu passos fundamentais na construção de sua trajetória intelectual e biografia pessoal: permaneceu em Saint-Quentin até 1885, quando foi, com Bolsa de Estudos, para Alemanha por um ano. Lá, ele entrou em contato com tendências de inspiração do idealismo alemão para investigação em ciências sociais (ou ciências do espírito, nos termos de Dilthey), e com a psicologia experimental de Wundt. A experiência alemã foi importante também pelo contato com Georg Simmel, sociólogo cuja obra se abre para temas diversificados, como religiosidade e vida urbana, e com Ferdinand Tönnies, autor de *Comunidade e sociedade*, uma clássica tipologia das condições de vida e das relações sociais que distinguem a vida social em comunidade e em sociedade; todavia, é estranho que não tenha mantido contato com a obra de Max Weber.

Quando Durkheim retornou à França, foi nomeado para o Liceu de Troyes em 1886 e publicou artigos na *Revue Philosophique*, compartilhando sua experiência alemã, sobretudo a respeito da relação entre filosofia e ciências da moral.

Um traço distintivo da sociologia alemã, inclusive uma característica de Weber, reside na compreensão da realidade social focalizada, de seu sentido e das ações observadas. Encontra-se em Durkheim um eco dessa influência, aliás, registrada por C. Bouglé quando diz que, para Durkheim, "a sociedade é, antes de tudo, um conjunto de ideias", por decorrência, completa Bouglé:

> A sociologia deve dirigir sua atenção não apenas para as formas materiais, mas para os estados psíquicos e que ela é, em suma, um estudo de opinião. É por meio de suas consciências que os homens se ligam. As crenças coletivas são o nó vital de qualquer sociedade (DURKHEIM, 1970, p. 9).

Por isso Durkheim insiste que é preciso focalizar os fatos sociais como coisas, pois somente dessa forma seria possível tratá-los cientificamente, embora coisas de uma natureza especial, sociais. Suas ideias encantaram tanto Louis Liard, então diretor do Ensino Superior francês, que ele criou o primeiro curso de ciências sociais e pedagogia na Faculdade de Letras de Bordeaux, nomeando Durkheim como professor encarregado.

Por fim, em 1887 Durkheim se casou com Louise Dreyfus, filha de um industrial judeu da Alsácia; uma união feliz, segundo afirmam os comentaristas, e dela nasceram Marie, em 1888, e André, em 1892.

Lecionando em Bordeaux, Durkheim desenvolveu os estudos básicos para sua tese de doutorado, *Da divisão do trabalho social* (*De la division du travail social*), defendida em 1893, e também os estudos para sua tese complementar, ou secundária, escrita em latim, *Contribuição de Montesquieu para a constituição da ciência social* (*La contribution de Montesquieu à la constituition de la science social*).

Aspectos gerais da sociologia de Durkheim

Durkheim contagiou a sociologia com seu esforço por defini-la como ciência, implicando a observação dos cânones das ciências da natureza, sobretudo da biologia e da física. Da primeira, ele trouxe: o modelo orgânico, a noção de função (como o desempenho de uma parte do organismo que converge para o funcionamento do todo); as noções de fisiologia, como dinâmica de funcionamento articulado dos órgãos e em equilíbrio saudável, e de anatomia como descrição das "partes" do organismo em repouso; as noções de normal, como estado frequente e observável, e de patológico, como ruptura sistemática ou eventual, com a "normalidade"; a noção de método experimental indireto ou comparativo. Da física, ele trouxe a noção de lei, como relações de causa e efeito, passíveis de investigação, de quantificação e comprovação, entre forças ou fatores presentes nos fenômenos observados.

Em geral, esses aspectos são apontados como condições da objetividade científica, qualificativo pretendido por Durkheim para a sociologia, assim como integram a desejada caracterização de um "objeto" próprio de estudos, convergindo para a isenção do pesquisador, temas presentes no autor francês.

Todavia, Durkheim insiste na peculiaridade de seu "objeto" de estudo, o social, que para ele não é apenas a densidade material do comportamento observável, ao contrário, o social se mostra na complexa relação de coisas e ideias, é isso que ele afirma ao insistir na necessidade de focalizar os fatos sociais como "coisas".

Por isso também suas colocações teóricas diferem significativamente das concepções de Comte, especialmente em relação à noção de lei, no que diz respeito à sociedade (ou sociedades, como ele prefere), e difere sensivelmente da concepção de evolução, tal como a empregou Spencer.

Na exposição de seu pensamento, ele é às vezes arrogante, e outras vezes obsessivamente detalhista, mas sem dúvida convence o leitor atento, desde que este seja paciente.

Em sua aula inaugural no curso de ciências sociais em Bordeaux, Durkheim anunciava aos estudantes:

> Eu não venho, pois, lhes revelar uma doutrina da qual uma pequena escola de "Sociologistas" teria o segredo e o privilégio, nem lhes propor remédios prontos para curar nossas sociedades modernas dos males que possam sofrer. (...) Colocaremos, por exemplo, que o objetivo da sociedade é o de assegurar a cada indivíduo o livre exercício de seus direitos, e disto deduziremos toda a sociologia (CASTRO; DIAS, 1981, pp. 47-50).

Prosseguindo em sua exposição, ele vai, passo a passo, apontando as relações básicas constituintes da ciência à qual emprestou conteúdo e densidade científica: os fenômenos naturais evoluem segundo leis, então, "se as sociedades estão na natureza, elas devem também obedecer a esta lei geral que, ao mesmo tempo resulta da ciência e a domina" (CASTRO; DIAS, 1981, p. 50).

Assim, embora os economistas tenham sido os primeiros a perceber a necessidade de leis, faltou-lhes uma natureza para observar, resultando construções metafísicas, isso porque, ele explica:

> O indivíduo é a única realidade tangível que o observador pode alcançar, e o único problema que pode ser colocado pela ciência é o de procurar como o indivíduo deve se conduzir nas principais circunstâncias da vida econômica, tendo em vista sua natureza. As leis econômicas e, de modo mais geral, as leis sociais, não seriam fatos muito gerais que o cientista induz da observação das sociedades, mas consequências lógicas que deduz da definição do indivíduo (CASTRO; DIAS, 1981, p. 52).

Portanto, para ser científica, a sociologia deveria se espelhar em outras ciências constituídas, como a biologia ou a psicologia, na medida em que, diz ele: "Para descobrir as leis da consciência coletiva, é preciso conhecer as da consciência individual" (CASTRO; DIAS, 1981, p. 53).

Embora Comte tenha estabelecido um objeto exclusivo para a sociologia (as sociedades) e um modelo, o organismo vivo, a sociedade não existe fora dos indivíduos que a integram, ela é um todo, portanto, maior que a simples soma das partes. Para conhecer esse todo, que é a sociedade, faz-se necessário seguir um método científico, a observação e a indução, e continua Durkheim:

> Os senhores podem concluir por si sós os progressos que ainda lhe restem por fazer. Ela tem um objeto definido e um método para estudá-lo. O objeto são os fatos sociais; o método é a observação e a experimentação indireta, em outros termos, o método comparativo (CASTRO; DIAS, 1981, p. 63).

No seu esforço de sistematizar e classificar os fenômenos abrangidos no objeto da nova ciência, ele distingue: a) aqueles que integram o conteúdo de ideias que as sociedades transmitem de uma geração para outra, assegurando a continuidade da vida coletiva (lendas, religiões, tradições políticas, linguagens etc., constituindo uma psicologia social); b) julgamentos admitidos pela totalidade dos cidadãos visando à prática, à conduta considerada ideal (são proposições de caráter moral, abrangidas no campo de uma ciência da moral, tendo por objeto estudar as máximas e as crenças morais como fenômenos naturais dos quais busca as causas e as leis); c) as máximas que adquirem caráter obrigatório, tornando-se fórmulas jurídicas, constituindo uma ciência do direito, dividida em direito propriamente dito e o direito penal ou, mais precisamente, criminologia; d) as práticas ou fenômenos econômicos, conteúdo já abrangido no campo da economia política, mas que precisa se tornar uma ciência social positiva e concreta, alterando não só o método como a doutrina.

Esses quatro grandes campos de fenômenos poderiam ser estudados basicamente em duas dimensões distintas, ou como ele explica:

> Procuraremos ora qual é seu papel e como o realiza, ora como está em si mesmo constituído. Reencontraríamos, assim, as duas grandes divisões que dominam toda a biologia – as funções, de um lado, as estruturas de outro; aqui a fisiologia, lá a morfologia (CASTRO; DIAS, 1981, p. 65).

Pelos termos de sua aula inaugural, resumidos acima, percebe-se a preocupação de Durkheim com a possibilidade de elaboração de uma ciência social e de uma "moral científica" capaz de contornar os conflitos sociais emergentes e manifestações políticas, mas também correspondendo à objetividade das ciências naturais, portanto refletindo o ambiente contaminado pelas ideias do racionalismo francês. Todavia, como ficou claro, ele não foi contaminado pelo clima positivista e considerava as ideias de Comte uma manifestação inaugural da sociologia, não as tomando em toda sua extensão como base de sua própria pesquisa.

Pode-se dizer que ele seguiu o exemplo de Montesquieu (afinal, o pensador francês foi o tema de sua tese complementar de doutorado) na investigação documental das constituições (para escrever *Do espírito das leis*), e incorporou elementos da vasta obra de Rousseau, especialmente no que respeita às bases da pedagogia natural lançada em *Emílio*.

Quanto às ideias de Herbert Spencer (o sociólogo inglês antes mencionado, famoso pelo evolucionismo), elas ecoam no pensamento de Durkheim sem dúvida, mas sua própria concepção de sociedade, de vida social e de evolução não são fundamentadas nessas ideias. Do ponto de vista da concepção de método, pode-se dizer que Durkheim adotou o método empírico indutivo (o que o aproxima de Stuart Mill), mas não deixou de lado a tradição racionalista francesa (Descartes), considerando-a importante para estabelecer relações entre os fatos.

Por tudo isso não é fácil situar Durkheim do ponto de vista metodológico: pode-se dizer que conhecimento científico para o autor francês se apoia em uma postura realista de relacionamento entre sujeito de conhecimento (por exemplo, sociólogo) e objeto de investigação (a sociedade, ou melhor, os fatos sociais). Concebe a ordem social como uma faceta da vida social, aceita ou imposta pela *coerção* que caracteriza os fatos sociais.

As obras mais conhecidas de Durkheim são:

a. Em 1893 publicou a tese de doutorado em letras na Sorbonne: *Da divisão do trabalho social*, e a tese complementar: *A contribuição de Montesquieu para a constituição da ciência social*;

b. Em 1895 publicou *As regras do método sociológico*; como a primeira edição foi severamente criticada, ele publicou uma segunda, mais explicativa e detalhada;

c. Em 1897 publicou *O suicídio*, obra até hoje considerada exemplar;

d. Desde 1896 Durkheim, Marcel Mauss (seu sobrinho antropólogo) e Henri Durkheim (também seu sobrinho) estavam envolvidos na criação da revista *L'Année sociologique*, na qual publicaram vários artigos até 1907;

e. Em 1912 publicou sua obra considerada mais importante: *As formas elementares da vida religiosa*.

A sociologia de Durkheim: Abordagem e campo teórico

A preocupação com a objetividade do pesquisador na condução da investigação e com o "recorte" do objeto a ser investigado são uma constante em Durkheim. Além disso, não custa repetir que, para ele, a sociedade constitui um todo formado por partes, órgãos ou organismos integrados. As propriedades desse todo são mais complexas que as decorrentes da soma das propriedades das partes.

Por isso, o modelo correspondente a essa concepção de sociedade é orgânico: assim como um organismo vivo é constituído por partes (órgãos distintos, cada um cumprindo sua função, com propriedades distintas), assim também a sociedade seria constituída de partes, grupos e instituições, por exemplo, família, religião etc. que exercem pressão (coerção) sobre os indivíduos e entre si.

Desse modo, alguns caminhos se abrem ao pesquisador em uma investigação: focalizar as partes isoladamente, ou na relação com o todo, resultando um estudo morfológico; ou considerar as partes em sua relação dinâmica com o todo, o que resultaria em um estudo da fisiologia social, ou mais precisamente, da dinâmica; e ao longo de um tempo, o que implicaria em retomar as perspectivas anteriores, considerando as mudanças ocorridas no todo, refletidas, ou não, nas partes.

Em todas essas possíveis alternativas de investigação, as formas de associação entre partes e todo (fatos escolhidos para estudo e sociedade) são decisivas, e se realizam sob a forma de funções sociais.

Esse conceito de função social é de grande importância na obra de Durkheim, assumindo maior significado ainda na sua incorporação na sociologia americana, (funcionalismo) dos anos 1940 em diante. O conceito, quando bem utilizado, se presta perfeitamente às investigações empírico-quantitativas, ou seja, para confirmar (ou não), uma dada relação entre variáveis assumida por hipóteses, cabendo então análises multivariadas; todavia, a concepção de função, bem como as suposições das quais ela parte, não foram suficientemente comprovadas, revelando-se "infrutíferas", como mostra Fernandes (1972, p. 189).

Na verdade, o próprio Durkheim varia a concepção de função, ora aceitando o utilitarismo do conceito, ora o repudiando. Além disso, a utilização de funções para investigação das relações sociais não é tão simples, como o autor francês pretendia. Pode-se acrescentar ainda, que as relações entre função e estrutura no campo das ciências sociais, e as variações de concepção desses mesmos conceitos, foram temas desenvolvidos na sociologia posterior a Durkheim, e de forma mais precisa e conceptualmente mais adequada. Aliás, esse é um dos motivos pelos quais o funcionalismo se tornou uma tendência vista com reserva no campo da sociologia.

Mas como Durkheim descreve funções? Partindo da descrição de Fernandes (1972, pp. 188-9), as funções são descritas em termos: 1) dos fins realizados pelas instituições, grupos e estruturas sociais; 2) estrutura e função são descritas como fenômenos interdependentes; 3) um princípio de integração funcional; 3) princípio de interdependência das funções, associado à formação de um *consensus* funcional relacionado à evolução da organização; 5) princípio de reversibilidade das funções relacionado à maior ou menor diferenciação das funções; 6) princípio da vitalidade das funções, associado à especialização.

Apesar dessas variações, a obra de Durkheim demonstra consistentemente a tarefa que ele se propôs a seguir, conforme Rodrigues (1981, p. 17) sintetiza:

> Em lugar de tratar a sociologia in genere, nós nos fechamos metodicamente numa ordem de fatos nitidamente delimitados (...) ocupamo-nos apenas das regras jurídicas e morais, estudadas seja no seu devir e sua gênese [cf. *Da divisão do trabalho social*] por meio da História e da Etnografia comparadas, seja no seu funcionamento por meio da Estatística [cf. *O suicídio*].

Para o leitor que se inicia em sociologia, pode ser útil um "mapa" do campo teórico durkheimiano, no qual estejam marcadas, com setas indicativas, as relações entre as "partes". O campo teórico é percorrido por duas abordagens ao objeto (sociedade): acima, a fisiologia social (dinâmica das funções, o "funcionamento" das "partes"); abaixo, a morfologia social (estudo descritivo da organização social dos povos e sociedades, seus grupos e instituições).

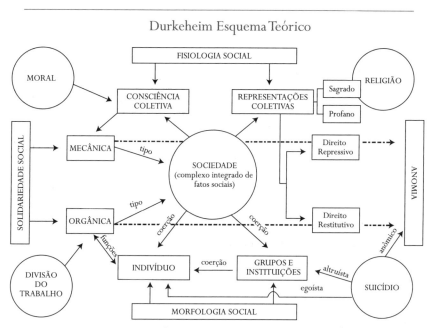

Fonte: Rodrigues, José Albertino (org.) Émile Durkheim: Sociologia. São Paulo: Ática, 1981. p.31.

Na faixa central do mapa está situado o campo de relacionamento entre indivíduos e que instaura a sociedade ao integrá-los, ao qual Durkheim denomina "solidariedade social". Enquanto a solidariedade social tem função integrativa, de socialização, a fraqueza dessa integração resulta em processo de perda de valores, normas e padrões sociais de referência, ou anomia, um estado em geral resultante de processo de intensa mudança ou do progresso, que pode contaminar toda a sociedade, como também pode atingir indivíduos particulares, causa frequente de suicídios.

Nos quatro campos desse "mapa teórico" encontram-se círculos nos quais foram situados os principais temas da sociologia de Durkheim (moral, religião, divisão do trabalho e suicídio). A trama das setas que relacionam cada um desses temas ao campo sociedade (complexo integrado de fatos sociais), situado no centro do mapa, indica modalidades de relacionamento, que têm origem tanto da sociedade, exercido sob a forma de coerção, quanto na organização social, exercido sob a forma de funções, resultando em formas típicas.

Partindo da sociedade duas setas para cima indicam a origem de dois conceitos fundamentais à sociologia de Durkheim: consciência coletiva associada à moral e às formas de solidariedade do tipo mecânica, e representações coletivas originadas na sociedade aparecem associadas à religião e ao direito. Tanto as Representações Coletivas quanto a Consciência Coletiva dizem respeito ao "funcionamento" da sociedade, ou seja, à fisiologia social. Ambas atuam como forças de coerção social, emprestam conformidade aos grupos e às instituições, assim como estão presentes na conformação do comportamento social dos indivíduos. Para descrevê-las e descrever os modos do exercício de coerção existentes nas sociedades, penetra-se no âmbito da morfologia social, da descrição das relações coercitivas entre indivíduos, grupos e instituições. Nesse nível encontra-se de um lado, a divisão social do trabalho, sistema funcional, racional e orgânico, que integra o indivíduo na produção social coletiva; de outro, o suicídio — resposta individual às pressões e condições coercitivas de grupos ou instituições. Embora tanto a divisão social do trabalho quanto o suicídio, como manifestações em sociedade, devam ser examinados como fatos sociais, portanto admitindo uma dimensão dinâmica ou fisiológica, ambos revelam em sua incidência a dimensão comportamental morfológica, passível de descrição.

O método sociológico segundo Durkheim

A criação de um método especial para estudos e pesquisa em sociologia é uma notável contribuição durkheimiana, parcialmente superada pela sociologia contemporânea. O livro *As regras do método sociológico* saiu logo após a o sucesso da publicação de *Da divisão do trabalho social*; contudo o livro recebeu muitas críticas, sobretudo à afirmação de os fatos sociais serem "coisas". Por isso o autor se explica no Prefácio da 2ª edição que "Não afirmamos, com efeito, que os fatos sociais são coisas materiais, mas sim que são coisas tal como as coisas materiais, mas de outra maneira." (DURKHEIM, 1973, p. 378). Como não se pode estudá-los pela introspecção, o sociólogo deve ter a postura dos demais cientistas.

No primeiro capítulo, "O que é um fato social?", ele alerta: "O fato social generaliza-se por ser social, mas não é social porque se generaliza" (DURKHEIM, 1973, p. 389); assim, o fato social é exterior às consciências individuais, e exerce, ou pode exercer, ação coercitiva sobre as consciências individuais.

Há fatos sociais que caracterizam modos de conduta ou maneiras de fazer, esses são de ordem fisiológica; e há os que distinguem maneiras de ser, que são os de ordem anatômica. E prossegue:

> É um fato social toda maneira de fazer, fixada ou não, suscetível de exercer sobre o indivíduo coação exterior, ou ainda, que é geral, no conjunto de uma dada sociedade tendo, ao mesmo tempo, uma existência própria, independente das suas manifestações individuais (DURKHEIM, 1973, pp. 394-5, em itálico no original).

O segundo capítulo dessa obra é dedicado às regras relativas à observação dos fatos sociais (op. cit., p. 396), sendo a regra fundamental a de tratar os fatos sociais como coisas, pois a ciência deve seguir das coisas às ideias para não trabalhar com "noções vulgares" em detrimento dos dados objetivos. Assim, "até agora a sociologia tem tratado não de coisas, mas de conceitos" (DURKHEIM, 1973, pp. 398-9). O sociólogo conclui com as três regras a seguir:

1. É necessário afastar sistematicamente todas as noções prévias;
2. Tomar sempre para objeto de investigação um grupo de fenômenos previamente definidos por certas características exteriores que lhes sejam comuns, e incluir na mesma investigação todos os que correspondam a esta definição;
3. Mas a sensação é facilmente subjetiva. Por isso é de regra, nas ciências naturais, afastar os dados sensíveis que se arriscam a serem demasiado pessoais, retendo exclusivamente os que apresentam um suficiente grau de objetividade. (DURKHEIM, 1973, pp. 406-10)

O capítulo 3 é intitulado "Regras relativas à distinção entre o normal e o patológico". Para o autor, a distinção – um recurso classificatório e qualitativo – é uma ferramenta útil para que a ciência "possa servir para dirigir a conduta", mas ele aconselha cuidadoso exame dos critérios correntemente utilizados para classificação. A empreitada é difícil, para não dizer temerária,[1] mas Durkheim a enfrenta com o destemor e a ingenuidade do pensamento de sua época, extraindo três regras para distinção entre normal e patológico (DURKHEIM, 1973, p. 420, em itálico no original):

1. Um fato social é normal para um tipo social determinado, e em uma fase determinada de desenvolvimento, quando se produz na média das sociedades desta espécie, quando consideradas numa fase correspondente de desenvolvimento;
2. Os resultados do método precedente podem verificar-se ao mostrar que a generalidade do fenômeno está ligada às condições gerais da vida coletiva do tipo social considerado;
3. Esta verificação é necessária quando o fato diz respeito a uma espécie social que ainda não cumpriu uma evolução integral.

Na verdade, Durkheim (1973, p. 423) insiste obsessivamente na qualificação de patológico: "Se há um fato cujo caráter patológico parece incontestável

---

1 Ver sobre em CANGUILHEM, G. O normal e o patológico.

é sem dúvida o crime", mas o crime tem uma função, ele é útil associado à moral e ao direito; quanto ao criminoso, ele pode ser também útil, portanto assimilável à sociedade. O crime é, portanto, necessário, está ligado às condições fundamentais de qualquer vida social e, precisamente por isso, é útil porque essas condições a que está ligado são indispensáveis para a evolução normal da moral e do direito (DURKHEIM, 1973, p. 423).

Com essa argumentação Durkheim se revela um homem do século XIX, dotado de uma confiança temerária na ordem social e na ciência, como se nota na conclusão categórica:

> Para que a sociologia seja uma ciência das coisas, é necessário que a generalidade dos fenômenos seja considerada como critério probante de normalidade. O nosso método tem, aliás, a vantagem de orientar a ação ao mesmo tempo que orienta o pensamento (op. cit., p. 425).

No capítulo 4, "Regras relativas à constituição dos tipos sociais", Durkheim insiste no esforço classificatório, possível herança da filosofia de Kant, agora não mais opondo o normal ao patológico, mas o conceito de normal ao seu oposto, anormal.[2] Mas por que isso? Porque, diz ele, "um fato social só pode ser classificado como normal ou anormal quando posto em relação a uma *espécie* determinada" (DURKHEIM, 1973, p. 427, grifo da autora).

Durkheim se vale do conceito de "espécie social", empréstimo da biologia, para relacionar a diversidade dos casos particulares com a homogeneidade de cada caso. O conceito é inadequado, assim como o de horda, que seria o mais simples dos tipos sociais (DURKHEIM, 1973, p. 430). Tanto o emprego de espécies sociais quanto o de horda integram o esforço de caracterização e classificação dos tipos sociais, ou *morfologia social*. (DURKHEIM, 1973, p. 429), cujos procedimentos são definidos nos seguintes termos:

---

[2] Canguilhem critica a oposição entre normal e anormal, enquanto a antropologia questiona o emprego de horda.

> Começar-se-á por classificar as sociedades segundo o grau de composição que apresentam, tomando como base a sociedade perfeitamente simples ou de segmento único; no interior destas classes proceder-se-á à distinção das diferentes variedades, conforme se produz ou não uma coalescência completa dos segmentos iniciais (DURKHEIM, 1973, p. 432 em itálico no original).

O capítulo 5 é dedicado às regras relativas à explicação dos fatos sociais. Para Durkheim nem finalidade nem utilidade constituem explicação para um fenômeno ou fato social. Uma explicação tem origem nas causas geradoras dos fatos ou fenômenos. Nesses termos, é imperioso investigar as causas, especialmente as causas eficientes, que independem das funções que podem ser atribuídas aos fatos sociais em exame. Diz ele:

> "Com efeito, o laço de solidariedade que liga a causa ao efeito tem um caráter de reciprocidade que não tem sido suficientemente reconhecido. O efeito não pode existir sem a causa, mas esta, por sua vez, tem necessidade do efeito". (DURKHEIM, 1973, p. 434)

Segue-se uma longa discussão sobre a relação entre causa geradora ou determinante dos fatos sociais para chegar à seguinte regra:

> A função de um fato social deve ser sempre procurada na relação existente entre ele e um determinado fim social. A origem primária de qualquer processo social de uma certa importância deve ser procurada na constituição do meio social. (DURKHEIM, 1973, pp. 444-6)

Encerrando esse capítulo, Durkheim volta a discutir a coerção social, agora à luz da divergência entre fins individuais e sociais. Segundo Durkheim, embora coerção seja a dimensão de todo fato social, a aceitação voluntária pelos indivíduos resulta de eles se aperceberem em inferioridade moral perante a sociedade, mas adverte:

> Nem toda coação é normal. Só merece este nome a que corresponder a alguma superioridade social, isto é, intelectual ou moral. Mas a que um indivíduo exerce sobre outro pelo fato de ser mais forte ou mais rico, em especial se esta riqueza não exprime o seu valor social, é anormal e só poderá conservar-se pela violência (DURKHEIM, 1973, p. 451).

O sexto capítulo, "Regras relativas ao estabelecimento das provas", é destinado à crítica do método histórico (utilizado por Comte) que Durkheim considera filosófico e não científico, sendo portanto inútil para a sociologia. Ele indica o método comparativo, ou experimental indireto, como o método da prova na sociologia, e a observação das variações concomitantes como o instrumento por excelência da investigação sociológica.

De fato, na prática de pesquisa, explicação e prova, segundo abordagem durkheimiana são necessários o exame e a comparação de séries contínuas e extensas de variações do mesmo fato social, ao longo do tempo, atentando para as complexidades que surgiram, e não variações isoladas, em suas palavras:

> Só se pode explicar um fato social de uma certa complexidade se acompanharmos o seu desenvolvimento integral através de todas as espécies sociais. A sociologia comparada não é um ramo particular da sociologia; é a própria sociologia, na medida em que deixa de ser puramente descritiva e ambiciona explicar os fatos (DURKHEIM, 1973, p. 458).

Em síntese, o método sociológico, conforme o propõe Durkheim, se apoia em três princípios básicos:
1. Independência em relação a toda filosofia;
2. A sua objetividade: os fatos sociais considerados como coisas;
3. Seu caráter sociológico: os fatos sociais são explicados conservando sua especificidade.

Representações coletivas e a teoria do conhecimento

A palavra "representação" era empregada em filosofia para designar a imagem e a ideia de conhecimento. Foi Kant, no desenvolvimento da filosofia crítica, quem sistematizou a relação entre representação e modos de conhecimento.

Kant, em Introdução da ideia de uma lógica transcendental (1973) explica que o conhecimento humano provém de duas capacidades distintas: *sensibilidade* (ou receptividade) e *entendimento* (espontaneidade para reconhecimento) e conclui: "Pela primeira, um objeto é dado; pela segunda, é pensado em relação com essa representação" (KANT, 1973, p. 57). Mas Kant deixou em aberto como são articuladas as representações originadas da sensibilidade e as do entendimento.

Durkheim, estudioso de Kant, se ocupou sistematicamente dessa questão, e a tratou em dois trabalhos[3] distanciados em catorze anos, sinalizando o processo de elaboração conceitual sobre o tema representação.

Para Durkheim, a articulação entre as faculdades de sensibilidade e entendimento se deve à sociedade, o que permite a elaboração do conhecimento e, desse modo, o sociólogo instaura uma alternativa à concepção de Kant.

Na verdade, o pensamento de Durkheim é fortemente influenciado pelo kantismo,[4] inclusive o modelo orgânico e a possibilidade de articulação das partes em um todo são elementos encontrados na *Crítica da razão pura* (KANT, 1973, p. 35).

À medida que Durkheim remete às representações e, por acréscimo, às bases do conhecimento conceitual à sociedade ou ao coletivo, as representações passam a ter características semelhantes às dos fatos sociais, como

---

3 "Representações individuais e representações coletivas", *Revue de Methaphisique et de Morale*, t. 1, maio, 1898; In *Sociologia e Filosofia*, Prefácio C. Bouglé (trad. J. Toledo Camargo). Rio de Janeiro: Forense Universitária, 1970, e "Sociologia da religião e teoria do conhecimento" (tradução de Laura Natal Rodrigues) capítulo inicial de *Les Formes Élémentaires de la vie religieuse*, 1912, In Rodrigues, A. (org.) Durkheim. 2ª Ed. São Paulo: Ática, 1981.

4 O leitor pode se lembrar de Charles Renouvier, com quem D. estudou neokantismo, ou a versão francesa do criticismo kantiano.

independência e exterioridade, sendo que tanto os fatos quanto as representações são fenômenos do coletivo, embora tenham substrato no individual.

Para Pinheiro (2004, p. 139) esse seria o centro do "projeto durkheimiano de superação do discurso filosófico ou, mais precisamente, de substituição da epistemologia kantiana por uma sociologia do conhecimento".

Mas qual a origem das representações coletivas? Para Durkheim, os primeiros sistemas de representação que o homem fez para si do mundo e de si mesmo são de origem religiosa, por isso "as representações coletivas nos parecem quase inseparáveis do funcionamento normal do espírito" (1981, p. 154). Como diz Pinheiro (2004, p. 143) "as representações coletivas são a um só passo a resultante da síntese dos indivíduos associados e a instância que dá forma a essa síntese".

A decorrência dessa posição é a de escapar ao confronto entre apriorismo e empirismo, no dizer do próprio Durkheim (1981, pp. 159-60): "A teoria do conhecimento assim renovada (...). Deixa à razão seu poder específico, mas leva-o em conta e isto sem sair do mundo observável".

Consciência coletiva

O conceito de consciência coletiva não designa um conjunto de consciências individuais, mas o "conjunto de crenças e de sentimentos em comum aos membros de uma mesma sociedade [que] forma um sistema determinado e que tem vida própria. A esse sistema pode-se denominar consciência coletiva, ou comunal" (DURKHEIM, 1912, p. 46, passim):

> De fato, ela é independente das condições particulares, nas quais os indivíduos se encontram; eles passam, ela fica. (...) Ela é o tipo psíquico da sociedade, tipo que tem suas propriedades, condições de existência, seu modo de desenvolvimento, tudo como os tipos individuais, embora de outra maneira, por isso ela tem o direito de ser denominada por uma palavra especial.

Enfim, a consciência coletiva resulta de uma combinação peculiar do conteúdo de ideias e valores, refletindo uma dimensão psicológica, mas não se resume à psique individual. Ela expressa ideias, valores e sentimentos coletivos, constituindo um modelo ou modelos que exercem pressão sobre cada indivíduo do grupo e, ao mesmo tempo, dão noções de limites para os desejos individuais.

Divisão do trabalho social e solidariedade

Dois aspectos predominam no estudo de Durkheim sobre divisão do trabalho: a) a construção de vínculos ou o sentimento de solidariedade entre as pessoas, e b) as consequências morais da ausência ou perda desses vínculos e das regras que os norteiam, dando origem ao desregramento ou anomia.

Pelo primeiro aspecto, Durkheim explica a existência coesa da sociedade, mas é ao segundo aspecto que ele recorre em 1912, no longo prefácio da reedição de sua tese, para explicar "o estado de anomia jurídica e moral no qual se encontra a vida econômica atualmente".

Para ele, a divisão do trabalho põe indivíduos em contato, em relação, mas "os serviços econômicos que ela pode prestar são pouca coisa ao lado do efeito moral que ela produz, *e sua verdadeira função é criar entre duas ou mais pessoas um sentimento de solidariedade*". (DURKHEIM, 1973, p. 329, grifo da autora).

Por isso, a divisão do trabalho social torna possível a existência de sociedades que, sem ela, não existiriam, portanto ela é um fator da coesão social. Todavia, como solidariedade social não pode ser observada diretamente, nem pode ser objeto de medição, Durkheim recorre a um "fato exterior à solidariedade" que seria o direito, porque, diz ele:

> Visto que o direito reproduz as formas principais da solidariedade social, precisamos apenas classificar as diferentes espécies de direito para buscar em seguida quais são as diferentes espécies de solidariedade social

que a elas correspondem. É provável desde já que exista uma que simbolize esta solidariedade especial da qual a divisão do trabalho é a causa (DURKHEIM, 1973, p. 336).

Contudo, ele complementa (1912, p. 360): "Se a divisão do trabalho não produz solidariedade, é porque as relações entre os órgãos não estão regulamentadas, porque estão em estado de anomia."

Para ele é fundamental "fazer cessar essa anomia" (1912, p. 406), assegurar competição harmônica entre os setores, mesmo porque a divisão do trabalho não pode ser responsabilizada por tal situação: "Ela não produz necessariamente dispersão e incoerência, mas funções,[5] que quando estão suficientemente em contato umas com as outras, tendem, elas próprias, a se equilibrar e a se regrar contanto que sejam regularmente relacionadas" (1973, p. 307).

Até agora o autor da *Divisão do trabalho social* demonstrou sua preocupação com a instabilidade dos valores e padrões na sociedade, com a perda do poder regulador das regras de conduta (anomia), e determinou que a divisão do trabalho instaura funções necessárias, criando coesão e solidariedade, desde que suficiente e organicamente estabilizada, e associou a divisão do trabalho ao direito, na medida em que esse abrange regras de conduta sancionadas. Em síntese, afirma (1912, p. 205):

> A vida social deriva de uma dupla fonte, a similitude das consciências e a divisão do trabalho. O indivíduo é socializado no primeiro caso, porque, não tendo ainda individualidade própria, ele se confunde assim com seus semelhantes, em meio do mesmo tipo coletivo; no segundo, porque, tendo já uma fisionomia e uma atividade pessoal que o distingue dos outros, ele depende deles, na mesma medida em que se distingue, e por consequência da sociedade que resulta de sua união. A similitude das consciências dá nascimento a regras jurídicas que, sob a ameaça de medidas repressivas, se impõem.

---

[5] Vale lembrar que Durkheim utiliza o conceito de função em acepções diferentes.

Assim, ele diferencia duas modalidades de solidariedade social: *solidariedade mecânica* (solidariedade devido à similitude), e *solidariedade orgânica* (solidariedade devido à divisão do trabalho).

Sobre a divisão do trabalho, Durkheim constrói a seguinte proposição (1912, p. 244):

> A divisão do trabalho varia em razão direta do volume e da densidade das sociedades, e se ela progride de uma maneira contínua ao curso do desenvolvimento social, é que as sociedades se tornam regularmente mais densas e geralmente mais populosas.

Para ele, a passagem de um tipo de solidariedade para outro constitui "uma lei da história": o processo de preponderância progressiva da solidariedade orgânica tende a enfraquecer (obviamente) os vínculos de solidariedade mecânica e, assim, os grupos que eram predominantemente homogêneos tornam-se constituídos por elementos heterogêneos.

A solidariedade orgânica propicia a formação da diversidade, mas organicamente articulada; portanto, nas sociedades em que ela é predominante, forma-se uma estrutura, porque a integração não se dá mais pela repetição de segmentos homogêneos, mas por órgãos diferentes, cada um deles formados por partes diferenciadas e com funções distintas.

A estrutura que se forma dessa maneira implica em coordenação, subordinação, relações que articulam os grupos heterogêneos entre si e deles com um órgão central de coordenação, "que exerce sobre o resto do organismo uma ação moderadora; esse órgão central também depende dos outros, como eles dependem dele" (1973, p. 157).

É evidente que essa descrição da estrutura formada pela solidariedade orgânica se aproxima da experiência cotidiana no meio profissional, regido por critérios de especialização e não por critérios de descendência. Contudo, Durkheim comenta que pode haver, durante algum tempo, uma mistura de critérios de organização, mas esse estado não se prolonga.

Pode-se notar que a visão de Durkheim (1912, p. 403) sobre a divisão do trabalho é fortemente afetada por sua posição conservadora e normativa, conforme se deduz a seguir:

> A divisão do trabalho não coloca os indivíduos frente a frente, mas as funções sociais. A sociedade está interessada no jogo dessas últimas, e se elas atuam com regularidade, ou não, a sociedade será sã ou doente. As funções não podem ficar em estado de indeterminação, por isso elas mesmas se determinam. (...) Pode-se, então, formular a seguinte proposição: o ideal da fraternidade humana só pode se realizar na medida em que a divisão do trabalho progride. Mas se a divisão do trabalho produz a solidariedade, não é somente porque ela transforma cada indivíduo em um agente do mercado, mas porque ela cria entre os homens todo um sistema de direitos e de deveres que os liga uns aos outros e de maneira durável. Assim como as similitudes sociais dão nascimento a um direito e a uma moral que os protege, a divisão do trabalho dá nascimento às regras que asseguram o concurso pacífico de regulamentar as funções.

Suicídio

A obra *O suicídio*, de Durkheim, até hoje é apontada como o grande exemplo de uma monografia que realiza as recomendações da metodologia da explicação sociológica com suporte empírico adequado, começando pelo modo como seu autor recorta o objeto: o suicídio obviamente é individual, mas Durkheim vai tomá-lo como um fato social, na medida em que classifica as causas sociais que os produzem. Assim, o autor chega a distinguir tipos de suicídio, a saber: o anômico e o egoísta. Afirma Durkheim (1930, p. 288 apud CASTRO, 1981, p. 91):

Seguramente, há entre esse suicídio [anômico] e o suicídio egoísta relações de parentesco. Ambos derivam do fato de a sociedade não estar suficientemente presente no espírito dos indivíduos. (...) No suicídio egoísta está ausente no que diz respeito à atividade propriamente coletiva, deixando-a assim destituída de objeto e de significação. No suicídio anômico, é no que tem relação às paixões individuais que a sua falta se faz sentir, deixando-as, assim, sem freio que as regule.

Para Durkheim, a causa fundamental do suicídio reside na relação entre indivíduo e sociedade, portanto no campo das formas de solidariedade vivenciadas pelos indivíduos. A conclusão a que chega estava implícita desde o início da pesquisa (DURKHEIM, 1930, pp. 444-5 apud CASTRO, 1981, p. 92): "O mal-estar de que sofremos não provém de um aumento quantitativo ou qualitativo das causas objetivas de sofrimento; atesta não uma miséria econômica maior, mas uma alarmante miséria moral".

Educação, integração e individualidade

Uma das decorrências da divisão do trabalho está em propiciar aos indivíduos a possibilidade de formação da individualidade, na medida em que estimula a especialização. Esse movimento de libertação dos vínculos coletivos e dos grupos mais próximos constitui um processo complexo para o indivíduo: se ele se afasta da coerção na direção da similitude, entra em contato com novos valores, padrões de comportamento, hábitos e práticas distintas daquelas usuais em seu grupo original e, portanto, sofre outro tipo de coerção. Todavia, se para a sociedade a especialização é necessária, ela também depende de certa homogeneidade entre seus integrantes.

O indivíduo envolvido nesse conflito deverá, ele próprio, encontrar meios e recursos que lhe permitam a integração no novo ambiente, mas preservando suas características pessoais. Para Durkheim (1922, p. 9):

Educação é a ação exercida pelas gerações adultas sobre aquelas que não estão ainda amadurecidas para a vida social. Ela tem por objeto suscitar e desenvolver nas crianças certo número de estados físicos, intelectuais e morais que lhes são exigidos pela sociedade política em seu conjunto e o meio social ao qual ele é particularmente destinado.

A educação como processo de coerção social é difusa, exercida por todos os meios sociais, e realiza transformação da mais alta importância, descrita por ele nos seguintes termos: "É preciso que, por caminhos os mais rápidos, ao ser egoísta e antissocial que acabou de nascer seja acrescentado outro, capaz de conduzir uma vida moral e social (...). Ela cria no homem um novo ser" (DURKHEIM, 1922, p. 10).

Pode-se questionar se essa ação educativa não limitaria a liberdade individual, sendo repressora na medida em que há ênfase no princípio de autoridade, em detrimento da autonomia.

Mas, para Durkheim, "liberdade e autoridade (...) [são] dois termos que se implicam longe de se excluírem. A liberdade é filha da autoridade bem entendida" (DURKHEIM, 1922, p. 18).

Portanto, educação para ele é também ensinar a ter autoridade, a conseguir ser "senhor de si mesmo", atitudes que devem ser ensinadas às crianças porque elas serão necessárias mais tarde.

Por fim, o Estado deve controlar a educação, pois é por meio dela que se forma o cidadão.

Considerações finais

A sensação que se tem com a leitura de Durkheim lembra a experimentada na leitura de um texto antigo, não propriamente pela data, mas pelo emprego de termos e conceitos que há muito as ciências sociais deixaram de empregar. Contudo, Durkheim os emprega com a convicção dos pioneiros que abrem caminho em matas inexploradas. Alguns exemplos podem ser apontados:

a. Quando emprega adjetivos como superior e inferior, para situar religiões ou segmentos da população trabalhadora, em uma escala imaginária de "importâncias";
b. Ao adotar pares opostos como "normal" e "patológico", ou "saúde" e "doença" para qualificar comportamentos ou mesmo uma sociedade – ele destina todo um capítulo de *As regras do método sociológico* para esse procedimento.

Enfim, é certo que a obra do autor francês é muito importante, leitura necessária à formação de todos os que se dedicam às ciências sociais, mas o autor se recusou a analisar com maior profundidade os "fatos sociais" que ele próprio identificava. Assim, se não há contradições sociais na sociedade focalizada pela sociologia durkheimiana, pode-se dizer que, no máximo, há desvios da norma, fragilidade da norma jurídica, anomia, mas, principalmente, problemas de ordem moral.

Questões para estudo

1. Para tornar a sociologia uma ciência dentre as outras já reconhecidas, Durkheim define os fenômenos que seriam o objeto dessa ciência. Quais são eles?
2. Para atribuir à sociologia o caráter de uma ciência, quais as recomendações de Durkheim sobre o método para ser adotado pela sociologia?
3. As expressões "fisiologia social" e "morfologia social" designam campos especiais de estudo na sociologia de Durkheim. No que eles se diferenciam em relação às funções?
4. Qual sentido tem a expressão "tratar os fatos sociais como coisas" na sociologia de Durkheim?
5. Qual sentido Durkheim atribui para o procedimento "experimentação indireta"?

6. Durkheim emprega atributos como "normal e patológico" em relação aos fatos sociais, mas esse recurso permanece aceitável pela sociologia? Por quê?
7. Quando Durkheim estuda representações coletivas, parte da filosofia de Kant, mas em qual aspecto se pode afirmar que ele faz uma contribuição ao pensamento de Kant?
8. A consciência coletiva e a consciência individual são relacionadas no entender de Durkheim ou são radicalmente distintas?
9. Como Durkheim relaciona divisão social do trabalho, solidariedade e anomia?
10. "A vida social deriva de uma dupla fonte, a similitude das consciências e a divisão do trabalho." Como se pode compreender essa frase de Durkheim à luz de sua sociologia?
11. Como Durkheim diferencia a solidariedade entre mecânica e orgânica, e qual o sentido dessa diferenciação em sua sociologia?

Referências bibliográficas

CANGUILHEM, G. *O Normal e o Patológico*. 6. ed. Rio de Janeiro: Forense Universitária, 2009.

CASTRO, A. M de; DIAS, E. F. *Introdução ao Pensamento Sociológico*. 8. ed. Rio de Janeiro: Eldorado, 1981.

DURKHEIM, É. *Sociologia e Filosofia*. Rio de Janeiro: Forense Universitária, 1970.

_____. *As regras do método sociológico*. Coleção Pensadores, Vol. XXXIII. São Paulo: Abril Cultural, 1973. pp. 372- 463.

_____. *Da divisão do trabalho social*. Coleção Pensadores, Vol. XXXIII. São Paulo: Abril Cultural, 1973. pp. 303-72.

_____. De la Division du Travail Social (DTS) Document extrait de la base de données textuelles Frantext réalisée par l'Institut Nationale de la Langue

Française (INaLF). Disponível em: <http://livros01.livrosgratis.com.br/mc000083.pdf>. Acesso em: 09 set. 2016.

_____. "Sociologia da Religião e Teoria do Conhecimento" In *Les Formes élémetaires de la vie religieuse*. Trad. Laura Natal Rodrigues da 5. ed. PUF, 1968. In: RODRIGUES, A. (org.). Durkheim 1981, pp. 147-65.

_____. *Sistema Cosmológico do Totemismo*. In Rodrigues, Albertino (org.) Durkheim 1981, pp. 161-5.

_____. *Éducation et sociologie*. Édition électronique réalisée à partir, ed. 1922, Texte préparé par Jean-Marie Tremblay, sociologue, 2002. Disponível em: <http://classiques.uqac.ca/classiques/Durkheim_emile/education_socio/education_socio.pdf>. Acesso em: 09 set. 2016.

_____. *Les formes élémentaires de La vie religieuse*: Le totemisme em Australie. Paris: Félix Alcan, 1912.

FERNANDES, F. *Fundamentos empíricos da explicação sociológica*. 2. ed. São Paulo: Cia Editora Nacional, 1972.

KANT, I. *A metafísica dos costumes*. São Paulo: Folha de São Paulo, 2010.

MUCCHIELLI, L. O nascimento da sociologia na universidade francesa (1880-1914). *Revista Brasileira de História*. São Paulo, v. 21, n. 41, pp. 35-54. 2001. Disponível em: <http://dx.doi.org/10.1590/S0102-01882001000200003>. Acesso em: 26 set. 2015.

PINHEIRO FILHO, F. A Noção de Representação em Durkheim. *Luanova*, N° 61, 2004, pp. 139-55. Disponível em: <http://www.scielo.br/pdf/ln/n61/a08n61>. Acesso em: 09 set. 2016.

RODRIGUES, J. A. (org.). *Durkheim*. 2. ed. São Paulo: Ática, 1981

WEILL, B. *Émile Durkheim et la sociologie* (1858-1917). Disponível em: <http://judaisme.sdv.fr/perso/durkheim/>. Acesso em: 09 set. 2016.

5

Karl Marx: Exploração, alienação e ideologia

Josefa Alexandrina Silva e Renata Viana de Barros Thomé

Objetivos

1. Possibilitar ao leitor a compreensão do método de análise desenvolvido por Karl Marx, o materialismo histórico e dialético;
2. Compreender as noções de superestrutura e infraestrutura e como essas se relacionam;
3. Analisar os fatores que explicam a transformação do trabalho em mercadoria na sociedade capitalista;
4. Compreender o conceito de mais-valia e identificar como ocorre a exploração do trabalho no capitalismo;
5. Analisar como o conceito de fetichismo da mercadoria explica os fenômenos do consumismo e da desumanização do homem;
6. Identificar as razões para a existência da tensa relação entre as classes sociais no capitalismo;
7. Refletir sobre a gravidade da alienação do trabalho e da ideologia na reprodução da ordem social capitalista;
8. Avaliar criticamente a contribuição do pensamento de Karl Marx para a explicação do mundo atual.

Karl Marx (1818-1883) nasceu em Treves, na Alemanha. Ao terminar o ensino secundário, matriculou-se na Universidade de Bonn para estudar direito, mas não concluiu os estudos. Em 1836, matriculou-se na Universidade de Berlim, onde se dedicou ao estudo da história e da filosofia. Nesta época, entra em contato com o pensamento do filósofo Hegel (1770-1831), que exerceu grande influência na formulação de seu pensamento.

Doutorou-se em filosofia pela Universidade de Iena em 1841. Foi colaborador do jornal *Gazeta Renana*, para o qual escrevia matérias que expressavam problemas políticos e sociais. Com o fechamento do jornal, migrou para a França para publicar a revista *Anais Franco-Alemães*, que buscava unir o materialismo francês ao idealismo alemão. No único número publicado da revista, Friedrich Engels publicou um artigo crítico à economia política, pela sua incapacidade de fazer uma crítica radical à sociedade. Este artigo influenciou profundamente Marx, e, a partir de então, nasceu uma amizade que o acompanhou até o fim de sua vida. Marx e Engels publicaram diversos trabalhos em conjunto.

Em 1845, Marx foi expulso da França e refugiou-se em Bruxelas, onde participou da Liga dos Comunistas. Em 1848, publicou o *Manifesto do Partido Comunista* junto com Engels.

Marx teve uma vida ligada à militância política ao lado dos trabalhadores e viveu a maior parte dela no exílio, entre França, Bélgica e Inglaterra.

Suas principais obras são:

MARX, K.; ENGELS, F. *A ideologia alemã* (1845).

_____. *Manifesto do Partido Comunista* (1848).

MARX, K. *O capital*: Crítica da economia política (1867).

O materialismo histórico e dialético

Karl Marx foi um pensador que exerceu profunda influência na história da humanidade. Sua obra teve amplas repercussões e desdobramentos, influenciando a atuação política de partidos políticos, sindicatos, movimentos sociais, revoluções e guerras ao longo dos séculos XIX e XX. Na atualidade, sua obra continua a influenciar a reflexão dos rumos políticos de vários países.

A primeira questão que deve ser levada em consideração sobre a obra marxista é seu método de análise. A sua reflexão é uma espécie de resposta às ideias que estavam em evidência em sua época, na qual se destacou o pensamento de Hegel (1770-1831), representante máximo do idealismo alemão, que foi a principal escola filosófica do século XIX.

Hegel recorreu aos princípios da dialética[1] em busca da explicação do movimento e da transformação das ideias. A dialética pressupõe considerar que as

---
1 Método de raciocínio que procura analisar a realidade colocando em evidência suas contradições.

coisas possuem movimento e estão relacionadas umas com as outras. A realidade é um constante devir, marcada pela luta dos opostos (ex.: vida x morte, saúde x doença). Este é o movimento da dialética desencadeado pelo princípio da contradição e do conflito.

Princípios da dialética	
1. Tudo se relaciona	A natureza se apresenta como um todo coerente de objetos e fenômenos ligados entre si, que condiciona-os reciprocamente.
2. Tudo se transforma	A natureza e a sociedade se encontram em contínua transformação.
3. Mudança qualitativa	A transformação das coisas não se realiza num processo circular de eterna repetição, mas pelo acúmulo de elementos quantitativos que, num determinado momento, produzem o qualitativamente novo.
4. Unidade e luta dos contrários	A transformação das coisas só é possível porque no seu próprio interior coexistem forças opostas tendendo simultaneamente à unidade e à oposição. É o que se chama contradição.

Fonte: GADOTTI, M. *Concepção dialética da educação*. São Paulo: Editores Associados; Cortez Editora, 1983.

Hegel encontra no princípio da *contradição* o motor do pensamento humano; logo, de toda a história da humanidade, pois considera a história como o pensamento que se materializa. Dizendo de forma muito simples, para Hegel o homem cria o mundo e a realidade a partir de suas ideias.

Marx afirmou que escreveu *A ideologia alemã* para colocar a dialética de Hegel "com os pés no chão", pois para ele a filosofia estava "de pernas para o ar" por não ter como referência a vida concreta dos homens, e por isso ficava somente no plano das ideias.

Para Marx e Engels, a compreensão adequada da realidade devia partir do pressuposto de que o homem é um ser material porque vive em meio à necessidade de produzir bens para satisfazer suas necessidades dentro de condições históricas concretas, como afirmam:

> Os pressupostos de que partimos não são arbitrários nem dogmas. São pressupostos reais de que não se pode fazer abstração a não ser na imaginação. São os indivíduos reais, sua ação e suas condições materiais de vida, tanto aquelas por eles já encontradas como as produzidas por sua própria ação (MARX; ENGELS, 1987).

Karl Marx parte da análise concreta da realidade, ou seja, como o homem necessita modificar o mundo para sobreviver – ele tem de trabalhar, de produzir os seus meios de subsistência. O trabalho e as condições materiais é que fazem o homem agir e pensar o mundo e a sua realidade.

O que caracteriza o homem é o trabalho, ou seja, a produção material da sobrevivência. Para Marx, a nossa espécie está mais para *Homo faber* do que para *Homo sapiens*, ou seja, o ser humano transforma a natureza e se transforma quando produz. Desse modo, o homem é visto como um ser determinado pelo espaço e pelo tempo – seu modo de subsistência e produção dependem das condições técnicas em que vive.

Ao transpor os princípios da dialética na análise do processo histórico, Karl Marx conclui que as sociedades, assim como tudo que vive, traz em si o gérmen da sua própria destruição. A história dos sistemas e modos de produção é uma constante superação do velho pelo novo. Segundo ele, o declínio dos sistemas sociais se dá no seu próprio interior, quando os indivíduos, ao repetirem suas formas, vão recriando e transformando seu funcionamento.

Assim, a realidade expressa constantemente movimentos contraditórios que formam sínteses. No entanto, a síntese não significa que haja uma solução definitiva, pois novas contradições são geradas. Portanto, as transformações da sociedade se dão por meio de contradições e conflitos. Nesse sentido, a história humana não possui uma linearidade, as transformações são fruto da ação humana, que são determinadas pelas contradições criadas na vida em sociedade.

A noção de estrutura social

Para Marx, as bases da sociedade, de suas instituições, regras, ideias e valores, são dadas pelas condições materiais pelas quais os homens obtêm os meios para sobreviver. A base é definida como infraestrutura, e está ligada aos meios de produção, condições materiais de produção da subsistência.

A superestrutura está vinculada às ideias, valores e visão de mundo. Karl Marx afirma que a infraestrutura e a superestrutura estão indissoluvelmente ligadas entre si, formando uma interação dialética. Desse modo, a superestrutura é um reflexo da base material da sociedade.

Sendo assim, as relações políticas, jurídicas e ideológicas de uma sociedade refletem as relações econômicas. Em outras palavras, as condições materiais determinam os grandes sistemas imateriais de uma sociedade, como as ideologias, religiões, sistemas morais, leis, enfim, os modos de pensar que configuram a superestrutura.

O trabalho como mercadoria

Para sobreviver, os homens precisam produzir bens para satisfazer as suas necessidades como roupas, alimentos. Como somos incapazes de produzir tudo aquilo de que necessitamos, trocamos produtos entre nós. Por exemplo, um produtor de soja produz mais soja do que necessita para sua sobrevivência, logo, vende a parte que não necessita, e com o dinheiro adquirido compra outras mercadorias, como feijão, carne, roupas etc. Portanto, as práticas comerciais constituem a base para que os homens se relacionem entre si, constituindo a sociedade.

Com o desenvolvimento industrial a partir do século XVIII, as relações de trabalho sofreram profundas transformações. E como o trabalho se organiza na sociedade capitalista? A partir da propriedade privada dos meios de produção e do trabalho assalariado. O trabalho humano, transformado em **força de trabalho**,[2] se torna uma mercadoria que pode ser comprada e vendida.

---

2   Força de trabalho é como Karl Marx chama a capacidade humana de trabalhar, que em uma sociedade marcada pelo trabalho assalariado é vendida como uma mercadoria qualquer em troca de salário.

O trabalhador vende sua força de trabalho porque não tem instrumentos para trabalhar por conta própria.

A condição de assalariado é dada ao trabalhador que não possui condições de ter o seu próprio negócio e, para sobreviver, vende a única coisa que possui: sua capacidade de trabalhar. Desse modo, a relação capital x trabalho é dada como uma relação de compra e venda de uma mercadoria, como afirma Marx: "A força de trabalho como mercadoria só pode aparecer no mercado à medida que e porque ela é oferecida à venda ou é vendida como mercadoria por seu próprio possuidor, pela pessoa da qual é a força de trabalho" (MARX, 1988, p. 135).

O desenvolvimento da indústria na Inglaterra a partir da segunda metade do século XVIII provocou uma crescente mecanização da produção e a intensificação da divisão do trabalho. Essa acentuada divisão do trabalho tornou o trabalhador incapaz de acompanhar todo o processo produtivo, tirando-lhe o conhecimento específico sobre o seu ofício e levando-o a desenvolver gestos repetitivos, fazendo com que a máquina passasse a determinar o ritmo da produção.

O salário é o valor da força de trabalho, considerada no capitalismo como uma mercadoria qualquer. Essa remuneração deve corresponder à quantia que permita ao trabalhador alimentar-se, vestir-se, cuidar dos filhos etc., garantindo a reprodução de suas condições de vida e de sua família.

A vinculação do capitalista com o trabalho aparentemente é marcada por uma relação de iguais, na medida em que o trabalhador é livre para vender ou não sua força de trabalho, e o capitalista também é livre para contratar e demitir qualquer trabalhador.

Se o empresário necessita de trabalhadores para que sua empresa funcione, os trabalhadores necessitam de empresários que comprem sua força de trabalho para que consigam sobreviver. Porém, a criação de estruturas hierarquizadas nas empresas tem como objetivo impor a disciplina ao trabalho, colocando-o sob o domínio do capital.

Nesse modo de organização social, o trabalhador tem seu trabalho desvalorizado e é submetido ao ritmo acelerado da máquina, tornando-se servo dela, num despotismo sem precedente que tem o lucro como única finalidade.

O trabalho como criação de valor e produção de mais-valia

O trabalho assalariado é a única mercadoria capaz de criar valor. Onde não há trabalho humano incorporado não há valor. Podemos exemplificar com o petróleo. Um país pobre que possui reservas inexploradas não se torna rico. A riqueza só surge no momento em que esse elemento natural é explorado e transformado em mercadoria.

Karl Marx afirma que o valor de uma mercadoria é dado pelo tempo de trabalho socialmente necessário para a sua produção. Quanto mais trabalho há em uma mercadoria, maior será o seu valor.

Se observarmos ao nosso redor, constatamos que no mundo empresarial a busca pelo aumento da produtividade é uma obsessão. Karl Marx ao desenvolver sua principal obra, *O capital* (1867), parte da seguinte questão: quais são as razões da sociedade industrial ter se transformado em um grande depósito de mercadorias?

A resposta à questão acima está ligada ao lucro advindo da produção de mercadorias. Ao estabelecer relação entre salário e produtividade, Marx observa que o empresário, ao pagar o salário aos trabalhadores, nunca paga o que eles realmente produzem. A partir de então, formula o conceito de **mais-valia**.

A mais-valia significa que o trabalhador, ao assinar seu contrato de trabalho, colocará ao longo de sua jornada de oito (ou mais) horas diárias, a sua disposição física e mental a serviço da empresa. Porém a riqueza que o trabalhador produz no decorrer de sua jornada é bem superior ao que ele recebe em forma de salário. Digamos que em quatro horas de trabalho um trabalhador produza a riqueza que paga seu salário daquele dia. E as outras quatro horas? É como se o trabalhador estivesse trabalhando gratuitamente para o empresário. Essa diferença entre o que o trabalhador recebe como salário e a riqueza que ele produz é denominada por Marx de mais-valia.

Por mais-valia entende-se a diferença entre o preço de custo da força de trabalho (salário) e o valor da mercadoria produzida. Em outras palavras, é o valor excedente produzido pelo trabalhador que fica com o capitalista.

As horas de trabalho não pagas ao trabalhador – acumuladas e reinvestidas no processo produtivo – possibilitam ao empresário o enriquecimento e, ao trabalhador, a permanência na condição de pobreza, perpetuando assim as desigualdades sociais.

Para aumentar ainda mais o lucro dos empresários, as jornadas de trabalho são estendidas, gerando a *mais-valia absoluta*. Os investimentos em tecnologia para aumentar os níveis de produtividade geram a *mais-valia relativa*, na qual a produção aumenta sem a contratação de novos empregados, sem a extensão das jornadas. Como exemplos de mais-valia absoluta e relativa podemos citar, respectivamente, o trabalho no início da industrialização – fase chamada de "capitalismo selvagem", na qual a força de trabalho dos operários era utilizada até a total exaustão em jornadas de trabalho longas e desumanas, sem direitos trabalhistas que garantissem descanso aos fins de semana e férias, resultando em trabalhadores com uma "curta vida útil", que logo se tornavam inválidos para o trabalho e até morriam prematuramente pelas péssimas condições de trabalho –, e o trabalho em nossa sociedade atual, melhor elucidado a seguir.

Com a modernização do capitalismo, os trabalhadores conquistaram direitos e uma legislação que garante férias, descanso semanal, licença maternidade, reduzindo a extração da mais-valia absoluta, porém as transformações tecnológicas fizeram com que a produção passasse cada vez mais a prescindir da mão de obra humana, a automação e informatização aumentaram a produção e os lucros, ampliando a extração da mais-valia relativa e o desemprego pelo mundo afora.

Para Marx, todo assalariado ganha menos do que a riqueza que produz. A diferença entre o valor da riqueza produzida e o salário pago é o que denominamos lucro ao detentor dos meios de produção. Se o capitalista pagasse ao assalariado o valor da riqueza que este produziu, não haveria exploração.

O fetiche da mercadoria

Para Marx, há uma distinção entre as coisas tal como aparecem e tal como são na realidade, ou seja, há diferença entre a aparência e a essência das coisas.

No cotidiano, não vemos as mercadorias como expressão do trabalho humano e materialização da exploração do trabalho. Somos induzidos a pensar que as mercadorias têm qualidades próprias, exaltadas pela sua utilidade ou beleza.

Este "olhar" para a mercadoria é visto por Karl Marx como inversão do seu sentido e foi denominado como *fetiche da mercadoria*. A fetichização da mercadoria resulta na sobrevalorização das coisas em detrimento das relações sociais. Desse modo, a mercadoria adquire valor superior ao homem, pois são privilegiadas as relações entre as coisas e não entre os seres humanos.

As relações sociais na sociedade capitalista se transformam em relações fetichizadas. Os objetos adquirem existência autônoma, e os trabalhadores se transformam em coisas, uma mercadoria qualquer. Tal inversão conduz à adoração de fetiches, como ídolos, objetos e dinheiro.

Desde o início do capitalismo até os dias de hoje, podemos pensar nas transformações pelas quais a mercadoria passou e o quanto o seu poder de sedução foi potencializado pelas técnicas da publicidade, do marketing etc.

A primeira grande transformação da qual temos notícia foi a criação da loja de departamentos no séc. XIX, onde as mercadorias passaram a ter um papel de protagonistas e quase a ter vida própria nas vitrines iluminadas, nas arrumações artisticamente construídas, que faziam os indivíduos torcerem o pescoço se rendendo ao magnetismo dos produtos expostos, princípio aliás amplificado enormemente na experiência única dos shopping centers, templos do consumo contemporâneo.

Dessa maneira, a sociedade capitalista é caracterizada pela ausência de transparência, que resulta na ocultação da sua condição de ser fundada na exploração do trabalho.

Classes sociais

Em oposição ao pensamento liberal que concebe que todos os homens são iguais na esfera pública, Karl Marx identifica na base econômica a formação das desigualdades sociais. É a forma como os homens se relacionam com os meios de produção que indica a que classe social pertencem, ou seja, se são proprietários ou assalariados.

No capitalismo são identificadas duas classes sociais básicas: a burguesia, que é dona dos meios de produção, e o proletariado, constituído pelos trabalhadores assalariados. A contradição principal dessa sociedade é que ela se baseia no sistema de exploração da burguesia sobre a classe trabalhadora.

A burguesia e o proletariado são vistos como classes sociais antagônicas,[3] pois os interesses de cada uma delas são incompatíveis uma em relação à outra. Enquanto a burguesia busca ampliar cada vez mais os lucros, os trabalhadores lutam por melhores condições de vida, melhores salários e menores jornadas de trabalho.

Outra característica fundamental na análise de Marx sobre as classes sociais básicas do capitalismo é o seu caráter de complementariedade, em que uma classe se torna dependente da outra, como se observa abaixo:

> O proletariado se desenvolve em ritmo paralelo ao desenvolvimento da burguesia. Essa classe de operários modernos só pode viver se houver trabalho para eles e só encontram trabalho na proporção em que a burguesia aumenta o capital (MARX, 1981, p. 24).

Para que haja produção capitalista, a burguesia necessita da mão de obra do proletário e, por sua vez, o proletário, para viver, precisa do salário e, portanto, do emprego oferecido na empresa capitalista.

Quanto às outras classes, estariam fadadas ao desaparecimento, como afirma Marx:

---

3 Classes sociais que são opostas, contrárias. Suas ações são marcadas pela luta e pela contínua incompatibilidade de seus interesses.

A classe média baixa, os pequenos industriais, os pequenos comerciantes e pessoas com renda, artesãos e camponeses, vão caindo, aos poucos, no proletariado; alguns porque seu baixo capital não lhes permite empregar os processos dos grandes industriais; outros porque sua habilidade profissional é desvalorizada pelos novos métodos de produção. (MARX, 1981, p. 25).

Desse modo, Karl Marx vislumbra que no capitalismo há uma tendência para a concentração de riquezas nas mãos da burguesia e o crescimento da miserabilidade entre a classe trabalhadora. A classe média, os pequenos industriais, os pequenos comerciantes e camponeses vão se proletarizando porque seu pequeno capital não lhes permite concorrer com a grande indústria.

Para que os trabalhadores constituam sua classe social, não basta que vivam a mesma condição de exploração econômica, é preciso que adquiram consciência do seu papel na estrutura econômica e na natureza conflitiva das relações sociais no capitalismo.

Assim, são constituídos agrupamentos com interesses políticos específicos, que passam a se organizar para a luta política com o objetivo de conquistar o poder político do Estado.

O desenvolvimento do capitalismo ao longo do século XX tomou caminhos não previstos por Karl Marx, surgindo, no seio da classe trabalhadora, trabalhadores autônomos e, entre os burgueses, a condição de assalariados.

A classe trabalhadora é compreendida por todos aqueles que vivem do seu próprio trabalho e não da exploração do trabalho de outro.

Diferenciação entre os trabalhadores	
Trabalhadores assalariados	Trabalhadores autônomos
- Não possuem recursos para trabalhar por conta própria. Exemplos: camponês sem-terra e instrumentos de trabalho, artesãos sem ferramentas e matéria-prima.	- Possuem os seus próprios meios de produção. Exemplos: camponês que cultiva a própria terra, artesão que trabalha com as próprias ferramentas, médico que tem seu próprio consultório, professor que dá aulas particulares.

Fonte: SINGER, P. *A formação da classe operária*. 5. ed. São Paulo: Atual; Campinas: UNICAMP, 1988.

Entre os trabalhadores assalariados, também são identificados assalariados burgueses, como afirma Singer (1988, p. 6):

Hoje em dia, uma proporção cada vez maior de empregadores são, por sua vez, assalariados. Isso se explica pelo fato de que os proprietários das grandes empresas não podem nem querem administrá-las pessoalmente. Uma grande empresa tem tipicamente centenas ou milhares de administradores, organizados numa vasta escala hierárquica, que vai desde o mestre e contramestre até o presidente da firma.

Diferenciação entre os assalariados	
Assalariados burgueses	Assalariados proletários
Possuem poder de empregar e desempregar um grande número de assalariados.	Escasso ou nenhum poder de empregar e desempregar.
Tem poder para tomar decisões.	Não possuem poder autônomo para tomar decisões.
Tem poder de planejar os rumos da empresa.	Atuam na execução das tarefas planejadas por outros.
Identificação com os interesses do capital.	Seus salários dependem principalmente de acordos coletivos de trabalho, negociados entre sindicatos de empregados e empregadores.

Fonte: SINGER, P. *A formação da classe operária*. 5. ed. São Paulo: Atual; Campinas: UNICAMP, 1988.

O assalariado burguês possui poder de decisão e se identifica com os interesses do capital, ou seja, dos proprietários da empresa, pertencem, portanto, à mesma classe social: a burguesia.

Os trabalhadores assalariados que atuam nos níveis inferiores da estrutura hierárquica não possuem poder de decisão, e a defesa de seus interesses, como salário e jornada, são defendidos de maneira coletiva pelas organizações sindicais.

Na atualidade, pertencer a uma classe social resulta das relações concretas que os indivíduos mantêm com a vida social. A burguesia lutando pela ampliação de seus lucros e os trabalhadores lutando por melhores condições de vida, eis o que Karl Marx compreende por luta de classes.

Alienação e ideologia

Segundo Marx, o capitalismo, ao instaurar uma divisão social do trabalho e o sistema de propriedade privada dos meios de produção, leva os trabalhadores a não se verem como os verdadeiros produtores da riqueza. O produto do trabalho não pertence ao trabalhador, logo, o trabalho não realiza o homem como pessoa, e constitui-se em um instrumento de alienação: "em lugar de reconhecer-se em suas próprias criações, o ser humano sente-se ameaçado por elas, em lugar de libertar-se, acaba se enrolando em novas opressões" (KONDER, 1995, p. 30).

Por alienação entende-se a perda da consciência da realidade concreta. No capitalismo, a propriedade privada e o assalariamento separam o trabalhador dos meios de produção e do fruto do trabalho. Então, ao vender sua força de trabalho, o trabalhador se aliena, pois não se vê como o agente produtor da riqueza, e assim não se sente no direito de tomar sua devida parte dela. A alienação nasce da forma como o trabalho é organizado na sociedade, na qual a busca pelo lucro leva o homem a se alienar de si mesmo.

O processo de divisão do trabalho contribuiu para aumentar a alienação do trabalhador, que perde a compreensão do mundo em que vive e se torna alheio à sua própria consciência. Isso ocorre devido à fragmentação do processo de produção. Antes da industrialização, o trabalho se organizava como um processo global, na forma de artesanato. Os mestres artesãos dominavam o processo total da produção de um bem. Com o advento da indústria, surgiu a especialização e a fragmentação do trabalho, no qual cada operário é responsável por um único procedimento, repetido exaustiva e mecanicamente, perdendo a dimensão do todo. Por exemplo: antes do advento da indústria, um sapateiro conhecia todos os processos para a confecção de um sapato, desde a preparação da matéria-prima até o design e o passo a passo das costuras, colas e acabamento; seu trabalho era uma verdadeira arte. Com a organização industrial da produção, o trabalhador da indústria do sapato não sabe fazer esse bem de consumo, pois é apenas especialista de uma ínfima parte do processo de sua confecção. Seu trabalho é reduzido à força motriz, extensão das máquinas.

Além disso, o próprio fato de ter de vender a sua força de trabalho no mercado gera a alienação, pois o trabalhador também se torna uma mercadoria.

A ideia de alienação significa a perda da consciência de si e o domínio da sua vontade pela vontade do outro, que o conduz à perda da capacidade de decisão. É quando o homem deixa de ser consciente de si, capaz de tomar suas decisões, para se tornar uma coisa, um objeto.

Para Marx, a sociedade capitalista tornou o trabalho alienante porque o trabalhador deixa de produzir para satisfazer suas necessidades, para satisfazer as do capitalista. A industrialização reduz a intervenção consciente do trabalhador, na medida em que a máquina dispensa a inteligência humana, fazendo com que aquele atue como se fosse mais uma engrenagem.

A alienação do trabalhador constitui um obstáculo para a sua emancipação e é um elemento fundamental do processo de reprodução da sociedade capitalista.

Os interesses opostos das classes sociais no capitalismo não se expressam somente no plano da luta concreta, mas também no confronto de ideias que cada classe possui sobre os rumos da sociedade.

Para ele havia um modo de pensar proletário que era diferente do modo de pensar burguês e, portanto, a ideologia seria um conjunto de ideias que cada classe possui.

Não há na obra de Karl Marx uma definição precisa do termo ideologia, esta é concebida como um sistema de inversão da realidade, no qual as ideias produzidas pela classe dominante aparecem como as ideias dominantes em uma época.

Sendo assim, a classe dominante, a burguesia, domina também ideologicamente, colocando suas ideias como se fossem as de toda a sociedade, como se observa abaixo:

> As ideias da classe dominante são as ideias dominantes em cada época: em outros termos, a classe que exerce o poder material dominante na sociedade é, ao mesmo tempo, seu poder espiritual dominante (ENGELS; MARX, 1987, p. 62).

A ideologia se manifesta como um conjunto articulado e coerente de ideias, conceitos e valores que têm como objetivo atuar como norma de conduta que seguimos em nossas vidas cotidianas. Desse modo, a ideologia molda nossa visão de como a sociedade deve ser. Na atualidade, cabe aos meios de comunicação de massa difundir a ideologia dominante.

Um exemplo que pode tornar mais clara essa ideia é a máxima do capitalismo: "Trabalhe duro e muito que você vai ficar rico". Essa lógica só vale para a atividade do burguês, que é investir, comprar matéria-prima, obter as melhores margens de lucro na venda de mercadorias (inclusive explorando o trabalhador com a extração da mais-valia), pois o operário que trabalha de sol a sol (portanto, muito), ganhando um salário-mínimo, jamais vai ficar rico. O ditado popular que muito sabiamente confirma essa reflexão diz: "Quem trabalha não tem tempo de ganhar dinheiro", essa frase desmistifica o discurso ideológico da classe dominante, que necessita que o trabalhador levante todas as manhãs, enfrente a condução lotada para ir trabalhar, na esperança de um dia melhorar de vida, ganhando um salário que mal dá para uma sobrevivência digna e contribuindo para que o dono da empresa enriqueça mais e mais.

A ideologia dominante tem como objetivo fazer com que as pessoas não percebam que a sociedade é dividida em classes sociais, para que assim não note que os seus interesses são diferentes. Isso nos permite compreender porque não ocorrem mudanças substanciais na estrutura social, pois a população mais pobre vê com naturalidade a desigualdade social.

Para Karl Marx, a ciência deveria assumir um papel crítico em relação à sociedade capitalista, devendo ser, ao mesmo tempo, um instrumento de compreensão da realidade e de transformação radical dela. Desse modo, caberia ao cientista social participar ativamente dos atos de transformação dessa realidade.

O pensamento de Karl Marx e o mundo atual

A teoria de Karl Marx tem longo alcance e adquiriu dimensões de ideal revolucionário e de ação política efetiva, tendo ampla repercussão em todo mundo, incentivando a formação de partidos marxistas e sindicatos contestadores da ordem.

A grande contribuição de Karl Marx foi mostrar que na sociedade moderna as desigualdades sociais não são frutos de distorções do sistema, mas fazem parte da própria lógica do sistema. A sociedade capitalista está organizada de tal maneira que, de um lado, se acumulam todas as riquezas, os capitais; de outro, se acumula miséria, fome e analfabetismo da população. Assim, as desigualdades sociais não são "acidentes" ou causalidades que possam ser superadas. As desigualdades sociais são fruto do sistema capitalista.

Conceitos como capital, moeda, divisão do trabalho, mais-valia e propriedade privada fazem parte do cotidiano social desde a Revolução Industrial e são realidades presentes no contexto globalizado e da chamada sociedade da informação, estágio atual do capitalismo contemporâneo.

O processo de extração da mais-valia que foi descrito por Marx no princípio do capitalismo se dá da mesma maneira atualmente. O trabalho do proletário (mão de obra assalariada) engrossa o lucro da burguesia (industriais que investem na produção) à medida que o trabalhador nunca ganha o salário condizente com a sua produtividade – os salários são sempre mantidos os menores possíveis. Uma forma de manter os salários baixos é a existência do desemprego e a tecnologia que gradativamente vai tomando conta dos processos produtivos, dessa maneira há sempre mais profissionais procurando emprego do que cargos à disposição.

O que é mais flagrante na sociedade atual é que a essência da organização social é a mesma descrita por Marx no início do capitalismo, por mais que tenhamos o "mundo sem fronteiras", propalado pelo discurso otimista da globalização, o que a mídia e a publicidade deixam de mencionar (não por acaso) é que, na verdade, na sociedade global, não existem fronteiras para a circulação de mercadorias, mas de pessoas sim, haja vista as políticas de imigração dos países ricos, que buscam frear de todas as formas a entrada de pobres em seus países, em suas economias fragilizadas pelo desemprego e oneradas pelas políticas sociais.

Não por acaso citamos a mídia e a publicidade, que são a voz amplificada da ideologia de uma burguesia internacional que se organiza na forma de corporações gigantescas – analistas argumentam que dentro de pouco tempo toda a riqueza produzida no planeta será controlada por meia dúzia de empresas – que ditam inclusive a política interna aos países, sejam ricos, pobres ou emergentes, reproduzindo as relações de dominação e exploração para a esfera da política internacional.

Desse modo, o conjunto da obra de Karl Marx representa uma referência para se refletir e agir politicamente. Trata-se de uma reflexão polêmica que suscita a oposição de uns, a adesão de outros.

Questões para estudo

1. De que maneira a teoria desenvolvida por Karl Marx possibilita compreender a sociedade atual?
2. Como a reflexão de Karl Marx explica a pobreza no mundo contemporâneo?
3. É correto afirmar que a teoria de Karl Marx de classes sociais se fundamenta na economia?
4. Por que a burguesia e o proletariado são considerados as classes fundamentais do sistema capitalista?
5. Que relação é possível estabelecer entre o fetiche da mercadoria e o consumismo da sociedade contemporânea?
6. De que maneira a alienação do trabalhador contribui para a reprodução da estrutura social capitalista?

Referências bibliográficas

ANDERY, M. et al. *Para compreender a ciência*: Uma perspectiva histórica. Rio de Janeiro: Espaço e Tempo; São Paulo: EDUC, 1988.

ENGELS, F.; MARX, K. *A ideologia alemã*. 6. ed. São Paulo: Hucitec, 1987.

GADOTTI, M. *Concepção dialética de educação*. 2. ed. São Paulo: Cortez; Autores Associados, 1983.

KONDER, L. *O que é dialética?* 17. ed. São Paulo: Brasiliense, 1987.

MARX, K. *Manuscritos econômicos-filosóficos e outros textos escolhidos* / Karl Marx; seleção de textos de José Arthur Giannotti; traduções de José Carlos Bruni et al. 4. ed. São Paulo: Nova Cultural, 1987.

_____. *O capital*: Crítica da economia política/ Karl Marx; tradução de Régis Barbosa e Flávio Kothe. 3. ed. São Paulo: Nova Cultural, 1988.

_____. *Manifesto do Partido Comunista*. 2. ed. São Paulo: Global Editora, 1981

TOMAZI, N. D. (coord). *Iniciação à sociologia*. São Paulo: Atual, 1993.

SINGER, P. *A formação da classe operária*. São Paulo: Atual; Campinas: Editora da UNICAMP, 1988.

STAVENHAGEN, R. "Classes sociais e estratificação social". In: MARTINS, J. S.; FORACCHI, M. M. *Sociologia e sociedade*. Rio de Janeiro: Livros Técnicos e Científicos Editora, 1995.

WILLIANS, R. *Marxismo e literatura*. Rio de Janeiro: Zahar Editores, 1979.

6

Max Weber e a busca do sentido das ações sociais

Neusa Meirelles Costa[1]

---

[1] Agradeço a participação das colegas Fernanda Silveira Corrêa e Josefa Alexandrina Silva.

Objetivos

1. Expor a metodologia desenvolvida por Max Weber para a sociologia compreensiva;
2. Examinar os procedimentos de construção dos "tipos ideais" como recursos válidos para análise e interpretação sociológica;
3. Analisar a concepção weberiana de ação social e suas implicações no campo das ciências sociais;
4. Analisar, nos termos weberianos, a convergência entre valores e práticas de inspiração protestante, calvinista e as práticas capitalistas;
5. Expor as implicações apontadas por Weber do processo de racionalização das práticas sociais sobre a organização da moderna burocracia;
6. Examinar a concepção weberiana para exercício do poder e a configuração das distintas estruturas de dominação;
7. Resgatar a distinção weberiana entre o campo das ciências e o da política, e implicações sobre os respectivos papéis sociais dos cientistas e políticos.

Max Weber (1864-1920) nasceu em Erfurt na Alemanha.

Em 1882, iniciou seus estudos na Universidade de Heidelberg, onde concentrou-se nas áreas de direito, história, economia, filosofia e teologia.

Em 1889, obteve o título de doutor em direito, com uma tese sobre a história das empresas comerciais medievais.

Em 1891, iniciou a carreira de professor universitário em Berlim e, em 1896, tornou-se professor catedrático da Universidade de Heidelberg. Sua carreira acadêmica teve várias interrupções devido à sua frágil saúde.

Max Weber conviveu com intelectuais e políticos de destaque na sociedade alemã, como Georg Simmel e Georg Lukács.

Em 1903, fundou a revista *Arquivo para Ciência Social e Política Social*, importante publicação na área das ciências sociais.

Em 1908, Weber, ao lado de Tönnies, participa da fundação da Associação Alemã de Sociologia.

Morreu em Munique em 1920, e coube a sua esposa, Marianne Weber, organizar seus escritos.

Suas principais obras são:

A ética protestante e o espírito do capitalismo (1905).

Ciência e política: duas vocações (1919).

Economia e sociedade (1922).

O método compreensivo de Max Weber

Max Weber é considerado um teórico clássico da sociologia. Tornou-se uma referência teórica importante ao instituir um método sofisticado e apurado de investigação da sociedade. Para ele, a sociologia visa entender a ação social, que se apresenta dotada de regularidade, mas cuja explicação não pode ser baseada em relações de causa efeito, como nas ciências físicas e naturais: nas ciências sociais, as "causas" aparecem diluídas sob a forma de condições de natureza diversa (históricas, econômicas, políticas etc.). Desse modo, explica Rossi (1958, p. 24) ao introduzir os *Ensaios sobre metodologia sociológica*: "Weber realiza o abandono do modelo clássico de explicação causal e a passagem para um esquema de explicação que já não é causal, mas condicional".

Nesses termos, a garantia da objetividade do conhecimento sociológico produzido decorre da coerência lógica entre procedimentos de investigação e o seu objeto, quais sejam as uniformidades da conduta humana dotadas de sentido ou modalidades típicas de comportamento.

Rossi (op. cit., p. 29) frisa que "as uniformidades do comportamento não são 'leis' no sentido atribuído pelos positivistas, mas são uniformidades empiricamente comprováveis e expressadas em forma de tipos ideais".

É importante reter a ideia de que a ação social não é o comportamento individual observado, mas o "modelo social" que fundamenta o comportamento individual.

De fato, Weber explica que por "ação" deve-se entender uma conduta humana dotada de sentido atribuído por sujeitos: "A ação social, portanto, é uma ação em que o sentido mentalizado por um sujeito, ou por sujeitos, está referido à conduta de outros, orientando-se por ela em seu desenvolvimento" (WEBER, 1977, vol. I, pp. 5-6).

Está implícito nessa afirmação de Weber o conceito de *reciprocidade*, que é muito importante para compreender sua obra, pois é central na concepção weberiana de relação social. É fácil perceber o quanto esse conceito de reciprocidade está presente nas práticas cotidianas, nos cumprimentos, agradecimentos etc. Note-se que sempre é esperada uma resposta, mesmo um simples "oi", ou um gesto. Desse modo, desde formas corriqueiras às mais complexas, normatizadas pelo direito, como os contratos etc., a conduta dos sujeitos em sociedade (padrões de sociabilidade) está sempre referida à conduta do outro, portanto ela sempre pressupõe um dado padrão de reciprocidade.

Note-se que o sociólogo alemão se ocupa do detalhe, preocupado com a precisão conceitual, atento *às* nuances e especificidades, para depois construir a abstração generalizadora, como os tipos ideais e, desse modo, melhor compreender a evidência empírica, tal como exemplifica Gabriel Cohn (1979, pp. 5-7):

> Ao dispor-se a falar sobre "o espírito do capitalismo", ele assinala que tal entidade não pode ser definida de antemão, mas que corresponderia a um "indivíduo histórico" construído para fins de pesquisa e conforme o ponto de vista do seu significado cultural.

Assim, a sociologia compreensiva de Weber se caracteriza pela busca do *sentido social* das ações, de modo a compreender as práticas dos sujeitos. Mas atenção, Weber não está preocupado com sujeitos individuais: esses nem sequer são cogitados pelo autor. Sua atenção se volta para o sujeito social, ou indivíduo histórico, como mencionou Cohn, portanto da pesquisa empírica (entrevistas, documentos) Weber vai extrair o sentido que a sociedade elaborou e que fundamenta as práticas observadas.

Por isso, a sociologia desse autor não se confunde com a psicologia, porque o sujeito em Weber não é a pessoa ou a psique individual, e nem se confunde com a sociologia de Durkheim, porque este se limitava à descrição e explicação dos fatos sociais, enquanto Weber utiliza a descrição e explicação como momentos ou etapas da compreensão do sentido (social) das ações sociais e suas relações.

Ação social na sociologia de Weber

Para Weber, na modalidade de conhecimento construído pelas ciências sociais não é suficiente observar nem é possível, na maioria das situações, criar condições específicas para observar reações, como se passa no método experimental das ciências da natureza.

Nas ciências sociais, segundo Weber, o pesquisador visa compreender um recorte de realidade social que ele instituiu como seu "objeto de estudo", portanto esse pesquisador se vale das evidências fornecidas pela mesma realidade para construir sua interpretação, todavia, as evidências podem ter caráter racional, afetivo ou artístico.

Então, como pesquisar a conduta humana cujos nexos e regularidades se oferecem como indícios para análise do sentido socialmente construído, bem como dos valores que pautam essa construção?

Um primeiro passo reside em caracterizar a ação social, suas modalidades e os fins aos quais se destina. Em princípio, Weber (1977, vol. I, p. 18) conceitua *ação social* nos seguintes termos:

> A ação social (incluindo tolerância ou omissão) se orienta pelas ações dos outros, as quais podem ser passadas, presentes ou esperadas como futuras (vingança, réplica). Os 'outros' podem ser individualizados e conhecidos ou uma pluralidade de indivíduos indeterminados e completamente desconhecidos (o dinheiro, por exemplo, significa um bem – de troca – que o

agente admite na transação porque sua ação está orientada pela expectativa de que os outros (...) desconhecidos, estarão dispostos a aceitá-lo também por seu lado, [em uma] troca futura).

Mas nem toda ação é social, embora se dê em sociedade e seja exteriorizada. Por exemplo, o consumo de um bem qualquer só será social se, ao realizar a aquisição, ou para realizar a aquisição, o sujeito (consumidor) levar em consideração o efeito de sua ação sobre os outros, tanto no momento quanto no futuro. A moda é um exemplo significativo dessa dimensão social da ação individual, assim como a poupança.

Todavia, essa *racionalidade* da ação social merece ser examinada em maior detalhe, como o faz Weber (1977, vol. I, p. 20), porque ela pode ser diferenciada:

1. Diz-se que uma ação social é *racional com relação aos fins*, na medida em que na ação social o sujeito antecipa o efeito que ele produzirá nos outros e age conforme essas expectativas esperadas, tomando-as como "condições" ou "meios" para alcançar seus próprios fins, racionalmente sopesados e perseguidos. A gestão financeira das empresas exemplifica essa modalidade, outro exemplo reside na postura adotada pelos candidatos em entrevistas de emprego, procurando corresponder à imagem corporativa de eficiência;
2. Diz-se que a ação social é *racional com relação aos valores* quando ela se pauta por crenças religiosas, estéticas ou éticas, mas essas crenças não estão objetivamente relacionadas com o resultado almejado pelo sujeito. Alunos se benzem com o sinal da cruz antes de uma prova, apesar de o sinal religioso não ter nenhuma relação racional com a prova;
3. Diz-se que a ação social pode ser *racional com relação aos afetos e emoções*, por isso maridos e namorados compram flores para presentear as parceiras no dia 12 de junho, ainda que as flores não resolvam os problemas de relacionamento;
4. Diz-se que a ação social pode ser *racional com relação à tradição*, compreende-se nesse caso o atendimento a certos padrões instalados na cultura e hábitos arraigados. Um exemplo seria o vestido de noiva branco,

com véu e grinalda, representando a união por amor e a pureza da noiva (parece que foi criação do século XIX, no casamento da rainha Vitória com o príncipe Albert).

Deve-se ter claro que, na vida social, o sentido das ações corresponde a combinações mais complexas entre essas modalidades, por seu turno, a *racionalidade* da ação dos sujeitos corresponde a um dado nível de eficiência, ou seja, a uma combinação entre recursos comprometidos (inclusive afetivos) e resultados esperados e alcançados.

Considerando os dois elementos importantes apontados na concepção de ação social, *reciprocidade e racionalidade*, pode-se agora entender por *relação social*, segundo Weber (1977):

> A conduta plural – de vários – que, pelo sentido que encerra, se apresenta como reciprocamente referida, orientando-se por essa reciprocidade. A relação social consiste, pois, plena e exclusivamente, na probabilidade de que se atuará socialmente em uma forma (com sentido) que se pode prever.

Nessa concepção, é importante acentuar o caráter bilateral, recíproco da relação social. Ela se fundamenta no sentido empírico ou mentalizado pelos envolvidos, e na probabilidade de que o comportamento social, de caráter recíproco por seu sentido, corresponde ao que já tenha existido, exista ou possa existir. Consequentemente, o sentido de uma relação social pode variar, bem como pode desaparecer, mas de qualquer forma, as relações sociais de fato apresentam certa regularidade, ou seja, são reproduzidas por muitos agentes ou muitas vezes pelo mesmo agente.

Das concepções de ação social e de relação social dois aspectos aparecem reiteradamente, sinalizando sua importância na sociologia weberiana: compreensão das ações e o sentido (subjetivamente atribuído a elas). Cohn (1979 b, p. 27) sintetiza:

> A "ação social" é uma modalidade específica de ação, de conduta à qual o agente associa um sentido subjetivo. É aquela ação orientada significativamente pelo agente, conforme a conduta de outros e que transcorre em con-

sonância com isso (...). Interessa enfim, aquele sentido que se manifesta em ações concretas e que envolve um motivo sustentado pelo agente como fundamento de sua ação. Mas em nenhum ponto se encontrará uma definição de "sentido", como, aliás, também ocorre com o conceito de compreensão.

Ética protestante e espírito do capitalismo

O procedimento weberiano de pesquisa, sempre em busca do sentido da ação social, é claramente exemplificado nas primeiras páginas de sua obra bastante conhecida pelos universitários brasileiros, *A ética protestante e o espírito do capitalismo*, publicada em 1904.

Nessa obra, Weber surpreende o leitor ao afirmar taxativamente que "o desejo de ganho ilimitado não se identifica nem um pouco com o capitalismo, e muito menos com o 'espírito' do capitalismo" (WEBER, 1967, p. 4). *É possível que ao olhar ingênuo haja* semelhanças entre as práticas de ganho ilimitado, que sempre existiram, e as capitalistas, mas elas têm sentido distinto.

As primeiras colocações do sociólogo alemão demonstram que, para ele, a "realidade observada" apontada sob a forma de "desejo de ganho ilimitado" constitui uma referência enganosa, uma aparência para o olhar ingênuo, à qual ele se reporta para opor ela à prática capitalista em processo de investigação e análise, buscando a compreensão.

Contudo, reconhece Weber, que a procura pelo lucro está também "na organização capitalista permanente e racional", correspondendo "à procura do lucro, de um lucro sempre renovado, de rentabilidade". Além disso, ele reconhece que "só pode ser assim" (WEBER, 1967, p. 4). Caso contrário, a empresa estaria condenada a desaparecer.

Seu raciocínio vai buscar a diferença entre a prática capitalista e a não capitalista, embora admita que a obtenção de lucro esteja presente nas duas modalidades de prática econômica. Onde estão os elementos que permitem diferenciar as duas?

É claro que o autor está opondo a organização capitalista e racional (a empresa) às práticas de "lucro imediato", mas qual a *característica típica da ação capitalista*, visto que não é a "busca de ganho ilimitado e imediato"? Weber a esclarece no próximo parágrafo:

> Definamos agora os nossos termos de uma maneira mais precisa do que geralmente ocorre. Chamaremos de ação capitalista aquela que se basear na expectativa de lucro através da utilização das oportunidades de troca, isto é, nas possibilidades (formalmente) pacíficas de lucro. Em última análise, a apropriação (formal e atual) do lucro segue os seus preceitos específicos, e, (conquanto não se possa proibi-lo) não convém colocá-la na mesma categoria da ação orientada para a possibilidade de benefício na troca. [encontrável na empresa ocasional, relação de compra e venda frequente no século X em Veneza; esclarecem em nota os tradutores do texto]. Onde a apropriação capitalista é racionalmente efetuada, a ação correspondente é racionalmente calculada em termos de capital (WEBER, 1967, pp. 4-5).

Em seguida, Weber prossegue na caracterização do que entende por "racionalmente calculada" em termos do capital, mercadorias, transações, dinheiro etc., desde a previsão inicial ao balanço final. E para finalizar, generaliza: "Na medida em que as operações são racionais, toda ação individual das partes é baseada em cálculo" (WEBER, 1967, p. 5).

Desse nível de generalização, ele volta à realidade empírica (experiência cotidiana), reconhecendo ali a inexistência de um cálculo apurado, de procedimentos por pura adivinhação, tradição ou convenção, o que não afetou os empreendimentos capitalistas que "existiram de longa data e por toda parte".

Mas então, por que Weber se dá ao trabalho de verificar a existência histórica e documental no ocidente e no oriente da empresa capitalista? Porque há um embasamento histórico na análise weberiana (lembrando que ele começou por mostrar que o impulso do ganho imediato existe em toda parte e em todos os tempos), que lhe permite comparar resultados, diferenciá-los, analisar mudanças e, principalmente, caracterizar, tipificar ou, mais precisamente, construir tipos ideais.

Neste pequeno trecho, o leitor pode ler um exemplo de como se faz o emprego de um "quadro de recorrência histórica", embora essa expressão não seja weberiana: resumidamente, Weber constata que, embora a empresa capitalista tenha existido em toda parte, "o ocidente desenvolveu uma gama de significados do capitalismo, e, o que lhe dá consistência, tipos, formas e direções que nunca existiram em parte alguma" (WEBER, 1967, p. 6).

Partindo dessa afirmação que foi fruto de pesquisa histórica, ele mostra que as formas de "especulador", empreendedor e aventureiro capitalista, que existiram em todo mundo ainda podem ser encontradas em países ocidentais modernos, um capitalismo de empresários isolados, especuladores em larga escala, de colonizadores, e de boa parte do capitalismo financeiro, na paz e na guerra, em geral são práticas imediatistas.

Constatada a permanência dessas práticas, Weber estabelece o traço distintivo entre essas práticas apontadas (mais imediatistas) e as que vão compor o tipo analisado por Weber, ou seja, as capitalistas. Mas quais elementos compõem a diferença? Segundo Weber (1967, p. 7):

> O Ocidente, [ao lado do capitalismo especulador aventureiro] veio a conhecer, na era moderna, um tipo completamente diverso e nunca antes encontrado de capitalismo: a organização capitalista racional, assentada no trabalho livre (formalmente pelo menos). Disso apenas encontramos sugestões alhures. A própria organização do trabalho escravo só alcançou certo grau de racionalidade nas plantações. (...) Apenas casos isolados de trabalho livre em algumas indústrias caseiras podem ser encontrados "fora"[2] do Ocidente. O uso, naturalmente universal, de diaristas em pouquíssimos casos levou à formação de organizações manufatureiras – especialmente a

---

2 A palavra "fora" aparece entre aspas no texto citado porque em realidade as colônias dos países europeus, especialmente no Oriente e África, estavam "fora" geograficamente do Ocidente, mas "dentro" dele por vínculos políticos de exploração econômica. Essa condição dúbia, mas do interesse da expansão do capitalismo europeu, Weber insinua com as aspas.

monopólios estatais, muito diferentes da moderna organização industrial – mas nunca a organizações racionais do trabalho e do aprendizado, do tipo existente na Idade Média.

Para Weber, a empresa capitalista constituída no Ocidente é uma "organização industrial racional, orientada para um mercado real, e não para oportunidades políticas ou especulativas de lucro" (WEBER, 1967). Ela se desenvolveu graças à criação de uma contabilidade racional (necessária para previsão e planejamento), mas não teria sido possível seu desenvolvimento sem a separação entre empresa e economia doméstica e, sobretudo, na ausência de uma organização capitalista do trabalho.

Dessa condição de peculiar existência, Weber aponta, mas não discute nesse momento, as organizações, concepções e aspectos da estrutura social do ocidente que são únicos, porque decorrem do capitalismo, fundamentado na organização racional do trabalho livre. Apesar de fazer notar que para cada uma das condições peculiares outras coexistiram assemelhadas em toda parte, como os privilégios urbanos e de mercado, as corporações, e toda espécie de diferença entre cidade e campo, ele conclui: "O conceito de cidadão e o conceito de burguesia não existiram senão no moderno Ocidente; da mesma forma inexistia, e só poderia mesmo inexistir, o proletariado como classe, porque inexistia o trabalho livre institucionalizado" (WEBER, 1967).

O leitor atento deve ter percebido que, da análise das peculiaridades do capitalismo no ocidente, Weber desloca o seu foco para a instância política, exatamente o conceito de cidadania; além disso, ao focalizar as condições responsáveis pelo surgimento da empresa capitalista, ele menciona a separação entre economia doméstica e empresa. Esses são dois indícios de que implicitamente está sendo admitido que a racionalidade implantada com o capitalismo não afeta apenas as atividades econômicas, nem estas são afetadas exclusivamente pelas relações econômicas.

Cada uma dessas modalidades de ação, a saber, a econômica, política e doméstica corresponde a uma "esfera de existência", e Weber identifica quatro: econômica, política, doméstica e religiosa. Cada esfera (ou ordem) tem regulamentos próprios (ou princípios de legalidade), que podem estar normatizados, escritos ou não; cada uma delas tem uma dinâmica própria; cada uma delas corresponde a um dado aspecto e a distintos objetivos da vida humana. Cada esfera tem autonomia sobre as demais, embora elas sejam relativamente convergentes na vida social, elas podem estabelecer princípios e normas em conflito.

Essa convergência entre valores e padrões de orientação das condutas associados a distintas esferas da vida social, notadamente a econômica e a religiosa, fundamenta a tese de Weber sobre a relação entre ética protestante e espírito do capitalismo.

Entendendo espírito do capitalismo "no sentido de um estilo de vida normativo, baseado e revestido de uma ética" (WEBER, 1967, p. 37), o exame (detalhado) dos motivos da ação constata a convergência: tanto o capitalismo pressupõe racionalidade na ação, quanto o protestantismo pressupõe racionalidade, controle sobre impulsos irracionais. Isto não significa – como lembra Cohn – que não haja "tensão entre os sentidos das ações nessas duas esferas da existência" (COHN, 1979b, p. 24).

É possível fornecer um exemplo mais contemporâneo de convergência e conflito entre esferas da existência: as condições econômicas e culturais induzem a que, racionalmente, os casais tenham um limitado número de filhos, mas nessas mesmas condições o prazer sexual assumiu importância significativa, sendo valorizado por todos, desde a adolescência, e os métodos de contracepção são disponíveis em enorme variedade. Em contrapartida, na esfera religiosa, notadamente para os católicos, a utilização de métodos contraceptivos era (e ainda é) proibida, considerada um pecado. Como os católicos vão orientar seu comportamento? Restringindo o prazer sexual, observando "tabelas de fertilidade" que não são seguras, ou adotando contraceptivos e permitindo o prazer sexual, apesar da proibição católica? O conflito está instaurado entre duas esferas de existência, mas deverá ser resolvido no âmbito das ações individuais, às quais será atribuído um sentido, subjetivamente definido.

"Esferas de existência" é uma expressão utilizada por Weber para designar ambientes ou facetas da vida humana em sociedade. Logo, uma mesma pessoa atua como agente na economia, na esfera econômica, como trabalhador, proprietário, empresário, consumidor etc.; em família, na esfera doméstica, como chefe de família, de clã, pai, filho, genro, cunhado, descendente etc.; como membro de uma dada denominação, na esfera religiosa (protestante, católico, dentre outras e em diferenciados papéis); na esfera política, como cidadão, membro de partido, de um grupo político, ou investido de poderes do Estado, portanto no âmbito jurídico, submetendo suas ações às normas, sendo punido pelo seu não cumprimento etc.

Como essas esferas se apresentam simultâneas na vida dos indivíduos, ou dos sujeitos agente, são eles que as articulam em suas ações, emprestando uma dada orientação ou sentido a tais ações. Por isso, os vínculos entre as ações são subjetivos, definidos pelos sujeitos, conforme os entendem, mas com base na cultura. São esses sentidos que Weber procurou compreender e caracterizar, submetendo-os ao tratamento causal. Tal procedimento permitiu ao autor examinar as relações entre a ética protestante e o espírito do capitalismo. Para Cohn, esse recurso conceptual (as esferas) serviu a Weber para "refutar a ideia de uma determinação das diversas esferas da vida social pela econômica" (COHN, op cit., p. 25).

Todavia, a relação entre economia e sociedade é a grande preocupação de Weber, e de modo particular no que diz respeito aos possíveis vínculos entre economia e a religião. Essa relação, entre economia e sociedade, construiria um campo de conhecimento designado na expressão "socio--econômico", com características próprias. Em um artigo datado de 1904 (WEBER; apud COHN, 1979b) sobre a objetividade das ciências sociais, Weber esclarece a natureza dos fenômenos estudados sob a rubrica de "socioeconômicos".

Partindo da constatação de que a vida humana, para realização de seus objetivos e necessidades, se defronta com "a limitação quantitativa e a insuficiência qualitativa dos meios externos indispensáveis" (WEBER, 1979, p. 33), o trabalho e o relacionamento social são fundamentais para a concretização e satisfação de tais objetivos. Nesse sentido, os problemas socioeconômicos despertam interesses de conhecimento distintos, caracterizados por nuances de implicação e de sentido entre economia (fenômenos econômicos) e sociedade (fenômenos sociais).

Os objetos de conhecimento que são fundamentalmente econômicos, para os propósitos de conhecimento, são aqueles que foram criados conscientemente para essa finalidade, portanto abrangendo instituições, normas etc. Nessa categoria alguns fenômenos, como a vida religiosa, desencadeiam efeitos importantes sob "a perspectiva econômica", portanto são "economicamente importantes". Outros fenômenos não são importantes do ponto de vista econômico, mas são condicionados por condições econômicas, como o desenvolvimento das artes, etc. Weber classifica esses de "condicionados economicamente".

Na esfera do poder e da política, mais precisamente em relação ao Estado, encontram-se classificações distintas: o Estado é econômico em relação à fazenda pública, mas é "economicamente importante" em relação às medidas legais estabelecidas, as quais vão fixar normas de conduta. Mas quando examinadas as ações, nos comportamentos, inclusive entre os não econômicos, encontram-se aqueles que são economicamente condicionados.

É possível reconhecer essa gradação de implicações econômicas em toda a vida cultural, a partir do interesse de conhecimento, mas também é possível reconhecer quando se dá o processo inverso, ou seja, o desenvolvimento cultural e histórico também influi sobre a esfera econômica, tomada em sua especificidade. Dado que "o trabalho científico não é delimitado pelas relações materiais dos 'objetos' [de investigação], mas antes pelas relações conceptuais dos problemas" (WEBER, 1979, p. 40), consequentemente, não é válido assumir como ponto de partida, o predomínio de uma esfera (a econômica) sobre as demais.

Esse é o ponto central da crítica de Weber aos pressupostos do materialismo histórico: a supremacia do econômico (material) sobre os demais planos de vida, mas do mesmo modo Weber questiona a noção de dependência causal, formal ou funcional das várias esferas, bem como a dependência de um só elemento, o econômico – essa crítica, até hoje válida, é dirigida aos economistas.

A construção de tipos ideais e sua aplicação em pesquisa

Para entender determinada realidade social, é preciso resgatar o significado cultural que lhe atribuíram aqueles sujeitos que dela fizeram parte no passado, e também em conformidade com as categorias e valores dos que dela fazem parte no presente. Isso porque, de fato, são as ideias que interessam às ciências culturais, são elas que portam o sentido das ações e as condicionam. Isso significa que as conexões causais que serão investigadas e encontradas em pesquisa não serão conexões entre as coisas, mas conexões de sentido entre determinada configuração social com significado cultural (isto é, com ideias de valor) e outra configuração social dotada de significação; portanto são conexões entre conceitos e não entre as coisas. É exatamente isso que Gabriel Cohn (1979, p. 28) ensina:

> É somente através do sentido que podemos apreender os nexos entre os diversos elos significativos de um processo particular de ação e reconstruir esse processo como unidade que não se desfaz numa poeira de atos isolados. Realizar isso é precisamente compreender o sentido da ação.

Mas aqui há uma questão relevante: quanto mais importante tenha sido na história uma ideia e mais tenha orientado a conduta humana, maior a diversidade de versões ela apresenta, portanto, para compreender essa ideia com rigor conceitual, será preciso proceder a uma abstração do tipo ideal. Em outros termos, será preciso construir um instrumento que seja uma síntese daquela ideia que possa ser utilizada como modelo para comparação com a evidência empírica fornecida pela realidade em estudo.

Essa abstração (o tipo ideal) é construída pelo pesquisador, como parte dos procedimentos de pesquisa, constituindo um recurso de método, com caráter instrumental, na medida em que permite comparar e apreciar a realidade, e por isso também assume um caráter exemplar. O sentido teórico conceitual de um tipo ideal tem consistência lógica, mas também sentido pragmático, porque ao permitir comparar, indiretamente permite avaliar facetas e fragmentos da realidade empírica em análise.

O procedimento adotado por Weber para essa construção de tipos ideais era o de exagerar na apreciação de uma ação, imaginando-a inteiramente compreensível e racional, obtendo um instrumento logicamente construído para comparar com as ações reais, que nunca são inteiramente compreensíveis, mas que assim são apreendidas na sua singularidade.

Os tipos ideais são, grosso modo, generalizações em que predomina a racionalidade. Princípios como o cristianismo, o feudalismo, o capitalismo são conceitos que unem situações totalmente díspares, abstraindo elementos comuns que são levados ao extremo. Na medida em que o tipo ideal remete à racionalidade extremada de uma determinada ação ou configuração, os desvios empíricos desse modelo possibilitam ao sociólogo compreender a especificidade da ação ou configuração em foco, em seus aspectos racionais e não racionais. Construir tipos ideais, portanto, é um instrumento central à sociologia compreensiva weberiana, que figura como meio e recurso de método.

Enfim, o tipo ideal é uma construção subjetiva de uma realidade objetivamente possível, e com seu emprego a sociologia permite ao historiador determinar a significação cultural de eventos concretos. Só com o tipo ideal é possível compreender as difusas ideias que dominaram os homens de uma determinada época.

Burocracia

Para Max Weber, burocracia é focalizada como uma ordenação de poder, fundamentada em regulamentos previamente estabelecidos, fruto de um processo de racionalização da sociedade moderna, com a finalidade de assegurar a eficiência das práticas e a legitimidade das decisões.

Em um ensaio destinado à análise da burocracia na sociedade moderna, Weber (1963, pp. 229-82) lista seis características específicas da burocracia e as comenta:

I. Instaura "áreas de jurisdição fixas e oficiais, ordenadas de acordo com regulamentos, leis ou normas administrativas", o que implica:

   a. Uma estrutura governada burocraticamente compreende atividades vinculadas aos seus objetivos, as quais são regulares e distribuídas como deveres oficiais;

   b. A autoridade para dar ordens "necessárias à execução dos deveres oficiais" é delimitada, estável e sustentada por normas relacionadas ao emprego dos mecanismos de coerção, físicos, sacerdotais ou outros;

   c. A aplicação dos deveres oficiais é metódica, contínua e em conformidade com direitos estabelecidos, portanto somente pessoas qualificadas podem ser empregadas.

Para Weber, a formação da burocracia era um fenômeno encontrável no Estado moderno, no setor público como parte do governo, no setor privado como parte da administração das empresas capitalistas mais avançadas. Ao longo da história, em distintas culturas do ocidente e do oriente, as estruturas de governo tinham dimensão pessoal, mais precisamente correspondiam à confiança pessoal daquele que concentrava o poder.

II. A ordenação de cargos e atribuições, na organização burocrática, pública ou privada, resulta em um "sistema firmemente ordenado de mando e subordinação, no qual há uma supervisão dos postos inferiores pelos superiores" (WEBER, 1963, p. 230). Na verdade, esse escalonamento permite que governados recorram contra decisões arbitrárias, mas também aquele que exerce cargo superior tem sua área de competência, não cabendo a ele imiscuir-se nas áreas dos cargos que estão em nível inferior.

III. O exercício das funções se faz por meio de "documentos escritos", dando origem a arquivos, dos quais estão incumbidos os "escreventes", presentes em toda organização burocrática, tanto pública quanto privada. A divisão de funções e atribuições, com seus respectivos executores funcionários e arquivos, dá origem às repartições, ou no setor privado aos "escritórios".

Contudo, tanto a repartição quanto o escritório são unidades separadas da residência. O sentido atribuído a cada uma dessas organizações pode variar entre culturas, como por exemplo, entre americanos e europeus.

IV. Para acesso à organização burocrática, tanto no setor público quanto na empresa privada, tem sido exigido treinamento especializado, uma qualificação profissional.

V. No setor público e na empresa privada é exigida dedicação integral do funcionário durante seu tempo de trabalho.

VI. "O desempenho do cargo segue regras gerais, mais ou menos estáveis, mais ou menos exaustivas, e que podem ser aprendidas" (WEBER, 1963, p. 231). Por consequência, forma-se um conteúdo de conhecimento especializado, inclusive de caráter normativo, legal e jurídico.

Nas páginas seguintes de seu ensaio, Weber se ocupa de caracterizar vários aspectos relacionados à organização burocrática: de início, em relação à posição do funcionário, tanto no setor de governo quanto no setor privado, focalizando características dos cargos, atribuições, limites ao exercício de poder e da subordinação etc.

Depois, em relação à formação da burocracia, ele examina os pressupostos e causas da burocracia na história de distintas culturas do ocidente e do oriente, buscando os fatores que propiciaram a formação da burocracia. Nas primeiras linhas de sua análise, afirma: "O desenvolvimento da economia monetária, na medida em que uma compensação pecuniária aos funcionários é possível, é um pressuposto da burocracia" (WEBER, 1963, p. 238). Embora reconhecendo que esse processo fosse predominante em seu tempo, Weber considera que a economia monetária "não foi decisiva" na formação da burocracia. Para ele, a possibilidade de os funcionários receberem uma renda estável é uma condição presente apenas nas sociedades mais complexas, nos Estados que desenvolveram sistemas de tributos mais adequados e racionais. Portanto é nesse quadro que a burocracia se forma e se consolida.

O desenvolvimento quantitativo das tarefas administrativas constitui o próximo item da análise weberiana, e aqui ele se concentra no campo da política, no Estado e partido de massa. Após explorar a história desse processo, argumenta:

> É evidente que, tecnicamente, o grande Estado moderno é absolutamente dependente de uma base burocrática. Quanto maior o Estado é, e principalmente quanto mais é, ou tende a ser, uma grande potência, tanto mais incondicionalmente isso ocorre (WEBER, 1963, p. 246).

Todavia, ao examinar as "modificações qualitativas das tarefas administrativas", ele afirma: "A burocratização é ocasionada mais pela ampliação intensiva e qualitativa e pelo desdobramento interno do âmbito das tarefas administrativas do que pelo seu aumento extensivo e quantitativo" (WEBER, 1963).

Assim, as diversidades de exigências concernentes à vida moderna e aos direitos dos cidadãos no Estado moderno propiciam a ampliação e a diversificação das atividades administrativas, portanto da burocracia.

Quanto às "vantagens técnicas da organização burocrática", elas podem ser encontradas na elevação do nível de eficiência das atividades. Dessa maneira, o trabalho executado pelo funcionário treinado e remunerado para atividade se mostra mais adequado e menos dispendioso que aquele desenvolvido pelos cargos honoríficos (de confiança). O processo de "desumanização" da burocracia no capitalismo avançado corresponde à aplicação de critérios objetivos e racionais, que contribuem para a elevação da eficiência de todo o sistema.

A análise weberiana da organização burocrática avança dos processos, por assim dizer, endógenos da burocracia, para as implicações políticas da burocracia como sistema de poder, não somente interno ao Estado moderno, como também fundamental para cumprimento das atividades governativas, mas relativamente autônomo em face dos privilégios que fundamentaram historicamente a prática política das elites, ou o tradicional "governo dos notáveis".

Nesse percurso, o sociólogo analisa a relação entre burocracia e direito, e a concentração de poder na estrutura burocrática, na medida em que ela passa a concentrar os meios materiais de administração, um processo que representa um risco para a estrutura burocrática, porque a torna um obstáculo ao curso do personalismo político.

Na sequência, Weber focaliza a relação entre a formação de uma organização burocrática e o nivelamento das diferenças sociais.

Weber constata implicações da burocracia na diminuição das diferenças sociais, visto que "a organização burocrática chegou habitualmente no poder à base do nivelamento das diferenças econômicas e sociais" (1963, p. 260). Todavia, ele atribui um impacto "relativo" no que respeita ao significado atribuído às funções administrativas.

Dois fatores devem ser considerados: se de um lado, a burocracia significa

> a regularidade abstrata da execução da autoridade (...), que significa igualdade perante a lei, horror ao privilégio etc., de outro lado, pode haver uma "exploração econômica ou social, direta ou indireta, de uma posição, que toda atividade administrativa proporciona aos seus realizadores (Weber, 1963).

Isso significa que, embora a burocracia esteja relacionada à democratização (no sentido da eliminação dos privilégios), ela por si mesma não elimina uma elite política ou um grupo dominante que exerça poder de forma autocrática ou personalística ancorado em privilégios.

Quanto à permanência da burocracia, Weber (1963, p. 264) é taxativo: "A burocracia está entre as estruturas sociais mais difíceis de destruir", não só pelo fato de que ela se consolida ancorada nas condições históricas e culturais da sociedade moderna, mas porque ela cria os mecanismos e práticas de autopreservação, desde a presença necessária do burocrata, que conhece os meandros da administração como máquina operadora da administração, ao domínio da atividade habitual, rotineira, necessária à preservação da ordem, mesmo nos momentos de mudança política abrupta (revoluções e golpes de Estado).

Nos últimos itens de seu ensaio sobre burocracia, Weber (1963, p. 267) examina as consequências econômicas e sociais da expansão burocrática, constatando que essas consequências variam na história dos Estados, além de refletirem a "direção que os poderes que usam o aparato lhe derem". Portanto, ao examinar a posição de poder da burocracia, embora constate a expansão em todos os Estados modernos, Weber não afirma que ela efetivamente detenha poder. Na verdade, o burocrata técnico especialista sempre irá se defrontar com "o político", e entre ambos uma teia de relações complexas, nas quais a ponderam de modo significativo os critérios técnicos e os outros critérios associados aos privilégios.

Esse aspecto reflete de modo importante nos estágios de desenvolvimento da burocracia, e nesse processo o perito se tornou uma figura essencial, mas o estágio final "coube à despersonalização da direção administrativa pela burocracia, e à sistematização racional do Direito, realizar a separação entre o público e o privado, cabalmente e em princípio" (WEBER, 1963, p. 277).

No fim do ensaio, a propósito da discussão sobre racionalização da educação e treinamento, Weber (1963, p. 282) conclui:

> A estrutura burocrática é, em toda parte, produto de um desenvolvimento tardio. Quanto mais recuamos sobre nossos próprios passos, tanto mais típica se torna a ausência de burocracia e funcionalismo na estrutura de domínio. A burocracia tem um caráter "racional": regras, meios, fins e objetivos dominam sua posição (...). Por isso, em toda parte a burocracia destruiu as estruturas de domínio que não tinham caráter racional.

Estruturas típicas de dominação

Da discussão da burocracia, como forma de dominação, presente na empresa e no Estado, Weber passa a discutir outras formas de dominação, chegando aos "três tipos puros de dominação legítima", que são os seguintes: a tradicional, a carismática e a racional legal. Por dominação entenda-se o exercício de poder, porém não necessariamente autoritário, mas com assentimento do outro. Isso significa que o exercício de poder, cuja forma mais simplificada seria a de tomada de decisão sobre o outro, apesar da resistência dele, na estrutura burocrática está atenuado: não se trata apenas da "obediência", mas de uma relação social, que pressupõe reciprocidade. Por isso, Weber considera a dominação burocrática a representativa do estado democrático e da empresa moderna.

Isso significa ainda que a burocracia moderna é pautada por "funções específicas" (WEBER, 1977, p. 716) e atribuições estabelecidas por regulamentos, conforme anteriormente discutido, formando um conjunto de características, a saber: a) divisão de tarefas e atribuições, fixas, metódicas, destinadas à eficiência no atendimento às finalidades; b) normatização de origem diversa, religiosa, jurídica ou administrativa, e regulamentação de deveres e competências para desenvolvimento dessas atividades; c) em função dessa divisão ordenada de atividades, instalam-se cargos nomeados segundo princípios de competências, direitos e deveres, aos quais correspondem condutas estabelecidas. Assim, o modelo de burocracia pressupõe uma hierarquização funcional, consequentemente, na vacância de um cargo medidas de caráter estatutário ou regulamentado proverão a substituição de pessoas.

Esse modelo, comum na administração moderna, pressupõe a existência de uma modalidade específica de autoridade, a proveniente do cargo (ou posição na hierarquia) e não da pessoa que o ocupa, embora no cotidiano as duas fontes de poder e autoridade se mesclem. Desse modo, aquele que exerce um cargo e desempenha uma função no conjunto do ordenamento recebe a designação genérica de "funcionário", e em geral conta com alguma formação específica ou especializada.

Note-se que burocracia para Weber implica *ordenamento racional* das práticas adotadas, portanto o conceito não remete ao acúmulo de funções e de rotinas que, em geral, comprometem a eficiência dos serviços (máximo de objetivos atingidos com mínimo de recursos e meios comprometidos). O ordenamento das práticas implica sentidos sociais que refletem a dimensão histórico-cultural e econômica das articulações.

Consequentemente, burocracia remete a uma *estrutura de exercício de poder*, com implicações sociais, econômicas e políticas que atribuem aos casos concretos perfis especiais e, consequentemente, sentidos.

Quanto ao Estado, Max Weber (1970) o define como estrutura política, que tem o monopólio do emprego legítimo da força física em determinado território. O Estado é visto como uma relação de homens dominando homens, por meio da coação física legítima, o que significa não apenas juridicamente normatizada, mas também reconhecida. Para que o Estado cumpra suas funções de garantir a ordem e proteger a sociedade para que ela não se desfaça, é necessário não apenas o exercício do poder, mas a legitimidade, a aceitação da sociedade ou o reconhecimento.

Weber distingue três tipos ideais de estrutura de dominação, reservando para o último a designação "racional, burocrática", mas isso não significa que nos dois outros modelos "tipos" não haja a formação de mecanismos de ordenamento pelos quais o poder se exerce. Note-se que o autor não está se referindo à liderança como exercício de práticas individuais ou a maneiras pessoais de exercer poder, mas ao ordenamento, ou à estrutura.

    a. *Estrutura tradicional* ou patriarcal caracteriza-se pelo poder exercido em nome da tradição, do senhor (*dominus*, daí vem a palavra "dominação"). Trata-se do poder exercido pela autoridade da posição, tem características autoritárias (obviamente), mas também pode combinar o convencimento pela afetividade.

A dominação tradicional vem da crença na justiça e na qualidade pela qual, no passado, os antepassados resolveram seus problemas. Este tipo de exercício de poder ainda pode ser encontrado em empresas pré-burocráticas. Nelas, a promoção tem por base o favoritismo, e as regras e normas dependem da tradição ou capricho e o tempo de mandato decorre do tempo de sujeição ao "senhor".

A substituição do líder tradicional se faz pelo seu sucessor de sangue, de família, ou por ele escolhido, mediante critérios que o reproduzem no cargo (diga-se de passagem, raramente o sucessor preserva a tradição). São frases usuais no contexto da dominação tradicional: "Meu chefe age como um pai para mim", ou então, "Nós somos na empresa como uma família, você não pode me decepcionar". O leitor já ouviu ou disse algo semelhante? Pois é...

    b. *Estrutura carismática* vem da crença em qualidades excepcionais de alguém para dirigir um grupo social. Os discípulos obedecem por terem fé em suas qualidades como pessoa. Portanto, trata-se do poder como um dom pessoal (carisma) de quem o exerce. O chefe nesse caso costuma preferir ser chamado por "líder" e acredita piamente que "liderança" é um dom de nascença, mas de preferência divino. Ele tem grande capacidade de persuasão, de comando, é um estrategista e sabe utilizar da tática na condução dos conflitos, até certo ponto, desde que não signifique perda ou abalo na sua liderança. Consegue obter a colaboração de todos em seu nome, e não necessariamente em relação às tarefas a serem realizadas. Em geral ele seleciona um grupo, "o dos mais próximos" para delegar tarefas, sempre com sentido pessoal. Estabelece um sistema de vigilância, de controle dos comandados, para mantê-lo sempre informado "de tudo que está rolando". Sua sucessão é extremamente complicada, pois "ninguém" poderá substituí-lo, isto é o que ele supõe. Algumas frases usuais nesse modelo são: "Meu chefe é demais, não sei como ele consegue levar a empresa nas costas, só ele mesmo!", ou então "Você está sob minha proteção nesse departamento, aqui somos todos por um...". A dominação carismática se faz pela sedução, ela não é racional, no sentido exato do termo.

c. *Estrutura burocrática ou racional legal*, segundo Weber a forma de dominação mais adequada ao Estado e à empresa moderna. Ela encontra legitimidade na crença da justiça da lei e no reconhecimento de sua necessidade; o povo obedece às leis porque crê que elas são decretadas segundo procedimentos corretos. O governante é considerado superior porque atingiu tal posição através de nomeações consideradas legais. A liderança é substituível porque se apoia em normas e regulamentos da empresa, ou nos regimentos da administração pública, a identidade das pessoas é preservada, mas o pressuposto é o cumprimento das normas.

O poder se baseia na eficiência, nos resultados obtidos mediante práticas racionais (com relação aos fins e meios). Essa estrutura pressupõe a motivação racional (segundo regras do mercado), portanto uma carreira profissional baseada no mérito. Na relação com o exterior (contribuintes, clientes) a formalidade e o anonimato são fundamentais, ou seja, todos serão atendidos do mesmo modo (que pode ser afável); os privilégios, fora aqueles atribuídos ao mérito, são estranhos a essa estrutura. "Senhor Fulano, tendo em vista o resultado das vendas de seu departamento e conforme antes anunciado, a XYZ está proporcionando ao senhor e sua equipe um jantar comemorativo". Se você, leitor, trabalha em uma empresa assim, você tem sorte!

Ciência e política

Weber faz uma profunda distinção entre o homem da ciência e o homem político. O cientista é concebido como homem do saber, das análises frias e penetrantes. Quanto ao político, trata-se do homem de ação e decisão que é comprometido com questões práticas.

Para Weber, existem duas éticas, a ética da convicção e a ética da responsabilidade. A primeira é típica do cientista, e a segunda do político.

Não cabe ao cientista efetuar juízos de valor enquanto desenvolve sua atividade profissional. O papel do cientista é reconstituir os fatos e analisá-los conforme as exigências universais do método científico.

O que a ciência tem a oferecer ao homem de ação é um entendimento claro de sua conduta, das motivações e consequências de seus atos.

Para Weber, o cientista não tem o direito de possuir, a partir de sua profissão, preferências políticas e ideológicas. Somente como cidadão, o cientista poderia assumir posições apaixonadas em face dos problemas políticos, mas jamais deveria defendê-los a partir de sua atividade profissional.

Questões para estudo

1. Por qual motivo a sociologia desenvolvida por Max Weber é denominada sociologia compreensiva?
2. Como se explica que a construção de "tipos ideais" sirva de instrumento para análise e interpretação sociológica?
3. Na concepção weberiana para ação social e relação social, quais as implicações dos conceitos de racionalidade, eficiência e reciprocidade?
4. Como Weber explica a convergência entre valores e práticas sociais capitalistas e os originários do protestantismo calvinista?
5. Como o conceito weberiano de "esferas de existência social" permite focalizar e analisar as práticas sociais de sujeitos no cotidiano?

6. Quais as implicações do processo de racionalização das práticas sociais sobre a organização da moderna burocracia?
7. Como, na concepção weberiana para o exercício de poder, se pode distinguir legalidade e legitimidade?
8. Como Weber caracteriza estruturas típicas de dominação?
9. Quais os principais aspectos da distinção weberiana entre ciência e política?
10. Em quais aspectos da metodologia weberiana se reflete a distinção radical entre as ciências sociais e as demais ciências?

Referências bibliográficas

COHN, G. (org.). *Max Weber*: Sociologia. São Paulo: Ática, 1979.

_____. *Crítica e resignação*: Fundamentos da sociologia de Max Weber. São Paulo: T. A. Queiroz, 1979.

ROSSI, P. "Introdução". In: WEBER, Max. *Ensayos sobre metodología sociológica*. Buenos Aires: Amorrortu, 1958, pp. 9-37.

WEBER, M. *Ensayos sobre metodología sociológica*. Buenos Aires: Amorrortu, 1958.

_____. *Economía y Sociedad*. 2 vols. Fondo de Cultura Económica, Mexico, 1977.

_____. *Ensaios de sociologia* (org. H H Gerth e Wright Mills). Rio de Janeiro: Zahar Editores, 1963.

_____. *A ética protestante e o espírito do capitalismo*. São Paulo: Pioneira, 1963.

_____. *Ciência e política*: Duas vocações. São Paulo: Ed. Cultrix, 1970.

7

A globalização e suas consequências

Edílson Cândido da Silva, Fernanda Silveira Corrêa e Sirlei Pires Terra

Objetivos

1. Possibilitar ao leitor a compreensão do atual estágio do processo de globalização;
2. Compreender o processo de globalização do ponto de vista econômico nos campos comercial, de investimento, financeiro e tecnológico;
3. Compreender o processo de globalização do ponto de vista cultural.

A globalização e a nova ordem mundial

Neste capítulo, procuraremos caracterizar o processo de globalização, primeiramente do ponto de vista econômico: seus campos (comercial, de investimento, financeiro e tecnológico) e seus efeitos, de acordo com diversas visões. Em seguida, abordaremos o mesmo processo do ponto de vista cultural, compreendendo-o como um aprofundamento da modernidade, que significa o triunfo da razão e da visão científica sobre a realidade.

Por fim, apontaremos movimentos menos hegemônicos da globalização, baseados em uma cultura híbrida, na qual a consciência global consegue resgatar, em outro nível, as identidades tradicionais sem torná-las absolutas, mas também sem aniquilá-las.

O processo de produção capitalista pode ser dividido em três fases. A primeira etapa corresponde ao surgimento do capitalismo denominado comercial, a segunda fase, industrial e a terceira, que vamos tratar neste capítulo, global e tecnológico.

Comércio internacional

Como menciona Ortiz (1994), "o processo de globalização expressa um novo ciclo de expansão do capitalismo como modo de produção e um processo civilizatório com alcance mundial". Desse modo, a globalização possui diferentes âmbitos de análise, podendo ser vista sob a perspectiva de expansão econômica e também como expressão de mudanças culturais em diversas partes do planeta.

Do ponto de vista econômico, o processo de globalização pode ser compreendido, em um primeiro momento, como a intensificação das relações comerciais entre os diversos países do mundo. Em um mesmo sentido, o processo de globalização se acentua quando o comércio internacional cresce mais do que a produção mundial. Em um país que se globaliza, geralmente o crescimento do comércio exterior (exportação e importação) não é proporcional ao crescimento da produção, mas superior. O mundo, então, se torna mais globalizado quando mais produtos – e, com eles, mais pessoas – circulam por toda sua extensão.

Esse processo se expandiu no mundo capitalista, por meio da abertura comercial em diversos países, isto é, com a diminuição das taxas de importação e com incentivos à exportação; medidas inspiradas nas políticas neoliberais[1] de Margaret Thatcher na Inglaterra e de Ronald Reagan nos Estados Unidos, nos anos 1980, que visavam enfrentar a crise do modelo de Estado Keynesiano e do bem-estar-social.[2]

Outro aspecto determinante do processo de globalização foi a derrocada dos regimes socialistas do Leste Europeu, com a abertura econômica desses países e seu ingresso no mercado mundial. Desse modo, o processo de globalização se expandiu por todo o mundo.

A globalização exigiu um novo modelo de Estado nacional, baseado em uma economia aberta, e os grandes agentes desse processo foram as empresas multinacionais. Estas são as grandes responsáveis pelo comércio internacional, tanto pelos produtos que contêm elementos importados como pelo enorme volume de exportações que realizam intrafirma, entre matrizes e filiais e entre empresas associadas.

---

1 Entende-se por políticas neoliberais um conjunto de medidas que tinham como objetivo diminuir a abrangência das áreas de atuação do Estado na economia.
2 O Estado Keynesiano diz respeito ao crescente processo de intervenção do Estado na economia. O estado de bem-estar-social refere-se a políticas públicas implementadas pelos países desenvolvidos, ao longo do século XX, que tinham como objetivo ampliar as redes de proteção social da população trabalhadora.

Investimento internacional e mercado financeiro globalizado

Além do aumento do comércio internacional com as empresas multinacionais, teve início algo que é fundamental à globalização: o investimento internacional. Quando se diz em intensificação da globalização, falamos não só do aumento do comércio internacional, mas também dos investimentos internacionais. A primeira onda de investimento internacional teve início com as multinacionais; empresas que, buscando ampliar seus mercados em Estados com grandes restrições comerciais e com projetos de substituição das importações (Estados nacionais fechados), montaram filiais em diversos países. Trata-se aqui de investimentos diretos (produtivos) na economia do país no qual se instalou a filial.

O investimento internacional, propriamente dito, se globalizou quando se atrelou ao mercado financeiro. Até os anos 1970, as operações financeiras restringiam-se às operações tradicionais de crédito bancário e, sobre os bancos, havia grande regulamentação dos bancos centrais nacionais com suas políticas keynesianas de elevar o nível de emprego e renda. Não havia concorrência entre bancos de diferentes países, e o capital internacional de longo prazo era fornecido pelo Banco Mundial. Havia também limites para a aplicação em bolsa de ações de outros países.

Nos anos 1970 teve início na Europa o processo de desregulamentação do sistema financeiro, que possibilitou o recebimento de dólares acumulados pelos países exportadores de petróleo, diante do aumento do preço deste bem.

Se a desregulamentação financeira começou na década de 1970, foi apenas a partir de 1980 que se proliferou a emissão de títulos negociáveis: ações de empresas (que com isso criaram moedas sem ter de passar pelos bancos), títulos de governos (que por meio do aumento das taxas de juros atraíram investidores para suas dívidas) e até títulos das próprias instituições financeiras.

Surgiram também os derivativos, contratos futuros vinculados aos títulos financeiros. O mercado futuro de mercadoria significa uma aposta nas previsões do quanto a mercadoria vai valer no futuro. A novidade dos derivativos, no entanto, é de serem contratos futuros financeiros, e não de mercadorias. Esses papéis ampliaram bastante o mercado financeiro, propiciando o crescimento das posições especulativas, isto é, o investimento que busca o lucro no mercado financeiro e não no aumento da produção de bens e de serviços.

Nos anos 1980, intensificou-se nos Estados Unidos a desregulamentação dos mercados financeiros, o que possibilitou atrair investimentos do Japão, da Alemanha e dos países denominados "tigres asiáticos" – Cingapura, Taiwan, Coreia do Sul e Hong Kong. Nesta década, os Estados Unidos deixaram de ser os grandes credores do mundo (exportadores) e passaram a ser os grandes devedores (importadores). O déficit norte-americano – correspondente aos superávits japonês, alemão e dos tigres asiáticos – foi financiado por esses países, que reinvestiram seus dólares nos EUA, aplicando-os em títulos e ações. Tem-se, assim, um "intenso processo de interpenetração patrimonial entre as grandes burguesias industriais e financeiras das principais economias capitalistas" (COUTINHO, 1995, p. 81).

Outra novidade financeira desse período foi o surgimento de novos investidores: fundos de pensão e seguradoras cujo capital provinha da aplicação de dinheiro de famílias, trabalhadores e empresas, em troca da garantia da aposentadoria futura e do seguro dos bens e da saúde.

Como observa Martins, "no período 1980-88, enquanto o comércio mundial apenas duplicou e o fluxo de investimentos diretos no exterior cresceu três vezes e meia, o valor das transações no mercado financeiro internacional aumentou nada menos do que oito vezes e meia". (MARTINS, 1996, p. 7). Dessa forma, notamos que a unificação do mercado financeiro e a mobilidade do capital acabaram sendo o aspecto mais importante da globalização econômica, mais relevante do que o aumento do comércio internacional e do aumento dos investimentos internacionais.

Tecnologia da informação

Há ainda outro aspecto da globalização que é condição de todos os outros e o que possibilitou a unificação do mercado financeiro e a reestruturação das empresas transnacionais,[3] que conduziu à reestruturação do capitalismo sobre novas bases que não a da Segunda Revolução Industrial. Trata-se do desenvolvimento das tecnologias de informação, que acarretou a chamada Terceira Revolução Industrial.

Na década de 1970, o modelo capitalista keynesiano e do estado do bem-estar social, depois de ter levado a trinta anos de prosperidade econômica sem precedentes, a chamada idade do ouro, na qual o Estado exerce funções no planejamento, no controle de preços, na elaboração de políticas industriais, de comércio exterior e sociais, além de exercer o controle sobre o sistema financeiro, atingiu suas limitações, gerando dez anos de crise, caracterizados por estagnação e inflação.

Nos anos 1980, o capitalismo, no entanto, conseguiu se reestruturar, isto é, alcançar estabilidade de preços e incremento da produtividade por meio da inovação tecnológica e da flexibilização da produção e do trabalho.

As inovações tecnológicas, ao penetrar nas estruturas industriais das principais economias capitalistas, asseguraram a continuação de fluxos de investimento privado na produção. Com base na tecnologia das indústrias de computadores, das telecomunicações, da eletrônica de consumo, constituiu-se um complexo eletrônico, densamente articulado por tecnologias da informação, que se incorporou amplamente em todos os setores da economia. A principal força desse processo foi a velocidade de redução dos preços, com a espetacular queda do custo de processamento, a partir da produção em larga escala de "chips" cada vez mais poderosos a preços cada vez menores, e a consequente redução de preços sem paralelo na história econômica mundial (COUTINHO, 1995, p. 71).

---

[3] Utiliza-se a expressão transnacional para denominar empresas que atuam em várias partes do mundo. O que há de diferente em relação às multinacionais é que estas ainda mantem vínculos com o país de origem.

Reestruturação do capitalismo: Tecnologia da produção

Como as inovações tecnológicas possibilitaram a reestruturação do capitalismo? Em primeiro lugar, houve um notável crescimento quantitativo das indústrias relacionadas à informática, de alta tecnologia e de telecomunicações. Em segundo lugar, os processos de produção industrial foram amplamente transformados quando o complexo eletrônico se fundiu às indústrias de máquinas e equipamentos, que vinham sofrendo um processo de automação mecânica. Computadores e microprocessadores passaram a programar e controlar o sistema de máquinas, permitindo a otimização em bases muito mais eficientes do controle e da automação industrial. Foi possível também, por meio de computadores e microprocessadores, a programação da própria produção, que pôde se tornar customizada, isto é, sob encomenda, de acordo com a demanda e preferência do cliente. Dessa forma, as fábricas foram transformadas "num complexo inteligente, capaz de aprender e se ajustar" (COUTINHO, 1995, p. 74). A produção tornou-se flexível, customizada, sem perder a economia de escala.

Tecnologia da inovação

Além do desenvolvimento de tecnologias voltadas à produção, a competição e a busca de lucro no capitalismo global levaram as empresas a desenvolverem formas mais ágeis para capturar as inovações tecnológicas. Para isso, foram instituídas inovações nos campos gerenciais e sociais, inclusive de redes internas computadorizadas que possibilitaram a coordenação geral das fábricas. As inovações gerenciais, que buscam manter um constante fluxo de mudanças, apoiaram-se na cooperação, coordenação, treinamento e formação da mão de obra, descentralização das responsabilidades com participação dos trabalhadores, interação das áreas de pesquisa e o desenvolvimento com áreas de produção e marketing e, por último, a diferenciação dos produtos de acordo com a preferência dos usuários. A coordenação e a comunicação também foram possíveis graças à constituição de uma rede computadorizada interna que unificou todos os setores. Os processos de automação flexível e de aproveitamento das inovações exigiram também trabalhadores mais qualificados, capazes de interagir de forma criativa com todo o sistema: com os programas, computadores, equipamentos e trabalhadores de outras áreas.

Todas essas mudanças de produção – automação flexível e customizada; preços cadentes; ampliação da comunicação e coordenação por meio de redes internas computadorizadas capazes de interligar produção, finanças, comercialização, pesquisa e desenvolvimento, fornecedores e clientes – constituíram o que foi chamado de toyotismo, em oposição ao fordismo que significou a produção em massa, característica do início do século XX.

Organização de grupos de empresas

Para potencializar a capacidade de inovação, as empresas também passaram a se organizar em grupos multisetoriais dinâmicos. Esses grupos incluem as indústrias do complexo eletrônico, microeletrônica, informática, telecomunicação, nanotecnologia e as indústrias de tecnologia madura como, por exemplo, a automobilística e a petroquímica; portanto, as indústrias que colaboram tecnologicamente com o desenvolvimento, também compartilham seus riscos. Fazem parte desses grupos, bancos que financiam em longo prazo estas pesquisas.

As empresas transnacionais têm formado oligopólios (detentores do controle da maior parcela do mercado) cada vez mais fortes e globais por meio de aquisições e fusões. A cooperação intragrupo, fundamental para o surgimento de inovações e enfrentamento dos riscos, torna tais grupos capazes de competir com outros grupos, na base da qualidade e da liderança inovadora. As bases da competitividade hoje remetem, portanto, à capacidade de coordenação e cooperação interna de enfrentar riscos e de colher benefícios das inovações.

Dimensão sistêmica da competitividade

A competitividade exige também uma dimensão sistêmica, isto é, uma interação das empresas privadas (seus centros de pesquisa e desenvolvimento) com instituições públicas de ciências aplicadas, centros de pesquisa e universidades. Essa interação é capaz de conduzir a inovações radicais, como se observa hoje, a competitividade não depende de fatores e recursos naturais, mas do investimento em inovação. Por isso, os Estados nacionais têm tido como sua maior preocupação não a proteção social e o interesse público, mas o apoio à produção e à competitividade, para que os países possam aproveitar as oportunidades do mundo globalizado, obtendo mais lucro e produtividade (COUTINHO, 1995).

O capitalismo atual é um capitalismo de alianças. As empresas transnacionais, por exemplo, com suas fusões, aquisições e crescimento, chegam a ter um Produto Interno Bruto comparável ao de alguns países e tendem a crescer ainda muito mais, na medida em que investem em inovação. Se, por um lado, elas ameaçam a soberania dos Estados nacionais; por outro, se estes querem aquecer sua economia aumentando a produtividade, não podem prescindir delas. Elas trazem investimento internacional (direto e indireto), aumentam o comércio internacional e estabelecem na sociedade em que se instalam padrões de competitividade (produção flexível e inovação) fundamentais no mundo globalizado. As empresas transnacionais cada vez mais percebem que seu sucesso depende da capacidade de interagir de forma harmônica com o Estado nacional e a sociedade. Seu sucesso depende de alianças e de um ambiente propício à inovação (FRANCO, 1999).

Visões neoliberal, desenvolvimentista e da exclusão social

Depois de compreendermos a globalização como condição e efeito dessa nova reestruturação da economia capitalista, façamos um pequeno balanço de seus aspectos positivos e negativos. Essa análise parte de três pontos de vista diferentes: primeiro, da perspectiva daqueles que julgam a globalização um bem – os neoliberais, que consideram a desregulamentação e a eliminação das barreiras comerciais e financeiras entre os Estados, a fim de alcançar a liberdade econômica, a melhor forma de aumentar a riqueza e diminuir as desigualdades sociais ou, pelo menos, de melhorar a vida de todos; daqueles que lutam e defendem um comércio liberalizado, com governos retirando da frente barreiras que possam prejudicar a livre circulação de dinheiro e capital. Segundo, da visão dos desenvolvimentistas, daqueles que consideram essa nova reestruturação do capitalismo benéfica, porém apontam a importância de um Estado forte que estimule a competição para que sejam alcançados esses benefícios e não haja concentração de renda. E, terceiro, daqueles que consideram essa nova estrutura do capitalismo globalizado não um fruto do desenvolvimento tecnológico das telecomunicações e do transporte, mas uma estratégia geopolítica imposta pelo poder hegemônico americano que sucateia os projetos nacionais independentes, propicia a concentração do capital, a intensificação da exploração do trabalho e a criação de subclasses sociais, compostas pela população excluída da sociedade global.

Visão neoliberal

O neoliberalismo ganha força quando as políticas do bem-estar social, baseadas nas teorias de Keynes (desenvolvimentistas), mostram sinais de desgastes e os Estados capitalistas deixam de crescer.

Após a crise econômica do mundo capitalista de 1929, a teoria liberal clássica e o papel do Estado foram revistos, principalmente no que se refere às políticas públicas. Essa nova fase foi inaugurada pelas teorias desenvolvidas pelo economista, filósofo e jurista inglês John Maynard Keynes (1883-1946). O sistema keynesiano propunha uma intervenção maior do Estado nos negócios, com o objetivo de controlar as forças econômicas, além de assegurar a eficácia dos direitos sociais, oferecendo de forma efetiva serviços como previdência, educação e saúde. Os neoliberais se fortalecem mostrando os efeitos maléficos dessa intervenção estatal para o crescimento da economia.

Os neoliberais defendem a modernização e o avanço da globalização e mostram as enormes vantagens do livre comércio. Para eles, o crescimento da economia mundial e a expansão igualmente intensa do comércio internacional criam oportunidades para todos os países – ricos, emergentes e pobres. Se, por um lado, em alguns setores, a globalização causa a destruição de empregos, quando, por exemplo, as fábricas e os serviços se transferem de um país rico para um país mais pobre em busca de melhores vantagens como mão de obra mais barata, incentivos governamentais, mercados consumidores, acesso facilitado às matérias-primas e fontes de energia; por outro lado, é possível ver a criação ou o revigoramento do mercado de trabalho com novos empregos, principalmente quando se trata dos setores de bens de serviços.

Dentro do contexto neoliberal, com o crescimento industrial de uma determinada região, tudo ali se beneficia dos ganhos de riqueza: os salários sobem, as cidades melhoram, aparecem casas e restaurantes melhores, os proprietários cobram mais caro por aluguéis e serviços, até que a potencialidade se esgota. Nesse momento, ou a região se reinventa, ou volta um pouco para trás.

O desenvolvimento do capitalismo e da globalização levou a um aumento dos postos de trabalho no mundo. A lógica da concorrência entre as empresas, na busca de maiores lucros, estimulou a produção com mais qualidade e menor preço. O aumento da produtividade e a capacidade de reestruturação do capitalismo possibilitaram, também, por sua vez, o aumento dos postos de trabalho – por exemplo, a absorção das mulheres no mercado – e dos salários.

Ainda segundo essa lógica, o Estado não deve interferir na produção e no sistema de preços. Os preços tanto dos salários como dos produtos devem ser naturais, e não artificiais, isto é, não devem ser impostos pelo Estado.

A abertura do comércio internacional é vista como vantajosa porque o incentivo à exportação expande o mercado e amplia os negócios, e o aumento da importação, além de proporcionar à população acesso a uma quantidade maior de produtos, normalmente mais baratos, estimula o desenvolvimento e a modernização das empresas nacionais na busca da produção com mais qualidade, cada vez mais de acordo com a preferência do cliente (customizados) e com menores custos. Além disso, a importação traz também novas tecnologias, por exemplo, com a abertura econômica na década de 1990, o Brasil pôde modernizar seu parque industrial.

Os neoliberais veem a liberdade de entrada de investimentos diretos exteriores como meio das empresas transnacionais aquecerem a economia do país e estimularem o potencial de inovação tecnológica.

Por último, a abertura do fluxo de capital financeiro é considerada fundamental para o aumento da produtividade e do ciclo de inovações. Consideram que o mercado financeiro funciona como uma arbitragem internacional, organizando todas as informações pertinentes para antecipar o futuro, no qual são ponderados os riscos e se chega a um preço único internacional dos títulos comercializados. Assim, a abertura do mercado financeiro não só possibilita a entrada de dinheiro para ser investido no país como também ajusta os valores levando em conta os riscos e possíveis vantagens futuras.

Pode-se perceber que, com essas atitudes, os neoliberais deixam bem evidente que não há lugar para a ação econômica do Estado, que deve somente garantir a livre concorrência entre as empresas e o direito à propriedade privada quando esta for ameaçada. Os neoliberais retomam a proposta do Estado minimalista, ou seja, a não preocupação com saúde, educação, previdência social. Suas ações se restringem ao policiamento, à justiça e à defesa nacional.

No Brasil, na história mais recente, principalmente nos governos de Fernando Collor e Fernando Henrique Cardoso, o termo "neoliberal" foi associado à política da abertura econômica, das privatizações, da flexibilidade do trabalho, da colocação do indivíduo dotado de direitos como novo vilão das agruras sociais, pelos críticos de posição de esquerda, que qualificavam essas e outras medidas como "entreguismo", ou seja, a "entrega" das riquezas da nação e do destino do país às potências estrangeiras.

Devemos, então, considerar que os conceitos de neoliberalismo e globalização estão intimamente ligados, pois ambos irão fomentar por meio de diversos mecanismos monetários – como, por exemplo, valorização cambial – o consumismo. Os capitais, os produtos e serviços fluem freneticamente pelo mundo. Ao Estado, seu papel é apenas passivo, isto é, é chamado somente quando há necessidade de intervir em algumas negociações, para evitar desequilíbrios financeiros.

No entanto, se o pensamento neoliberal conduziu, no final do século XX e início do XXI, a política dos Estados desenvolvidos, na crise financeira devastadora das economias avançadas de 2008, todos os Estados dos países desenvolvidos tomaram medidas extraordinárias, monetárias e fiscais para evitar um colapso de toda a economia, o que foi bem-sucedido. Em 2008, foi um consenso a necessidade de os Estados intervirem na economia, evitando uma depressão com altíssimos custos sociais. Voltaram à cena as ideias de Keynes (desenvolvimentista), que propõe a intervenção do Estado para controlar as forças econômicas.

Visão desenvolvimentista

Keynes, como comentado acima, criticou a visão liberal, apontando os custos sociais do livre desenvolvimento econômico e a necessidade da intervenção do Estado para que todos pudessem usufruir da riqueza produzida. Criticou o *laissez-faire*, lema dos economistas clássicos. Sua crítica se fez nos seguintes termos:

> Este é um método para elevar ao topo os negociantes melhor sucedidos, mediante uma luta cruel pela sobrevivência, que seleciona os mais eficientes. Não se leva em conta o custo da luta, mas apenas os lucros do resultado

final, que se supõe serem permanentes. Como o objetivo é colher as folhas dos galhos mais altos, a maneira mais provável de alcançá-los é deixar que as girafas com os pescoços mais longos façam morrer à míngua as de pescoços mais curtos (KEYNES, 1978, p. 116).

Keynes apresentou, na primeira metade do século XX, outro caminho para a tendência liberal, que conduziu à política do Estado do bem-estar social, um estado administrativo que assegura os direitos sociais. As ideias de Keynes possibilitaram no mundo capitalista uma resposta às pressões das classes trabalhadoras, promovendo, por meio do Estado, seu bem-estar social. Foram os anos de ouro no mundo desenvolvido, principalmente na Europa, nos quais o crescimento econômico se aliou ao desenvolvimento social. Com a estagnação do crescimento econômico no mundo capitalista, atribuída aos altos custos do Estado com o bem-estar social, alinhada à queda do muro de Berlim e ao fim da União Soviética, voltam à cena as ideias liberais, embasando, como vimos, o processo econômico da globalização. Mas, mesmo com a globalização e o predomínio das ideias neoliberais, os desenvolvimentistas sempre defenderam o pensamento keynesiano.

Os desenvolvimentistas, diferente dos defensores incondicionais da globalização e da liberalização total da economia, consideram a globalização e o sistema de mercado a forma mais eficiente de geração de riqueza, mas são críticos à forma como os países emergentes, como o Brasil, inserem-se no mercado mundial. Acreditam que o capitalismo global só pode gerar seus frutos, maior produtividade e competitividade, caso exista um Estado forte, com políticas de desenvolvimento capazes de criar uma dimensão sistêmica competitiva, e parceiro no risco. Segundo essa corrente, o enfraquecimento do Estado impede o desenvolvimento da "tecnologia da informação".

No Brasil, o desenvolvimentismo está diretamente ligado aos governos que vieram a partir de l950, principalmente dos presidentes Getúlio Vargas e Juscelino Kubitschek, respingando no governo de João Goulart, quando o economista Celso Furtado, principal nome dessa corrente político-econômica, ministro do Planejamento, elaborou o Plano Trienal, por entender que com inflação crescente, déficit público fora de controle e balanço de pagamento estrangulado não poderia haver crescimento. No entanto, muito criticado à época, deixava claro: a estabilidade era importante, mas não poderia ser o epicentro da política econômica nem um fim em si mesma.

Parte-se, então, do pressuposto de que a o desenvolvimento da nação só ocorreria à medida que houvesse um resgate na autoestima e no orgulho popular, elementos geradores de transformação. Nesse contexto, sem dúvida, a liderança do Estado seria imprescindível para produzir reformas que caracterizassem o desenvolvimento nacional.

Retornando à questão da "tecnologia da informação", os desenvolvimentistas consideram um equívoco a ideia de que a mesma se desenvolveu a partir da liberdade de mercado. Ao contrário, desenvolveu-se a partir de um enorme financiamento do Estado nas áreas militares (o próprio computador originou-se do esforço do estado americano em decifrar códigos dos inimigos na Segunda Guerra Mundial), fato que mostra que, para haver desenvolvimento tecnológico e para se agregar valor à produção e tornar-se independente das tecnologias dos países desenvolvidos, é necessária a presença do Estado.

Críticos do modelo de abertura econômica brasileira ocorrida nos anos 1980 consideram que esse processo provocou a desestruturação da cadeia produtiva porque alguns elos dessa cadeia foram substituídos por produtos importados. A abertura econômica teria provocado também a falência de empresas nacionais, devido à concorrência com um similar importado, e transferiu a propriedade das empresas nacionais (públicas ou privadas) ao capital estrangeiro, sem nenhum incremento produtivo (as empresas estrangeiras compraram as nacionais, sem que aumentassem o investimento e a produção) e com aumento da remessa de lucro para fora do país.

Os desenvolvimentistas diferenciam também a arbitragem e a especulação no mercado financeiro, mostrando que, se a arbitragem é benéfica, pois revela informações necessárias à constituição de um preço universal, a especulação apenas interfere negativamente na produção. A liberdade dos fluxos de capital deixa o país vulnerável a ataques especulativos, que por sua vez causam crises cambiais (desvalorização da moeda) e acabam tendo efeitos negativos na produção, afetando de forma perniciosa a vida de famílias, empregados, empresas e da sociedade em geral, que nem sequer tem envolvimento direto com o mercado financeiro. Por esse motivo, os desenvolvimentistas defendem maior controle do Estado sobre o mercado financeiro.

E, por fim, consideram que a ampla abertura comercial tira poder do Estado, que, submetido aos interesses privados das grandes corporações, acaba minando o espaço público e a democracia. O povo perde sua soberania, isto é, o poder de controlar e de determinar seu próprio destino, já que seus representantes eleitos perdem poder de ação.

O modelo desenvolvimentista defende a intervenção do Estado em três dimensões:

1. Para estabilizar as crises cíclicas das economias de mercado, expediente que, apesar de todas as críticas feitas à visão keynesiana pelos defensores do livre comércio globalizado, foi utilizado por todos os governos para evitar um colapso com enormes custos sociais, na crise financeira de 2008;
2. Nos países não desenvolvidos, com economia primário-exportadoras, liderar o desenvolvimento da industrialização, considerado o melhor caminho para a solução dos problemas sociais; neste sentido, para os desenvolvimentistas, o caminho para sair da atual estagnação da economia, seja brasileira, seja mundial, é o aumento dos gastos públicos, especialmente na infraestrutura, que serão o motor de arranque da economia;
3. Prover uma rede de proteção social. A esse respeito, vale lembrar o trabalho de Thomas Piketty, *O capital no século XXI*,[4] que mostrou como a economia capitalista contemporânea nas últimas décadas promoveu – nos Estados Unidos, no Japão e em vários países da Europa – a concentração de renda e de riqueza nas mãos dos extremamente ricos: dos 1% mais ricos, dos 0,1% mais ricos e, sobretudo, dos 0,01% mais ricos. O autor também demonstrou que, se no século XX houve uma desconcentração da riqueza e a diminuição da desigualdade social, a

---
4 Rio de Janeiro: Editora Intrínseca, 2014.

tendência atual do capitalismo é a reconcentração da riqueza, pois o retorno do capital é superior ao crescimento da renda, e se o capitalismo for deixado ao seu próprio curso, voltaremos ao padrão de distribuição de renda e estratificação social do século XIX. Dessa forma, é papel do Estado refrear essa tendência perversa, concentradora de riqueza, do capitalismo financeiro contemporâneo (Resende, 2015).

Visão crítica: A globalização como causa da exclusão no mercado de trabalho

Dando continuidade às nossas discussões sobre a globalização, os defensores da terceira visão sobre a reestruturação da economia capitalista fazem uma avaliação bem mais sombria dela. Consideram essa fase do capitalismo como uma sobreposição ilimitada do capital sobre o trabalho, do desmantelamento dos contratos sociais entre o capital e o trabalho conseguidos a duras penas no estado do bem-estar social. Trata-se de uma submissão integral à tutela internacional, à tutela de uma aliança entre o Tesouro Americano, organismos financeiros e as elites brasileiras formadas pelas velhas lideranças políticas e empresariais ligadas às finanças internacionais.

O toyotismo, processo de reprodução ampliada do capital em escala global, com seu novo padrão de racionalidade, a flexibilidade, nada mais fez do que potencializar a exploração dos trabalhadores. A flexibilização do trabalho, nessa abordagem, significa para os trabalhadores sem qualificação a perda de seus direitos, com salários ínfimos, longas jornadas e aceleração do ritmo de trabalho e a perda de todas as suas proteções trabalhistas e previdenciárias. Significa, portanto, subemprego.

Por que os trabalhadores aceitam essa situação? Porque no capitalismo global o processo de acumulação flexível desorganiza suas estruturas sindicais e impõe à sociedade um desemprego estrutural.

Nas sociedades surgem, em todos os cantos, subclasses sociais compostas de uma mão de obra desempregada, de qualificações menores e limitadas, submetida ao acaso das conjunturas; um exército de reserva industrial de trabalhadores que migram de cidade a cidade atrás de emprego e melhores condições de vida.

Desse ponto de vista, a economia global produziu "buracos negros" de miséria humana. Esta surgiu nos países que hoje não despertam interesse do capital financeiro por não apresentarem perspectiva de alta rentabilidade nem garantirem a mobilidade do capital. Esses países, na época da Guerra Fria[5] (1946-1989), pelo menos estrategicamente, interessavam às grandes potências e, portanto, recebiam alguma proteção. São a maioria dos países africanos, alguns da América Latina e da Ásia.

Conforme Milton Santos (2000), estados nacionais se fragilizaram acentuando problemas causados pelo endividamento e aprofundamento da desigualdade social. Dessa forma, a miséria surgiu também em regiões de países emergentes e, nos países desenvolvidos, em guetos e subclasses formadas por imigrantes. Segundo este autor, vivemos uma terceiro-mundialização do primeiro mundo, com a criação de subclasses paupérrimas, miseráveis, no centro do mundo desenvolvido. Esse fato determina conflitos, primeiramente entre empregados e desempregados/subempregados e, posteriormente, intensificados pelo racismo, intolerância religiosa, cultural e todo tipo de preconceito e violência.

Portanto, nessa visão, apenas a organização daqueles excluídos pela própria globalização poderá conduzir a uma globalização efetivamente benéfica. Por enquanto, o modelo atual de globalização apenas intensificou a exclusão social em suas várias dimensões, e, no caso do Brasil, alterou suas estratégias de desenvolvimento submetendo-se às políticas neoliberais. Segundo Milton Santos (2000), isso levou a uma falta de atuação adequada do governo e aprofundou também as desigualdades territoriais já existentes.

---

5 A Guerra Fria foi um período histórico de disputas estratégicas entre os Estados Unidos e a União Soviética pela hegemonia política, econômica e militar do mundo.

Novo panorama econômico, social e cultural

É certo que, nas sociedades industriais, da passagem do século XVIII para o XIX, o que se via era um sistema centralizado na produção de bens materiais. Diferentemente nas sociedades pós-industriais, do final do século XX e início do XXI, se constata a produção de bens não materiais, tais como a estética, novos desenvolvimentos da ciência, novas tecnologias, novos valores e novos símbolos. Uma das principais funções das sociedades industriais era a de reproduzir e afirmar os ciclos de produção, venda, troca, consumo de bens. Não que esse fenômeno tenha finalizado, mas hoje se trabalha, também, na projeção do futuro, em função dos serviços informais, alternativos, da intelectualidade e da criatividade. A criação de valor tem se transferido do investimento físico para a imaginação e a criatividade. Com a internet, cada vez se tem mais acesso à informação, ao conhecimento, à educação e ao entretenimento.

O que prevalece no mundo contemporâneo são as várias transformações sociais, políticas, econômicas, mentais que se tornam mais explícitas. Algumas destas análises apontam para a direção de continuidade de formas de vida e de trabalho, modos de ser, agir, sentir, imaginar. Já outras modificações indicam caminhos de ruptura, descontinuidade, imprevisto e contraposições, como a modernidade e a pós-modernidade, realidade e virtualidade, a universalização e a fragmentação, a globalização e a diversidade.

A globalização traz para os indivíduos novas formas de pensamento, vivências, trabalhos em relação à sociedade que estes estão inseridos. Há novas identidades culturais, antes indiscutíveis, agora móveis, abaladas por ações e experiências vivenciais diversas. As fronteiras ideológicas e até territoriais tornam-se elásticas e insólitas; configurações sociais consolidadas, como, por exemplo, alguns valores sociais, modificam suas características. Tudo isso acontece com consequências positivas e negativas para a sociedade como um todo.

A globalização do ponto de vista cultural

No contexto anteriormente mencionado, a expansão do intercâmbio econômico, dos bens materiais, entre as nações veio acompanhada da expansão do intercâmbio de ideias, de valores e, portanto, de bens culturais.

Assim como na economia a globalização não diz respeito apenas à expansão das trocas (ao comércio), mas também à constituição de um padrão de produção, no que diz respeito aos bens culturais também a globalização não se caracteriza apenas por um aumento dos intercâmbios culturais, mas pela constituição de uma cultura global, forjada com referências culturais mundializadas.

A globalização, por um lado, consiste em um aprofundamento da modernidade, isto é, do projeto de racionalização, abstração e desterritorialização da cultura e, por outro lado, da construção de referências culturais globalizadas, da construção de uma memória coletiva baseada no consumo dos produtos globalizados (ORTIZ, 1994).

A desterritorialização e a constituição de uma memória coletiva global

No mundo globalizado, aprofundando o processo de desterritorização, são criados "espaços vazios de conteúdos particulares":

> Locais anônimos, serializados, capazes de acolher qualquer transeunte (...). Espaço que se realiza enquanto sistema de relações funcionais, circuito no qual o indivíduo se move. (...) Espaço impessoal, no qual o indivíduo se transforma em usuário, isto é, alguém capaz de decodificar a inteligibilidade da malha que o envolve (fazer compras, passear, tomar um avião, ir ao trabalho) (ORTIZ, 1994, p. 107).

Assim são os aeroportos, os *freeshops*, os hotéis e lojas de serviço internacionais, os shopping centers, os parques turísticos, enfim, as cidades modernas: funcionais e impessoais.

Cria-se um espaço abstrato, racional. Mas, como afirma Renato Ortiz "enquanto pura abstração, o espaço, categoria social por excelência, não pode existir. Para isso ele deve se localizar, preenchendo o vazio de sua existência com a presença de objetos mundializados. O mundo, na sua abstração, torna-se assim reconhecível" (Op. cit., p. 108).

Quais são os objetos mundializados que tornam o mundo reconhecível e familiar para nós? Os objetos de consumo oferecidos pelas empresas transnacionais, veiculados pela mídia e pelas redes sociais. Produtos que quando encontrados e reconhecidos, tornam qualquer lugar do mundo familiar, como, por exemplo: os celulares, os computadores, os games, os automóveis, as roupas de marca, os restaurantes com comidas típicas tornadas globalizadas, tudo aquilo que aprendemos a consumir por meio da mídia e das redes sociais.

No anonimato das grandes cidades o consumo desses objetos globais cumpre a função de integração. O universo do consumo surge como lugar privilegiado da cidadania e não conhece fronteiras nacionais.

Na sociedade de consumo, portanto, são forjadas referências culturais globalizadas que se tornam uma memória coletiva internacional; memória que faz o mundo global, abstrato e racional, tornar-se próximo e familiar. A publicidade, a mídia e as redes sociais, por sua vez, nos ensinam a reconhecer estes objetos globais e a consumi-los. A mídia e as empresas transnacionais cumprem esse papel de nos socializar, cumprem funções pedagógicas na construção dessa memória coletiva que dá referências às nossas identidades.

O consumo, por sua vez, passa a diferenciar os diversos grupos sociais. A desterritorialização ampliada pelo processo de globalização e a integração realizada pelo consumo distanciam os consumidores dos grupos marginalizados, excluídos do mundo do consumo.

Resistência à homogeneização global

Em oposição ao processo de homogeneização e massificação propiciado pela globalização, encontramos um processo também propiciado pelo desenvolvimento da tecnologia da informação e dos meios de comunicação, principalmente pela internet, de uma forte resistência à homogeneização e até mesmo ao modelo do consumo. Por exemplo, se por um lado, o processo de globalização e diferenciação dos grupos por meio do consumo intensifica o preconceito étnico, dirigido ao enorme contingente de pessoas que migram para o centro no mundo globalizado, como Estados Unidos e Europa, em busca da inclusão na sociedade global; por outro e como defesa ao racismo e a exclusão, os migrantes, de forma bastante ortodoxa, resgatam sua raiz étnica e sua tradição.

O mesmo ocorre em nações que resgatam suas etnias ou religião, seja devido à exclusão das relações de troca internacionais, seja por oposição a um Estado nação que anteriormente as unificaram, seja por mera resistência ao capitalismo global. Resgatam a identidade local, o nacionalismo étnico, alimentado por ideias de "pureza racial", e a ortodoxia religiosa, como resistência ao modelo global.

Encontramos, portanto, no mundo globalizado uma intensificação das culturas nacionais e locais e de todo particularismo.

Por outro lado, surgem também outras formas de identificações culturais, híbridas, que retêm forte vínculo com a tradição, pessoas que não são assimilados pela cultura global, mas que constantemente negociam com essa cultura e que não têm a ilusão de retorno ao passado (HALL, 2003).

Podemos concluir que o processo de globalização, por ser um fenômeno econômico, cultural, político e social, requer diferentes ângulos de análise que suscitam reflexões conflitantes sobre os avanços e retrocessos da sociedade atual. E mais, como bem coloca o Fórum Internacional sobre Globalização, uma aliança mundial, criada em janeiro de 1995, em sua Declaração de Princípios postula que a criação de uma ordem econômica internacional mais justa – baseada na democracia, na diversidade cultural e na sustentabilidade ecológica – exige novos acordos internacionais que coloquem as necessidades da população, das economias locais e do meio ambiente acima dos interesses das corporações internacionais.

Portanto, a troca de ideias, de conhecimento e de informações, propiciada pelo mundo globalizado, estimula uma nova consciência ecológica e uma oposição a um pensamento puramente economicista e a um modelo consumista de vida. Essa mudança propiciou também uma crítica à obsessão pelo crescimento material e à ênfase no consumo supérfluo.

Como vislumbramos debates em todos os níveis de conhecimento e em quaisquer situações, fez-se necessário colocarmos os efeitos positivos e os negativos em relação à globalização.

Em relação aos positivos, podemos indicar o progresso técnico-científico que oferece possibilidades de emancipação até então desconhecidas, a cooperação internacional, que poderá resolver as condições materiais de extrema pobreza e de marginalização dos países periféricos, bem como maior consciência para a explosão demográfica, a democratização política, a internacionalização dos movimentos sociais até então restritos aos países desenvolvidos e o dinheiro, produtos e pessoas, como num passe de mágica, são reinstalados em qualquer lugar.

Em contrapartida, os inimigos da globalização acabam trazendo os aspectos negativos da mesma, como o poder de fogo do Estado nacional que parece definhar, um proletariado cada vez mais enfraquecido e com menos possibilidade de agir como entidade política coesa, o aumento da pobreza, a persistência da fome, desrespeito com o meio ambiente, o aquecimento global, catástrofes naturais, extinção de algumas espécies de animais, desemprego, tráfico de drogas, de armas e de pessoas, crise econômica sistêmica, recrudescimento da economia mundial.

Desejamos que, a partir da leitura deste capítulo, sejam fornecidos ao leitor elementos viáveis para enfrentarmos as mazelas e desafios do que hoje, mais do que ontem, passou a ser chamado de globalização.

Questões para estudo

1. Do ponto de vista econômico, qual é o papel do comércio, dos investimentos financeiro e tecnológico, no processo de globalização?
2. Como as inovações tecnológicas contribuíram para a implementação do processo da globalização, no que diz respeito à flexibilização da produção e do trabalho, e a consequente reestruturação produtiva e organizacional?
3. Quais os fatores de crescimento do capital especulativo nos anos de 1980?
4. Identifique as características da globalização do ponto de vista dos liberais, dos desenvolvimentistas e de seus críticos.
5. Cite exemplos que demonstram o aspecto cultural da globalização, bem como as contradições existentes no processo de resistência à homogeneização global.
6. A globalização é um movimento de homogeneização ou de diferenciação entre culturas e regiões? Explique incluindo exemplos.
7. Nos gráficos abaixo é possível perceber um grave problema que aflige boa parte do mundo, subnutrição/fome, agravado, em parte, pelo processo de globalização da economia. Debata com seus colegas e, em seguida, escreva suas conclusões.

Gráfico 1 A subnutrição no mundo (2010-12, milhões)

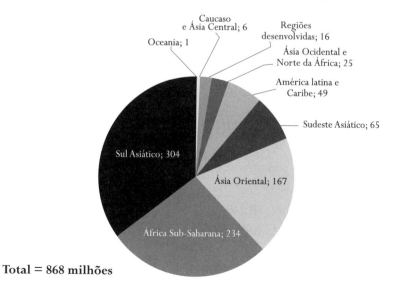

Total = 868 milhões

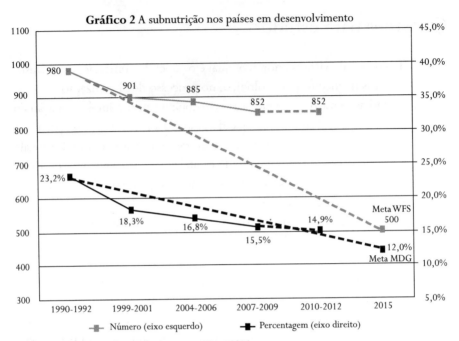

Gráfico 2 A subnutrição nos países em desenvolvimento

Fonte: www.noticiasagricolas.com.br. Acesso em: 27 set. 2016.
As linhas pontilhadas do Gráfico 2 correspondem à Meta de Desenvolvimento do Milênio de reduzir para metade o número de subnutridos até 2015.

8. De que modo podemos considerar que os efeitos da globalização acabaram produzindo mudanças na oferta de emprego na sociedade contemporânea?

Referências bibliográficas

BARBOSA, A. F. *O mundo globalizado*: Economia, sociedade e política. São Paulo: Contexto, 2003.

CAMPOS, R. *O século esquisito*. Rio de Janeiro: Topbooks, 1990.

CANUTO, O.; LAPLANE, M. Especulações e instabilidade na globalização financeira. *Economia e Sociedade. Revista do Instituto de Economia da UNICAMP*, Campinas, n. 5, dez. 1995.

CASTELL, M. *A sociedade em rede. A era da informação:* Economia, sociedade e cultura, vol.1. São Paulo: Paz e Terra, 1999.

CHESNAIS, F. A globalização e o curso do capitalismo de fim-de-século. *Economia e Sociedade. Revista do Instituto de Economia da UNICAMP*, Campinas, n. 5, dez. 1995.

COUTINHO, L. A Terceira Revolução Industrial e tecnológica: as grandes tendências de mudança. *Economia e Sociedade. Revista do Instituto de Economia da UNICAMP*, Campinas, n.1, ago. 1995.

FRANCO, G. H. B. *O desafio brasileiro*: Ensaios sobre desenvolvimento, globalização e moeda. São Paulo: Editora 34, 1999.

FRIEDEN, J. A. *Capitalismo global*: História econômica e política do século XX. Rio de Janeiro: Jorge Zahar, 2008.

GIANNETTI, E. *Vícios privados, benefícios públicos*: A ética na riqueza das nações. São Paulo: Companhia das Letras, 1993.

GIDDENS, A. *Modernidade e identidade*. Rio de Janeiro: Jorge Zahar, 2002.

HALL, S. *A identidade cultural na pós-modernidade*. 10. ed. Rio de Janeiro: DP&A, 2005.

HARVEY, D. *A condição pós-moderna*. São Paulo: Ed. Loyola, 1989.

IANNI, O. *Teorias da globalização*. 4. ed. Rio de Janeiro: Civilização Brasileira, 1999.

_____. O mundo do trabalho. In: *A reinvenção do futuro*. FREITAS, M. C. (org.). São Paulo: Cortez, 1999.

KEYNES, J. M. *A teoria geral do emprego*. São Paulo: Ática, 1978.

MARTINS, C. E. Da globalização da economia à falência da democracia. *Economia e Sociedade. Revista do Instituto de Economia da UNICAMP*, Campinas, n. 6, jun. 1996.

ORTIZ, R. *Mundialização e cultura*. São Paulo: Brasiliense, 1994.

RESENDE, A. L. *Devagar e simples*. São Paulo: Companhia das Letras, 2015.

SANTOS, M. *Por uma outra globalização*: Do pensamento único à consciência universal. São Paulo: Record, 2000.

VIEIRA, L. *Cidadania e globalização*. Rio de Janeiro: Record, 2013.

8

Transformações no mundo do trabalho

SIRLEI PIRES TERRA

Objetivos

1. Mostrar como um estudo interdisciplinar, que contemple sociologia, economia e política, faz-se necessário para o entendimento da ordem social vigente, no que tange, principalmente, ao mundo do trabalho;
2. Possibilitar ao leitor a compreensão das transformações ocorridas no modo de acumulação capitalista nas últimas décadas do séc. XX e no início do séc. XXI e suas consequências para o mundo do trabalho, nos níveis global, nacional e local, sendo que a dimensão local será representada pela região metropolitana de São Paulo e, em especial, pela cidade de São Paulo, considerada como global;
3. Compreender como a reestruturação produtiva e a tecnologia impactam o mundo do trabalho, contribuindo para sua execução em patamares mais sofisticados e diferenciados, ao mesmo tempo que amplia sua informalização e precarização, bem como as formas de atuação dos sindicatos na defesa dos interesses do trabalhador são modificadas;
4. Conhecer as novas competências requeridas ao trabalhador e as profissões que melhor se situam no presente e no futuro;
5. Demonstrar a importância do lazer na vida do trabalhador.

O trabalho na nova ordem mundial

A compreensão das mudanças que ocorrem na sociedade tem sido estudada sob diversos ângulos. Na sociologia, essas mudanças podem ser entendidas a ponto de permitir uma percepção adequada em relação à sua funcionalidade, de acordo com a ordem social vigente, ou reconhecer suas contradições visando superá-las ou, ainda, compreendê-las em sua gênese.

Dessa forma, as alterações da dinâmica social na contemporaneidade, embaladas pela nova ordem mundial do processo capitalista, têm sido estudadas por cientistas sociais, economistas e políticos, dentre outros, já há algumas décadas. Como abordar todas as tendências de pensamento é uma tarefa difícil que, no momento, não se tem a pretensão de fazê-la, ao longo do capítulo serão destacadas aquelas que melhor expressam o objetivo de proporcionar uma visão mais clara sobre a incidência dessas mudanças no mundo do trabalho, a partir da qual o leitor poderá situar-se melhor na sociedade, no que diz respeito à profissão que escolher.

Antunes (2005) destaca que as mudanças ocorridas nas últimas décadas, na esfera da produção e do trabalho, foram analisadas sob as perspectivas do desaparecimento do trabalho, pela perda de sua centralidade social e, também, pela nova ordem do capital. Contrapondo-se a essas abordagens, apresenta sua tese sobre o presente e o futuro do trabalho, na qual se propõe a ampliar e modernizar a noção da classe trabalhadora que chama de "classe que vive do trabalho" incluindo, nesta, todos que vendem sua força de trabalho para a obtenção de um salário.

O autor defende a existência de uma interdependência crescente entre o trabalho produtivo (aquele que ao produzir mais-valia contribui para a valorização do capital) e improdutivo (aquele que ao prestar serviços não atua diretamente na valorização do capital). Essa interdependência resulta no que chama de noção ampliada do que é a moderna classe trabalhadora, ou seja, a "classe que vive do trabalho" (ANTUNES, 2005).

No interior dessa perspectiva, considera de primordial importância a reflexão sobre como será o trabalho no futuro, já que hoje este, aparentemente, perde sua centralidade à medida que produz grande quantidade de trabalhadores fora do processo produtivo. Assim, somente partindo da percepção da fundamental importância de resgatar a dignidade do ser social, é que se pode compreender seu papel na determinação do sentido da vida fora e dentro do trabalho. Isso só é possível a partir da noção ampliada da classe trabalhadora (ANTUNES, 2005).

Tendo como base teórica a noção acima desenvolvida sobre o trabalho e, tendo em vista a interdisciplinaridade necessária à compreensão da dinâmica do processo de trabalho, a leitura deste capítulo proporcionará o conhecimento das transformações que, há algum tempo, vêm impactando a sociedade global, principalmente no mundo do trabalho hoje e em sua incidência num futuro próximo.

As economias capitalistas global e brasileira e a relação capital-trabalho

O trabalho humano é inerente à própria vida, mas sua origem vem do latim tripaliu. O *tripaliu* era o nome dado a um instrumento de tortura formado por três (*tri*) paus (*paliu*), com o qual também aqueles que não pagavam impostos eram torturados. Diz respeito, ainda, às atividades físicas produtivas que os camponeses, artesãos e agricultores realizavam, sendo que o seu sentido atual foi criado no final da Idade Média, referindo-se ao uso da força ou de nossas faculdades para a realização de um objetivo. Entretanto, se diferencia à medida que as formas de produção e reprodução da existência humana historicamente se organizam e se alteram.

Segundo Ferreira (2013), a história do trabalho pode ser dividida em: história do trabalho primitivo, no qual se utilizavam de poucas ferramentas; escravo, decorrente de novas relações de poder, isto é, o proprietário de escravos e os próprios escravos; feudal, durante a ruralização da Europa, no qual os servos eram responsáveis pelos trabalhos braçais e protegidos pelos governantes; e capitalista, que ampliou o processo de trabalho até chegar à atualidade, no qual se utiliza grandemente da tecnologia como geradora de instrumentos imprescindíveis para a sua acumulação.

Já presente na industrialização do século XVIII, o capitalismo moderno racional teve na divisão do trabalho uma grande contribuição para o aumento da produtividade. Essa divisão foi se ampliando nos séculos seguintes, configurando a divisão tecnológica do trabalho, segundo Marx.

Entretanto, o avanço tecnológico gera constantemente nova divisão social do trabalho, assim como constante necessidade de capacitação, por parte dos trabalhadores, para manterem seus empregos ou para estarem empregados, fato esse que deixa o mercado de trabalho instável e competitivo.

Não só a competitividade traz insegurança, também as incertezas de um futuro estável. Nesse sentido Sennett (1998) elaborou estudos procurando demonstrar como as transformações no mundo do trabalho têm afetado o caráter das pessoas, ao não permitir que as mesmas estabeleçam relações familiares e amigáveis de longo prazo, configurando relações que se estabelecem somente na superficialidade das relações de trabalho.

Giddens (2005) reafirma a centralidade do trabalho na vida do sujeito contemporâneo na medida em que possibilita ter uma relativa estrutura psicológica e uma inserção social, por meio da manutenção de um salário, desenvolvimento de aptidões, acesso a diferentes contextos de sociabilidade, estrutura temporal e afirmação de nossa identidade cultural.

Após essa contextualização sobre o trabalho, vamos partir da década de 1960 para situar as atuais questões sobre as transformações no mundo do trabalho, entendendo sua relação com o desenvolvimento das economias mundiais e locais.

Cenário internacional das relações capital-trabalho

Este subcapítulo pretende contribuir para que o leitor tenha uma melhor compreensão das transformações que estão ocorrendo no mundo do trabalho e consiga, assim, inserir-se com melhor êxito no mesmo. Para tanto, e, por ser imprescindível, discorre sobre como o espaço local é afetado pelo movimento mundial do capital, principalmente a partir da década de 1970, por seu envolvimento direto com as transformações que incidirão sobre as questões do trabalho, tais como informalização, precarização e novas competências requeridas para a profissionalização.

Para uma construção mais abrangente sobre esses fatos, convém registrar que o início dessas transformações se deu no final da década de 1960. Nessa época, o mundo ocidental estava estruturando mudanças revolucionárias no modelo de acumulação capitalista. Essas mudanças referiam-se à substituição do desenvolvimento econômico e social tutelado pelo Estado do bem-estar social, forte e comprometido com melhor distribuição de renda, para um estado mínimo mais liberal e comprometido em promover as bases fundamentais de uma economia mais dinâmica.

Essa economia com maior dinamismo e embasada na doutrina neoliberal tinha como missão a não intervenção nos rumos da economia, a não ser para garantir uma competição livre e com grande abertura comercial, financeira, fiscal e monetária, segundo Moraes (2001).

Com o desenvolvimento da microeletrônica e consequentemente da tecnologia durante a década de 1970, a globalização da economia tornou-se possível. Também o setor produtivo foi deixando os modelos fordistas e taylorista de produção, cujas empresas seguiram implementando o modo de acumulação flexível que, respaldado pelo Estado liberal, reinicia o reaquecimento das economias mundiais.

Segundo Hobsbawm (1995), o mundo capitalista assiste à crise das décadas de 1980 e 1990, denominadas de "décadas perdidas", nas quais os países desenvolvidos, ou não, vão se ajustando, à medida que suas possibilidades permitem, a essas novas características do mundo globalizado, bem como alterando os aspectos sociais, políticos e econômicos e transformando o mundo do trabalho. Essas novas tecnologias, juntamente com uma economia globalizada, tornaram-se fortes aliadas na supressão do tempo e do espaço, bem como na superação da crise que foi fruto da "Era de ouro", vigente entre 1945 e 1973, e que tinha como característica a rigidez instalada no processo produtivo e nas relações de trabalho, levando a uma deflação aliada à saturação dos mercados decorrente de um capital agora multinacionalizado.

A **década perdida**, de 1980, foi caracterizada pela retração da produção industrial e menor crescimento da economia de forma geral. A década de 1980 ficou conhecida como "Era das crises econômicas", com volatilidade do mercado, problemas de solvência externa, baixo crescimento ou até queda do Produto Interno Bruto, conforme aconteceu no Brasil.

Com o fim do fordismo/taylorismo, emerge o toyotismo, como produto de uma reorientação econômica focada na redução do tempo de giro no processo de produção e de consumo, contração de postos de trabalho na indústria e aumento de postos de trabalho no setor de serviços, distribuição e transportes, comunicação, dentre outras, levando a uma grande transformação no processo e no mercado de trabalho.

Todo esse movimento, resultante da nova economia, implica em constante inovação tecnológica para poder expandir-se, tendo como consequência, para o trabalhador, a promoção de constante investimento em sua capacitação, assim como o desenvolvimento de habilidades técnicas e de adaptação, em termos gerenciais e de empreendimento.

Cabe destacar que essa nova condição da economia continua promovendo desigualdade de renda, pois a aquisição de conhecimento e de aparatos tecnológicos não está disponível a todas as sociedades com a mesma intensidade, podendo gerar aumento da informalização, do desemprego e da precarização do trabalho, diminuindo em escala crescente níveis adequados de emprego.

A economia no Brasil e a decorrente relação capital-trabalho

Para dar seguimento à construção da noção de como o processo de trabalho foi se alterando, mas agora na sociedade brasileira, é preciso resgatar um pouco de sua história.

A política de substituição de importações adotada por Getúlio Vargas, nas décadas de 1930 e 1940, promoveu o crescimento do emprego na indústria, porém em 1950 começam a entrar, no Brasil, empresas que já possuem tecnologia poupadora de mão de obra com menor disponibilização de postos de trabalho, embora coexistissem setores de industrialização arcaica e moderna, como, por exemplo, o emprego da mão de obra feminina em artesanato no Nordeste.

Na década de 1960, movimentos estudantis e protestos contra a ordem social foram dispersos pela ditadura. O êxodo rural aumentava, fazendo crescer as cidades e, assim também, os movimentos femininos de luta para a inserção no mercado de trabalho.

Nas décadas de 1960 e 1970, assistiu-se a um bom crescimento do setor industrial brasileiro, cujo desenvolvimento continuava sendo dependente, porém agora de tecnologia. No Nordeste, diminuiu o emprego da mão de obra feminina, ao passo que aumentou a masculina, boa parte de trabalhadores pertencente ao setor informal. Segundo Pochmann (2003), nesse período o Nordeste chega a perder cinquenta mil empregos artesanais.

Com a economia crescendo dessa forma, os setores industriais e de serviços não conseguem assimilar o número de trabalhadores disponíveis, levando uma grande quantidade deles a ocuparem os setores informais e marginais de trabalho, também importantes para a acumulação capitalista, e que são próprios de economias frágeis e exploradoras desse tipo de mão de obra, como a brasileira.

A adoção do plano de metas, por Juscelino Kubitschek, ao investir nos setores de energia e transporte, visando melhorar a economia brasileira, permitiu a expansão da economia e do emprego.

O período de 1968 a 1973 foi um pouco melhor para o trabalhador, em virtude do crescimento da economia brasileira, cujo período ficou conhecido como o "milagre brasileiro". Apesar disso (e decorrente disso), houve um inchaço do setor de comércio e serviços atribuído ao aumento das atividades inerentes à economia informal, para homens, mulheres e adolescentes realizadas nas atividades precárias (SOARES, 2001).

Na década de 1980, o Plano Cruzado em 1986, o Plano Bresser em 1987, e o Plano Verão em 1989, impactaram negativamente as questões do trabalho, ao não atingirem a meta esperada. Porém, a partir da década de 1980, houve a necessidade de combater a desestruturação que se instalou no mercado de trabalho, com a redução de postos de trabalho na agricultura e na indústria e o aumento de trabalhadores no setor de comércio e serviços, decorrentes do crescente desemprego, da precarização do trabalhado nas novas ocupações e da crescente informalidade, porém foi mantido o nível dos salários. Resumidamente, aumentaram o número de trabalhadores sem carteira assinada, assim como as ocupações não assalariadas autônomas. Entretanto, a quantidade de ocupações formais e informais foi intensificada, no setor de serviços, conforme Dupas (1999).

> É importante destacar que até o início dos anos de 1980, o fenômeno identificado como trabalho "informal" era classificado principalmente como subemprego. De todo modo, a utilização do termo "informalidade" vem, desde meados da década de 1980, se sobrepondo ao termo subemprego, já que este último seria uma das formas da "informalidade" (NORONHA, 2003, p. 25).

A sequência de planos para melhorar a economia brasileira continua na década de 1990, com os Planos Collor I e II, que igualmente não obtiveram sucesso. Já o Plano Real, lançado na mesma década, promoveu a estabilização da economia brasileira às custas da limitação do assalariamento, do emprego permanente e da precarização das relações de trabalho, promovendo a informalidade e diminuindo o percentual de trabalhadores com carteira assinada e, consequentemente, de contribuintes com a previdência social, conforme Camargo (2006).

A reestruturação produtiva e organizacional começa a ser implantada, na década de 1990, nas empresas brasileiras, introduzindo a flexibilização, a individualização das remunerações e o desenvolvimento da produção enxuta e terceirizada. Também cresce o número das organizações não governamentais e das comunidades solidárias, suprindo a ausência do Estado nos setores da educação, habitação, pobreza, saúde e cultura etc., segundo Moraes (2001).

Segundo Dowbor (2002), houve aumento dos trabalhadores temporários, de meio período, autônomos, *freelancers*, via correio eletrônico, entre outros, além de ocupações com ganhos que flutuam de acordo com o desempenho do trabalhador.

Pastore (1998) entende ser necessário um crescimento econômico que gere postos de trabalho, porém frisa que não é somente o crescimento econômico o responsável pelas questões do trabalho, sejam formais ou informais.

Os trabalhadores que não têm carteira assinada normalmente exercem suas atividades como autônomos nas atividades realizadas em pequena escala e produtoras de bens e serviços, portanto no setor informal, também conhecido como setor não estruturado da economia.

Pelo fato de a nova economia fundamentar seu desenvolvimento nas novas tecnologias da informação, conforme Castells (1999), a abertura de novos postos de trabalho requer trabalhadores com novas competências e versatilidade que atendam aos novos processos de trabalho, ao substituir a produção seriada pela flexível com novos padrões de produtividade capazes de rápida adequação ao mercado, como subcontratação, terceirização, empresa em rede, reconcentração baseadas em pequenas empresas, trabalho independente de consultores ou profissionais, bem como outras formas de gestão de trabalho que visam uma gestão participativa com controle de qualidade e qualidade total, dentro dos preceitos da produção enxuta, conforme Bosco (2003).

Outros problemas relativos ao trabalho decorrem do fato de as organizações transnacionais fixarem seus setores produtivos em lugares que oferecem vantagens comparativas, somadas à especialização produtiva efetuada geralmente pelo Estado, iniciando uma nova divisão internacional do trabalho e, ao mesmo tempo, aprofundando a centralização e concentração capitalista.

Fernando Henrique Cardoso exerceu dois mandatos na presidência nacional, o primeiro de 1994 a 1997, e o segundo de 1998 a 2002. Em seu primeiro mandato, lançou o Plano Real, que estabilizou a economia brasileira, e também privatizou algumas empresas estatais. Como já visto, a estabilização da economia foi acompanhada da diminuição de postos de trabalho na indústria e de queda no assalariamento e na oferta do emprego permanente.

Luiz Inácio Lula da Silva também exerceu dois mandatos, o primeiro de 2003 a 2006, no qual deu continuidade às políticas do governo anterior de Fernando Henrique Cardoso, que consistiam na valorização do capital financeiro com o suporte de altas taxas de juros e de desvalorização cambial.

Apesar do crescimento da taxa de empregos na indústria, continuou o crescimento de postos de trabalho informal.

Em seu segundo mandato, de 2007 a 2010, o presidente Lula lançou o Plano de Aceleração do Crescimento (PAC), visando dinamizar a economia e melhorar as questões sociais. Em 2007, Pastore deu entrevista ao jornal *Correio Braziliense*, indicando que esse plano seria um fator positivo na geração de empregos, principalmente na área da construção civil, o que foi constatado com o crescimento da oferta de empregos nos diferentes setores da economia.

Durante o governo de Lula, houve a diminuição da taxa de inflação e o aumento de emprego. Houve aumento também da população na classe média, proporcionado pelo aumento do salário (salário-mínimo, nesse período, teve um aumento de 155%). Ressalta-se que, apesar do crescimento da oferta de postos de emprego, estes não eram qualificados. É preciso destacar que os postos mais qualificados normalmente não eram preenchidos por falta de mão de obra qualificada no mercado de trabalho.

Apesar da grave crise global do sistema financeiro, responsável por afetar as principais economias mundiais, a economia brasileira continuou estabilizada, porém apresentou uma perda de cerca de 700 mil empregos, levando o governo a se socorrer no capital financeiro.

As medidas de Lula tiveram a capacidade de manter o desenvolvimento do país. Tais medidas consistiam em desoneração de tributos de produtos eletrodomésticos, redução do IPI para o setor automotivo, socorro às prefeituras e estados, ampliação do seguro-desemprego; redução do *spread* financeiro; estímulo ao consumo interno, além do PAC.

Eleita em 2010, por indicação do presidente Lula, Dilma Rousseff deu continuidade às suas orientações macroeconômicas, desenvolvendo uma política de crescimento econômico fundamentada na manutenção do superávit primário e na política cambial.

No geral, as políticas desenvolvimentistas implementadas por Dilma Rousseff não se mostraram eficientes e passíveis de promover crescimento sustentável e rápido, conforme Kupfer (2011).

O processo de desindustrialização da economia brasileira, herdado por Dilma dos governos anteriores, fez com que esse setor desse uma contribuição cada vez menor para a composição do Produto Interno Bruto, e uma contribuição cada vez maior por parte dos produtos primários, mineração e agronegócio.

Nesse período constatou-se um aumento na exportação de produtos de baixa tecnologia, produtos básicos e commodities e a importação de produtos manufaturados, tendo como consequência a perda de competitividade no cenário mundial. Tudo isso acontecendo pela falta de investimentos em tecnologia e pesquisas voltadas para o setor produtivo e de transformação. Todos esses fatos tiveram grande contribuição para a precarização do mercado de trabalho, pois é no setor produtivo que estão os melhores salários e os sindicatos que têm mais força de negociação.[1]

Embora reeleita em 2014, a forma como Dilma conduziu a política econômica fez com que ela sofresse queda de confiabilidade, apesar da referida política ter sido responsável pela geração de 5 052 710 empregos, conforme o Cadastro Geral de Empregados e Desempregados (CAGED), cuja criação de novos postos de trabalho foi mais significativa no setor de serviços com 2 554 078 postos; seguido do setor de comércio com 1 140 983; construção civil com 580 023; e a indústria de transformação com 510 544 postos de trabalho.

A partir de 2015, a crise econômica brasileira se agrava atingindo o mercado de trabalho com crescente perda dos postos de trabalhos.

Embora existam outros fatores de queda da oferta de emprego, como o tecnológico, as questões econômicas demonstram a força de impacto que têm as crises econômicas na manutenção de postos de trabalho formais.

---

1 Conjuntura da Semana. Balanço de um ano do governo Dilma Rousseff. Disponível em: <http://www.ihu.unisinos.br/cepat/cepat-conjuntura/507043-conjuntura-da-semana-balanco-de-um-ano-do-governo-dilma-rousseff>. Acesso em: 13 set. 2016.

Tecnologia e trabalho

A falta de políticas econômicas adequadas pode enfraquecer o processo econômico resultando num baixo Produto Interno Bruto capaz de influenciar no aumento da informalidade, como aconteceu na década de 1980, que apresentou um desemprego estrutural decorrente do crescimento da força de trabalho não acompanhado pela oferta de emprego, como resultado também das altas taxas de juros cobradas na época, conforme Bresser-Pereira (2005).

Salm (2005) indica a existência de pessimismo com relação às novas tecnologias e formas de organização empresarial, pois considera que o crescimento do Produto Interno Bruto depende também da melhoria na qualidade do emprego. Para ele, o crescimento para estágios industriais mais avançados contribui para a criação de empregos nesses novos setores. Sendo assim, a inserção da tecnologia no processo produtivo fez com que não houvesse eclosão do desemprego e da informalidade, ainda na década de 1990.

Kupfer (2005) considera ambíguas e simplistas as análises econômicas que associam progresso técnico e desenvolvimento econômico, pois nos países em vias de desenvolvimento e nos recém-industrializados são necessários constantes processos de modernização industrial, o que não acontece no Brasil, por apresentar um processo truncado e não ter bons projetos de desenvolvimento, sujeitando-se aos constantes ajustes econômicos, que nem sempre contemplam a necessária modernização tecnológica.

Para Kupfer (2005), avanço tecnológico e emprego dependem de como as empresas conduzem seus processos de modernização aliados a políticas econômicas favoráveis aos investimentos com novas capacidades produtivas.

Para Castells (1999), a nova economia resulta do investimento em desenvolvimento tecnológico pós-Segunda Guerra Mundial, cujas novas tecnologias foram capazes de dar início a uma nova era da informação, que Castells chama de "novo paradigma informacional", bem como de se constituírem as bases do processo da reestruturação produtiva e organizacional, a partir dos anos de 1980 com expansão nos anos de 1990, permitindo uma sociedade cada vez mais em rede, necessitando também cada vez mais de tecnologia.

Há estudos que demonstram não ser a tecnologia a maior responsável pelo atual nível de desemprego, mas também a grande regulamentação do mercado de trabalho e a falta de pessoal qualificado para as novas exigências do mercado, mesmo porque o desenvolvimento industrial com incorporação de tecnologia mais avançada já criou empregos em novos setores e evitou o aumento drástico do desemprego e da informalidade na década de 1990.

Pastore (1998) afirma que a tecnologia e o emprego precisam ser analisados considerando-se os fatores econômicos institucionais, educacionais e políticos, e que a existência de avanço tecnológico com o incremento do desemprego não define ser o uso da tecnologia responsável por ele.

Dentre os autores críticos do fator tecnológico como causa de desemprego, destaca-se Singer (2003), para quem o aumento da produtividade barateia o produto. Na medida em que se permite o aumento do consumo, porquanto não venha, junto a isso, um acompanhamento do aumento de empregos, gera-se desemprego para a mão de obra não qualificada, que vai sendo substituída pela utilização de computadores e pela robotização. A microeletrônica propicia empregos, porém para quem tem elevada qualificação. Tendo em vista a desigual distribuição de renda, esses fatores contribuem para a precarização do trabalho e para o desemprego, que ainda é funcional ao atual estágio de acumulação capitalista.

Apesar da fraca inserção do Brasil nessa nova divisão internacional do trabalho, há de se destacar o esforço que, conjuntamente com outras economias regionais da América Latina, tem sido despendido, desde fins da década de 1990. A partir dessas iniciativas, o intuito é o de melhorar a sua posição via Mercado Comum do Sul (MERCOSUL) e, com isso, a situação do trabalho no país. Assim, os Estados devem reforçar sua união, obtendo maior autonomia sobre suas políticas econômicas, ecológicas e societárias para encontrarem o caminho do estabelecimento de uma sociedade pós-salarial (GORZ, 2004).

O processo de informalização do trabalho no Brasil

No tocante às questões locais de economia e trabalho, o município de São Paulo pode ser um bom exemplo, pois é o centro da região metropolitana do estado de São Paulo. É o terceiro maior aglomerado urbano do mundo, ficando atrás apenas de Tóquio e da Cidade do México. Além de ser uma das regiões mais populosas, é uma das mais extensas. Nela se encontra um dos maiores números de empregados e também de desempregados da indústria brasileira.

Trata-se de uma área privilegiada na divisão regional do trabalho no Brasil, pois, mesmo com a dispersão das indústrias no estado de São Paulo, na região da Grande São Paulo, e especialmente no município de São Paulo, ainda é altamente industrializada e geradora de emprego e renda. Abriga o setor de serviços, que está estruturado também no trabalho desqualificado de pessoas sem nenhum amparo institucional.

O trabalho precarizado espalha-se hoje pelo estado de São Paulo e, principalmente, pela Grande São Paulo, região de grande importância para o Brasil com o papel que desempenha no contexto da globalização, em particular a cidade de São Paulo, considerada cidade global.

A reorganização da produção do município de São Paulo permitiu-lhe ampliar o número de empresas nos setores de comércio e serviços. Entre 1989 e 2001, houve um aumento de 282,1% no número de micro e pequenas empresas, demonstrando uma reestruturação voltada também à ampliação da terceirização, acompanhada de menores salários, aumento do emprego informal e precarização do trabalho (POCHMANN, 2001).

Para o futuro, a perspectiva é a de que a cidade deva ter dois terços do total das ocupações no setor industrial e no setor de serviços de informação e comunicação do Brasil.

Dentro desse recorte, ou seja, o dos trabalhadores pobres, de baixa qualificação, desempregados, a informalidade parece obedecer à tendência das teorias que compreendem que a informalidade representa a precarização do trabalho. Porém, pode-se ver que a informalidade se torna condição *sine qua non* na opção de alguns desses trabalhadores.

De um modo geral, a informalidade pode ser vista como algo positivo por trabalhadores de maior renda e educação, pois atualmente atinge boa parcela dos trabalhadores qualificados, que atuam na indústria, no comércio e nos serviços.

Entretanto, a noção de precarização do trabalho aparece de forma recorrente, principalmente entre os trabalhadores de baixa renda, excluindo-os dos benefícios previdenciários, além do impedimento da fiscalização das condições de realização de seu trabalho.

Tendo no horizonte o desemprego como fator agravante da informalidade, torna-se necessário, antes de prosseguir esta análise, compreender as diferentes formas de desemprego, propostas por órgãos como a Fundação Sistema Estadual de Análise de Dados (SEADE), o Departamento Intersindical de Estatística e Estudos Socioeconômicos (DIEESE) e o Instituto Brasileiro de Geografia e Estatística (IBGE). Com base nos dados fornecidos por esses órgãos, Lazzareschi (2007, pp. 42-4) destaca como principais formas de desemprego:

1. Desemprego estrutural – típico de países subdesenvolvidos e dependentes, provocado pela fraqueza dos investimentos produtivos e pela ausência de mecanismos institucionais de distribuição mais igualitária da renda. (...);
2. Desemprego tecnológico – típico dos países mais desenvolvidos, é provocado pela reestruturação produtiva, isto é, pela introdução da mais sofisticada tecnologia de base microeletrônica conjugada à adoção de novas e sofisticadas formas de organização do processo de trabalho, cuja consequência imediata é a redução de milhões de postos de trabalho em todo o mundo. No Brasil, a modernização tecnológica e organizacional, a partir da década de 1990, quando da abertura dos mercados brasileiros que obrigou as grandes empresas a tornarem-se internacionalmente competitivas, é também responsável por parte da porcentagem do número de desempregados. (...);
3. Desemprego conjuntural que, como o próprio nome indica, é consequência da queda temporária dos investimentos produtivos em determinadas conjunturas econômicas, financeiras e/ou políticas

nacionais e/ou internacionais, marcadas sobretudo pelo aumento do preço dos insumos industriais, principalmente pelo aumento do preço do petróleo, pelo aumento dos índices de inflação – que corrói o poder aquisitivo da moeda, os salários e a credibilidade dos negócios. (...) O resultado é o aumento do desemprego, que tende a diminuir a médio prazo, seja graças ao sucesso de medidas adotadas, seja graças ao forte crescimento da economia mundial que, devido à globalização, é hoje um dos fatores determinantes dos índices de emprego e desemprego, ao tornar todas as economias do mundo interdependentes;

4. Desemprego friccional, provocado pela mudança de emprego ou de atividade dos indivíduos, muito comum nas últimas décadas com o desaparecimento e, ao mesmo tempo, o surgimento de muitas ocupações profissionais em decorrência das transformações tecnológicas e organizacionais do processo de trabalho e da reestruturação dos mercados de trabalho;

5. Desemprego temporário, em razão da sazonalidade de algumas atividades econômicas, sobretudo as relativas à agricultura e ao turismo em algumas regiões.

Antunes (2010) considera que a precarização do trabalho levou a mutações nas quais poucos se especializaram e muitos ficaram sem qualificação suficiente para introduzir-se nesse mercado de trabalho, engrossando a fila dos desempregados, gerando uma classe de trabalhadores fragmentada e dividida.

Dessa forma, num âmbito global, nacional e local, a questão do desemprego e da informalidade se intensificou nas últimas décadas do século XX e no início do século XXI.

Dinâmica atual do processo de trabalho

No tocante às transformações atuais no mundo do trabalho, as Nações Unidas propõem o termo "*jobless growth*" como forma de compreender o novo emprego advindo não da falta de crescimento, mas sim do próprio crescimento econômico que, embora continue abrigando as empresas produtoras em bases tradicionais, assiste ao crescimento das holdings financeiras com novas formas de gestão; das empresas que mantêm suas atividades principais e terceirizam as demais; grandes empresas que comercializam produtos elaborados por pequenos fornecedores; as cooperativas e também as economias solidárias. Por exemplo, na área da saúde o controle se faz por empresas financeiras seguradoras; na educação crescem os cursos dados à distância e a terceirização da gestão escolar e pedagógica. São estratégias que visam a redução dos custos e melhores condições de competição no mercado global, marcado pelo trabalho intelectual, trabalho em rede, menos trabalho, desemprego decorrente do management reengenharia, na busca da eficiência com uma empresa enxuta (Dowbor, 2002).

O reflexo dessas transformações gera concentração de trabalho de elite, pressão para queda de salário, desrespeito às normas de trabalho, expulsão do homem do campo, precarização do trabalho urbano, geração de estratégias familiares de sobrevivência, desarticulando o universo do trabalho (economia ilegal = forte atividade econômica articulada com o sistema formal de produção) (Dowbor, 2002).

Nas demais áreas há maior instabilidade e precariedade do emprego; e também áreas que abrigam grande quantidade de trabalhadores informais precarizados, como motoboys e trabalhadores na área de segurança. As atividades mais sofisticadas com ou sem vínculo formal com empresas estão nas áreas de serviço, como finanças, comunicação, informação como gerentes de terceirização (quarteirização), design, marketing, publicidade, coordenação de projetos, consultoria, advocacia, management, engenheiros de redes, engenheiro genético, turismo, lazer, cultura, programadores visuais multimídia, administradores de comunidades virtuais, dentre outras, tornando inviável programar um futuro pessoal baseado num trabalho estável e duradouro.

Segundo Schwartz (2000, pp. 52-3), as distinções entre "especialista x generalista; função x resultado; senioridade e experiência x flexibilidade e adaptação; visão de curto prazo x visão estratégica; (...)" etc. auxiliam na percepção das transformações que estão ocorrendo no âmbito das qualidades atuais requeridas ao trabalhador.

As carreiras que mais crescem, segundo Schwartz (2000, p. 79) e conforme dados publicados pela mídia, de acordo com projeções feitas entre 2002 e 2012, são principalmente:

ATIVIDADE	%
Administradores de redes e sistemas	24,9
Advogados	20,4
Analistas de redes e dados	41,9
Analistas de empresas e empregos	25,6
Analistas de sistemas	24,9
Assessores financeiros pessoais	36,3
Assistentes sociais e tutores	20,6
Cientistas da saúde	22,1
Engenheiros de software	27,8
Engenheiros ambientais	54,3
Engenheiros biomédicos	27,8
Especialistas em computação	20,8
Especialistas em gestão de emergências	27,8
Especialistas em mídia e comunicação	20,6
Especialistas em relações públicas	27,8
Especialistas em treinamento e desenvolvimento	22,3
Farmacêuticos	20,2
Gerentes de bases de dados	33,1
Gerentes de sistemas de computação e informação	25,6
Gerentes de vendas e marketing	21,3

Com essas informações, espera-se ter colaborado para que o leitor possa ter uma visão do passado para, assim, compreender as transformações engendradas no trabalho, suas consequências no presente e projeções para o futuro, de maneira a ter um norte para orientar-se na busca do sucesso profissional e de vida.

Os trabalhadores e as transformações do mundo do trabalho

Como já visto e de acordo com Antunes (2010), o Brasil está se desindustrializando e, por consequência, perdendo uma de suas funções, que é a empregadora, sem que outro setor da economia possa substituí-la com a mesma característica de geradora de empregos. Uma explicação está no fato de hoje ser possível crescer financeiramente sem contratar ou contratando pouco, pois a relação existente entre crescimento econômico e oferta de postos de trabalho, em virtude da reestruturação produtiva e organizacional, depende menos de trabalhadores. Assim, assistimos hoje a um desemprego que pode ser considerado estrutural.

Também é preciso registrar que o aumento do desemprego e do trabalho informal pode estar vinculado ao exagerado e desordenado crescimento da esfera financeira da globalização econômica.

Para Antunes (2010), esses problemas podem ser explicados pela abertura dos mercados nacionais, privatizações, acelaramento das inovações tecnológicas que permitem a redução da capacidade de produção, precarização das relações de trabalho e pelas mudanças que estão acontecendo no processo de trabalho, introduzidas pelas novas tecnologias, contratos individuais, atividades em pequenas empresas, além da constante necessidade de o trabalhador mostrar sua eficiência.

Seguindo uma orientação toyotista, na busca pela empresa enxuta e, consequentemente, por maior lucro, a nova empresa flexibiliza sua produção e articula o desenvolvimento tecnológico com a desconcentração produtiva, cuja produção já não se dá nas grandes empresas, e sim nas pequenas e médias.

Nesse cenário, as características do modo de acumulação toyotista são a produção variada e diversificada em função da demanda, um estoque o menor possível, atendimento a uma demanda mais individualizada em menor tempo e maior qualidade, isto é, flexibilizando todo processo produtivo vinculado a uma flexibilização da capacidade do trabalhador.

O trabalhador numa empresa toyotista deve ser multifuncional (desaparece o trabalho repetitivo), flexível, ter disponibilidade para fazer horas extras (o trabalhador toyotista trabalha uma média de 2 300 horas/anos, enquanto a média em outras empresas é de 1 550 horas/anos), além de trabalhar também em empresas subcontratadas ou terceirizadas.

O modelo de acumulação flexível/toyotista corresponde ao crescimento da concorrência baseada na diferenciação e na qualidade do produto e a uma sobreposição do capital sobre o trabalho humano.

Isso porque talvez, como questiona Antunes (2010), estejamos numa época de "fim do trabalho", na qual se assiste à ocorrência da empresa enxuta, à ampliação de trabalhadores precarizados e terceirizados; e à conversão do trabalho vivo pelo trabalho morto, já que software e tecnologia informacional desenvolvem atividades que são próprias da inteligência humana, ou seja, transfere-se o saber cognitivo e intelectual dos trabalhadores para as máquinas.

Além dos benefícios à reprodução capitalista decorrentes do modo de acumulação flexível, ao procurar maiores vantagens as empresas multinacionais criam polos novos focados na precarização da classe trabalhadora (em Bangladesh, as mulheres têm jornada de até sessenta horas semanais para ganhar cerca de 30 U$/mês, na empresa Walmart, por exemplo, configurando um processo de escravidão).

Hoje, verifica-se a supremacia do capital sobre o trabalho humano, expressa na flexibilização do trabalho e de suas relações, bem como de sua desregulamentação; na terceirização; com a empresa enxuta. O trabalho humano é quase eliminado, mas ainda, mesmo que em pouca medida, é necessário para a reprodução capitalista (Antunes, 2010).

O perfil que se espera do trabalhador

As transformações que ocorreram e ainda ocorrem no modo de acumulação flexível e, por consequência, no processo de trabalho pressupõem uma capacitação constante do trabalhador que quer se manter no mercado.

Nesse contexto geral, já não prevalece a noção de emprego único, portanto nem a noção de uma carreira linear e progressiva, e sim a necessidade de adequação de suas competências às novas tecnologias e exigências renovadas do mercado de trabalho.

Em decorrência da desindustrialização, da inserção de novas tecnologias – que renovam constantemente o processo de trabalho – e do crescimento do trabalho informal, há uma tendência de criação de empregos no setor de serviços. Por exemplo, os profissionais de TICs, no desenvolvimento de aptidões em marketing e gestão.

Atualmente, as melhores perspectivas de emprego localizam-se nos serviços prestados às empresas de TI, consultoria ou seguros, ação social, cuidados em saúde, serviços pessoais, restauração, educação e, em menor quantidade, na construção civil, que tende à estabilização.

Há, ainda, a perspectiva oportunizada pela busca do crescimento econômico com baixo teor de carbono, que poderá atuar de forma positiva no mercado de trabalho nos setores de energia, tratamento de resíduos e de água, transporte, construção, agricultura e silvicultura; bem como um crescimento do mercado global de serviços e produtos que deverá duplicar até 2020.

Também existe a necessidade do desenvolvimento de algumas competências conhecidas como transversais, tais como aquelas que são instrumentais e voltadas para resolução de problemas, organização e planejamento, TICs, planejamento e ação, tomada de decisões, comunicação escrita, criatividade e inovação, além das competências pessoais, como adaptação às mudanças, motivação, aprendizagem contínua, autocontrole, autoconfiança, tolerância ao estresse, compromisso ético, iniciativa, persistência, competências relacionais e interpessoais para ouvir, trabalhar em grupo, entre outras. Competências essas que podem ser aprendidas nos contextos escolares e em atividades extracurriculares, conforme Guedes (2011).

Sindicalismo

A Primeira Revolução Industrial, ocorrida no século XVIII, promoveu uma grande exploração dos trabalhadores ao absorver mão de obra infantil, da mulher e o do homem em troca de salários que mal supriam suas necessidades de sobrevivência. Visando amenizar essas condições e por meio da promoção de auxílio mútuo entre trabalhadores da indústria têxtil, desempregados ou doentes (exército de reserva), surgiram os sindicatos. Esses eram associações criadas por trabalhadores que tinham força suficiente para reivindicar melhores salários e condições de trabalho. Essas associações iniciaram com os ex-artesãos qualificados como marceneiros, pintores, pedreiros etc., que trabalhavam na clandestinidade e que foram, posteriormente, legalizados no Reino Unido, em 1871, e na França, em 1884, como sindicatos de ofício, conforme Rodrigues (1999). À medida que a industrialização foi avançando, novas associações foram sendo criadas, originando os sindicatos gerais que abrangiam os trabalhadores sem ofício definido.

A partir do século XX, houve grande difusão do sindicalismo, que trouxe consigo reivindicações visando a melhoria da qualidade de vida do trabalhador no trabalho. Esse movimento foi bastante forte durante o modo de produção fordista e taylorista. No processo de industrialização da Europa Ocidental predominou o sindicalismo industrial de massa com seus partidos operários, que começaram a ganhar força na exigência de seus interesses. Atualmente, deixou de ser sindicato de oposição para ser sindicato de controle. (RODRIGUES, 1999).

Seu corporativismo deve-se à estrutura inicial ter sido criada e colocada de forma impositiva por categoria profissional com base distrital, municipal, intermunicipal, estadual e interestadual, mas não com base nacional. Essa característica permitiu o surgimento de milhares de sindicatos de trabalhadores e patronais, bem como monopólios de representação que requerem reconhecimento pelo Ministério do Trabalho. A filiação é voluntária, embora haja filiação não voluntária, cuja contribuição compulsória no valor de um dia de trabalho é descontada anualmente na folha de pagamento do empregado. Um fator que contribui para esvaziar as contribuições é o das lutas ganhas serem estendidas aos não filiados. Embora os conflitos sejam arbitrados pela Justiça do Trabalho, o governo não teve mais direito de intervenção após a Constituição de 1988 (LAZZARESCHI, 2009).

Os sindicatos foram regulamentados em 1940, passando a vigorar desde então. Ainda na década de 1943, foi criada a Consolidação das Leis do Trabalho (CLT), que, com poucas alterações possibilitadas pela Constituição de 1988, perdura até hoje. A lei 9.601 de 13 de janeiro de 1998 trouxe abertura ao tornar possível o contrato de trabalho em tempo parcial com garantia dos direitos trabalhistas, que, segundo Pastore (1998), é um tipo de contratação capaz de proporcionar uma economia de 18,5% nos encargos trabalhistas.

Na época dos militares, os movimentos sindicais foram reprimidos, o que não impediu as greves dos bancários e metalúrgicos do ABC, em 1970, que pediam, entre outras reivindicações, a reposição salarial e maior justiça social. Disso surge o novo sindicalismo autônomo, a fundação do Partido dos Trabalhadores e a criação das centrais sindicais como Força sindical, Central Única dos Trabalhadores e Confederação Geral dos Trabalhadores, durante a década de 1980, além da criação do sindicalismo no setor público e a participação dos sindicatos nas políticas públicas de emprego e renda (LAZZARESCHI, 2009).

Atualmente, os sindicatos estão perdendo sua força de negociação, em decorrência da reestruturação produtiva e organizacional, da fragmentação das grandes empresas e de novas atividades profissionais produzidas pelo desenvolvimento tecnológico. As reivindicações, agora, são para a manutenção do emprego e melhores condições de vida. Há, também, o fato de os trabalhadores tenderem a fazer suas reivindicações diretamente com seus empregadores.

De maneira geral, o papel dos sindicatos precisa ser revisto para contemplar a heterogeneidade atual do mundo do trabalho, o peso da legislação trabalhista contida na CLT, bem como promover a criação de uma legislação capaz de incluir trabalhadores formais e informais. Dessa forma, os sindicatos vão perdendo sua capacidade de reivindicação (LAZZARESCHI, 2009).

Trabalho e lazer

É característica da humanidade sua interferência na natureza, a fim de produzir e reproduzir a sua existência por meio do trabalho. Porém, no sistema capitalista, o trabalho passou a ser o fundamento de existência do ser humano.

Entretanto, também o lazer precisa fazer parte de sua existência, por várias razões, mas essencialmente para a obtenção de uma boa qualidade de vida.

O lazer refere-se às ocupações realizadas pela livre vontade das pessoas visando entretenimento, diversão ou mesmo repouso, e, ainda, para a aquisição de informação ou formação, desinteressadamente, após cumprir suas responsabilidades profissionais, sociais e familiares (DUMAZEDIER, 1979).

No tocante à discussão sobre trabalho e lazer, Dumazedier (1979) e Friedmann (1973) consideram que a inserção tecnológica permitiu vantagens para o processo produtivo tal como a diminuição da carga horária semanal. Além disso, a reestruturação organizacional, ao se efetuar, introduziu a tecnologia da informatização, contribuindo para o aumento do tempo livre que pode ser dedicado ao lazer, descentralizando o fator trabalho. Nesse sentido, Lafargue (1999) destaca que o sistema capitalista atualmente permite que o trabalhador tenha direito à preguiça e De Masi (2000), ao ócio produtivo. Em sentido contrário, Lafargue (1999) e Mészáros (2002) consideram que o trabalho ainda é preponderante nesta sociedade capitalista e que, embora haja mudanças, estas se encontram na forma como o sistema se apropria do tempo e não trabalho, em que a mídia se encarrega de levar as pessoas ao consumismo em excesso, e o sistema se apropria do tempo livre do trabalhador.

No Brasil, dados do IPEA (www.ipeadata.gov.br) permitem constatar a redução no tempo de trabalho, no período de 1988 a 2007, das horas médias trabalhadas semanalmente de um total de 44,1 horas. para 39,4 horas. Entretanto, segundo Lazzareschi (2009), aqueles que têm um bom emprego e querem continuar a tê-lo colocam à disposição das empresas o seu tempo fora do horário de trabalho, demonstrando que nas atuais relações de trabalho o trabalhador está perdendo qualidade de vida.

De fato, trabalhar em demasia pode levar o indivíduo ao estresse. Mesmo observando a diminuição da carga horária trabalhada no período acima citado, ao procurar enxugar seus custos, estendendo a jornada de trabalho dos empregados, o sistema contribui para o estresse, na medida em que o trabalhador tem de se capacitar constantemente para poder manter seu emprego, tornar-se multifuncional e capaz de atingir as metas dadas. Assim, não sobra muito tempo para que o indivíduo se dedique ao lazer. É importante registrar aqui que há empresas que valorizam o lazer do trabalhador por considerar que este necessita recuperar sua energia para poder ter maior equilíbrio em sua rotina de trabalho e, desse modo, ser mais produtivo.

Lacombe (2015) escreveu no jornal *Folha de S.Paulo* sobre a manipulação das emoções dos trabalhadores pelas empresas, para que eles sejam felizes e se entreguem mais ao trabalho, indicando o livro de William Davies, *The Happiness Industry: How the Government and Big Business Sold Us Well-Being* (A indústria da felicidade: como o governo e grandes empresas nos venderam bem-estar), como literatura importante nessa área.

Assim, é indiscutível a necessidade do trabalhador de possuir tempo livre para ter prazer nas atividades fora do trabalho, usando esse tempo para dar liberdade à sua criatividade, ter crescimento pessoal e, dessa forma, atingir uma melhor qualidade de vida.

Questões para estudo

1. Pode-se afirmar que a interdisciplinaridade é importante na compreensão das questões sociais da humanidade? Exemplifique.
2. A leitura deste capítulo contribuiu para que você tenha uma visão mais abrangente das questões do mundo do trabalho hoje? Em que medida?
3. Faça uma redação sobre como você está se preparando para poder candidatar-se à disputa por postos formais de trabalho na área que escolheu. Você pode dizer que está inserido na categoria de trabalhador produtivo ou improdutivo? Exemplifique.
4. Com base no texto, destaque quais as possíveis causas da precarização do trabalho na atualidade.
5. Segundo o conteúdo do capítulo, responda quais as alternativas existentes para melhorar o processo de trabalho, no que diz respeito ao trabalhador.

Referências bibliográficas

ANTUNES, R. *O caracol e sua concha*: Ensaios sobre a nova morfologia do trabalho. São Paulo: Boitempo, 2005.

_____. *Adeus ao trabalho?*: Ensaios sobre as metamorfoses e a centralidade do mundo do trabalho. São Paulo: Cortez, 2010.

BANCO INTERAMERICANO DE DESENVOLVIMENTO. Disponível em: <http://www.iadb.org/index.cfm?language=portuguese>,. Acesso em: 5 jul. 2005.

BRESSER-PEREIRA, L. C. Macroeconomia pós-Plano Real: As relações básicas. In: SICSÚ, J.; PAULA, L. F.; MICHEL, R. *Novo-desenvolvimentismo:* Um projeto nacional de crescimento com equidade social. Barueri: Manole, 2005.

BOSCO, C. A. *Trabalho informal*: Realidade ou relação de emprego fraudulenta? Curitiba: Editora Juruá, 2003.

CAMARGO, F. S. Análise estrutural do emprego formal e informal na economia brasileira. Dissertação (Mestrado) – Escola Superior de Agricultura Luiz de Queiroz, Universidade de São Paulo, Piracicaba, 2006.

CASTELLS, M. *A sociedade em rede*. Era da informação: Economia, sociedade e cultura. São Paulo: Paz e Terra, 1999, v. 1.

CASTRO, L. B. Privatização, abertura e desindexação: A primeira metade dos anos 90 (1990-1994). In: GIAMBIAGI, F.; VILLELA, A. (org.). *Economia brasileira contemporânea*: 1945-2004. Rio de Janeiro: Elsevier, 2005.

CENTRAL ÚNICA DOS TRABALHADORES (CUT). O trabalho informal no Brasil. Disponível em: <http://www.galizacig.com/actualidade/200112/cut>. Acesso em: 05 dez. 2006.

DE MASI, D. *O ócio criativo*. Rio de Janeiro: Sextante, 2000.

DOWBOR, L. *O que acontece com o trabalho?* São Paulo: Senac São Paulo, 2002.

DUPAS, G. *Economia global e exclusão social*: Pobreza, emprego, estado e o futuro do capitalismo. São Paulo: Paz e Terra, 1999.

DUMAZEDIER, J. *Sociologia empírica do lazer*. São Paulo: Perspectiva, 1999.

FUNDAÇÃO SEADE. Disponível em: < http://www.seade.gov.br/>. Acesso em: 13 set. 2016.

FRIEDMANN, G. O objetivo da Sociologia do Trabalho. In: FRIEDMANN, G. NAVILLE, P. (Orgs). *Tratado de Sociologia do Trabalho*. São Paulo: Cultrix, 1973.

GIDDENS, A. *Sociologia*. 4. ed. Porto Alegre: Artmed, 2005.

GORZ, A. *Misérias do presente, riquezas do possível*. São Paulo: Annablume, 2004.

GUEDES, S. Novas competências para o mercado de trabalho, 17/10/2011. Disponível em: <http://pt.slideshare.net/smpg1030/novas-competncias-para-o-mercado-de-trabalho>. Acesso em: 10 ago. 2015.

HOBSBAWN, E. *Era dos extremos:* O breve século XX, 1914-1991. São Paulo: Companhia das Letras, 1995.

INSIDE – SERVIÇOS ESPECIALIZADOS. Disponível em: <http://www.insideservicos.com.br/eventos.htm>. Acesso em: 13 set. 2016.

KON, A. *Economia de serviços:* Teoria e evolução no Brasil. Rio de Janeiro: Elsevier, 2004.

KUPFER, D. Tecnologia e emprego são realmente antagônicos? In: SICSÚ, J.; PAULA, L. F.; MICHEL, R. *Novo-desenvolvimentismo:* Um projeto nacional de crescimento com equidade social. Barueri: Manole, 2005.

KURS, R. *Os últimos combates*. Rio de Janeiro, Vozes, 1997.

LAFARGUE; P. *O direito à preguiça*. São Paulo: Editora da UNESP, 1999.

LAZZARESCHI, N. *Trabalho ou emprego?*. São Paulo: Paulus, 2007. Coleção Questões Fundamentais do Ser Humano, v.6.

_____. *Sociologia do trabalho*. Curitiba: IESDE Brasil S.A., 2009

LACOMBE, M. Empresas demonizam tristeza e investem na felicidade de empregados. *Folha de S.Paulo*. Disponível em: <https://dub128.mail.live.com>. ACESSO EM: 11 AGO. 2015.

MÉSZÁROS, I. *Para além do capital*. Campinas: Editora da Unicamp; São Paulo: Boitempo, 2002.

MINISTÉRIO DO TRABALHO E EMPREGO (MTE), CLASSIFICAÇÃO BRASILEIRA DE OCUPAÇÕES (CBO). Disponível em: <http://www.mtecbo.gov.br/busca/descricao.asp?codigo=7832-15>. Acesso em: 07 mar. 2006.

MORAES, R. *Neoliberalismo:* De onde vem, para onde vai? São Paulo: Senac São Paulo, 2001.

Noronha, E. G. "Informal", ilegal, injusto: Percepções do mercado de trabalho no Brasil. In: Revista Brasileira de Ciências Sociais, São Paulo, v.18, n. 53, pp.111-9, out. 2003.

Offe, C. Trabalho como categoria sociológica fundamental?: Trabalho e sociedade. Rio de Janeiro: Tempo Brasileiro, 1989.v.1.

Pastore, J. O desemprego tem cura? São Paulo: Makron Books, 1998.

_____. PAC: empregos à vista. Correio Braziliense, Brasília, 08 mar. 2007. Disponível em: <http://www.josepastore.com.br/artigos/emprego/181.htm. 14/07/2007>. Acesso em: mai. 2007.

Pochmann, M. A metrópole do trabalho. São Paulo: Brasiliense, 2001.

_____. (org.). Outra cidade é possível: Alternativas de inclusão social em São Paulo. São Paulo: Cortez, 2003.

Portal Mercosul. Disponível em: <http://www.mercosur.int/msweb/portal%20intermediario/pt/mercosul/mercosul.html>. Acesso em: 15 mar. 2007.

Repórter Brasil. Dez mentiras sobre o projeto que muda a fiscalização do trabalho, Site da Ação Popular Socialista (APS). Disponível em: <http://www.acaopopularsocialista.org.br/noticias/1761.htm>. Acesso em: 13 set. 2016.

Rifkin, J. O fim dos empregos. São Paulo: Makron Books, 1995.

Rodrigues, L. M. Destino do Sindicalismo. São Paulo: Edusp; Fapesp, 1999

Salm, C. Estagnação econômica, desemprego e exclusão social. In: SICSÚ, J.; Paula, L. F.; Michel, R. Novo-desenvolvimentismo: Um projeto nacional de crescimento com equidade social. Barueri: Manole, 2005.

Schwartz, G. As profissões do futuro. São Paulo: Publifolha, 2000. Folha explica.

Sennet, R. A corrosão do caráter: Consequências do trabalho no Novo Capitalismo. Rio de Janeiro/São Paulo: Record, 1999.

Singer, P. Globalização e desemprego: Diagnóstico e alternativas. São Paulo: Contexto, 2003.

Soares, L. T. R. Ajuste neoliberal e desajuste social na América Latina. Petrópolis: Vozes, 2001.

9

Política e relações de poder: Participação política e os direitos do cidadão

José Eduardo Azevedo e Josefa Alexandrina Silva

Objetivos

1. Compreender o conceito de política e os seus sentidos;
2. Entender os fundamentos do poder político e as atividades do governo, no tocante à gestão dos órgãos administrativos e organizacionais;
3. Fundamentar a reflexão sobre o Estado e as representações do social;
4. Levar o leitor a entender a noção de democracia, de poder e o exercício da cidadania;
5. Compreender os obstáculos da democracia e as dificuldades do exercício da cidadania.

Política

A primeira questão que é preciso esclarecer é o significado da palavra política, pois essa expressão, no senso comum, adquiriu uma conotação altamente pejorativa associada a atividades de um grupo social pouco confiável, os políticos profissionais "que pertencem a um certo tipo de organização sociopolítica (os partidos), que disputam o direito de governar, ocupando cargos e postos no Estado" (CHAUI, 2003, p. 347).

A política é vista como algo distante da sociedade, uma vez que é uma atividade de profissionais (políticos) e de especialistas (administradores) que, investidos de poder, dão um determinado rumo à sociedade.

A política está associada à *polis*, expressão grega que significa "cidade", que segundo Marilena Chaui é: "A comunidade organizada, formada pelos cidadãos (*politikos*), isto é, pelos homens nascidos no solo da Cidade, livres e iguais" (CHAUI, 2003, p. 349).

A política é uma criação humana e foi inventada exatamente para que fosse possível expressar as diferenças e os conflitos de pensamento entre os indivíduos. Ao estabelecer acordos mútuos, a política possibilita que as diferenças não se transformem em guerras.

O grande desafio de definir a política está em desvendar o poder, pois a política nasce de uma relação de poder que se estabelece entre pessoas ou grupos na sociedade.

Poder significa a imposição de uma vontade sobre outras vontades, mesmo que haja resistência. Desse modo, o poder é concebido como uma relação especial em que existe domínio e subordinação.

Como vivemos em uma sociedade dividida em classes, as decisões políticas passam a expressar os conflitos de interesses presentes na sociedade, como afirma Chaui:

> "Em lugar de reprimir os conflitos pelo uso da força e da violência das armas, a política aparece como trabalho legítimo dos conflitos, de tal modo que o fracasso neste trabalho é a causa do uso da força e da violência" (CHAUI, 2003, p. 376).

Podemos perceber que a política nasce da diferença de visões sobre a forma de conduzir a vida coletiva. A política pode ser definida como "Regulação da existência coletiva, poder decisório, luta entre interesses contraditórios, disputa por posições de mando, confronto entre forças sociais"(SROUR, 1992, p. 67).

A política é vista como a solução que uma sociedade oferece para suas diferenças, seus conflitos e contradições, sem escondê-los. A busca da justiça é atingida através da discussão pública de opiniões. Deste modo, a questão política se encontra diretamente relacionada com a questão da ética. Na ausência de um forte sentimento ético, o bem comum não é atingido, sendo desvirtuado o sentido da política.

A política é um conjunto de elementos que envolvem as relações de poder na sociedade. Nesse sentido, possui um componente específico, que é o poder, que significa a imposição de uma vontade sobre as outras vontades, mesmo que haja qualquer resistência.

Conforme assinalam Castro e Falcão (2004, p. 14), "a política compreende a relação de poder que, por princípio, tende à busca do bem comum. Este somente pode ser atingido se baseado na justiça e, portanto, ligado à moral". Os autores afirmam que todo comportamento social deve ser pautado pela ética.

Observamos no exercício político brasileiro candidatos se vangloriarem por serem éticos, como se essa fosse uma virtude rara, quando todos aqueles que se propõem a atuar na esfera pública deveriam se ater aos princípios éticos. Portanto, não podemos confundir política com troca de favores, tráfico de influência e ausência de princípios. Esses fatos expressam desvios do sentido da política.

Fundamentos do poder político

A partir da identificação das características mais gerais da política, suscita-se perguntas sobre os fundamentos do poder político: por que existem pessoas que mandam e outras que obedecem? Foi sempre assim?

Étienne de La Boétie (1530-1563), em sua obra *Discurso da servidão voluntária*, afirma que os seres humanos têm a necessidade de se tornarem servos, conferindo um poder sobre-humano àqueles que se constituem como as autoridades.

Segundo o autor, alguns indivíduos ao reconhecerem alguém como autoridade, transferem-lhe o poder, tornando-se servos e escravos conforme seu próprio desejo. Assim se forma uma sociedade onde uns poucos mandam e muitos obedecem.

La Boétie afirma que aquele que manda não está sozinho, o que o mantém no poder é a relação de cumplicidade que se estabelece com o próprio povo. Em seu *Discurso da servidão voluntária*, La Boétie (1982, p. 20) afirma:

> "Os homens nascidos sob o jugo, mais tarde educados e criados na servidão, sem olhar mais longe, contentam-se em viver como nasceram; e como não pensam ter outro bem nem outro direito que o que encontraram, consideram natural a condição de seu nascimento".

Ao apontar as mazelas do esquema de dominação, La Boétie fala ao povo. Expõe com indignação a apatia popular sob o Estado autoritário e as inquietudes humanas provocadas pelo poder estatal discricionário exercido sobre os indivíduos, corrompendo-os e subtraindo-os.

Essa concepção ampla da liberdade induz, entretanto, a certas contradições, pois a ilimitada liberdade poderia produzir um desequilíbrio na sociedade, criando um estado de desigualdade. No entanto, La Boétie fundamenta os seus argumentos afirmando que o homem que é educado na servidão e afastado do conhecimento, da sabedoria, não conhece outra realidade senão aquela em que se encontra.

Essas ideias de La Boétie põem às claras as implicações, ou melhor, as explicações do desejo voluntário de servir e a fragilidade da não obediência. Segundo La Boétie, são três as razões para a existência da servidão: o costume, a covardia e a manutenção da tirania por parte do dominador.

O costume da servidão, conforme observamos, é que os homens se acostumam a servir, pois não possuindo conhecimento nem sabedoria das injunções políticas, se submetem à "servidão voluntária".

O pensamento de La Boétie nos leva à reflexão sobre a essência humana. Ela está ligada à liberdade, em sentido pleno, sem o jugo do poder dominante, sem as pressões exteriores, sem a interferência do Estado. Portanto, o que o pensador quer enfatizar é que um dos elementos que explica a servidão é o costume, vindo das formas como os indivíduos se socializam.

A segunda razão, segundo La Boétie, é que temeroso do aparelho autoritário do Estado, o povo facilmente se torna covarde, e o tirano aumenta quantitativa e qualitativamente a sua dominação, forçando-o a abdicar da liberdade e da vontade própria. Diante dos tiranos, as pessoas facilmente se tornam covardes, medrosas. Essa é a melhor forma, segundo a tirania, de manter o reino unido e funcionando segundo os seus propósitos.

À medida que o governante aplica de forma inflexível o seu comando, os indivíduos se submetem à força coercitiva do Estado, fazendo com que os súditos introjetem o autoritarismo através da figura do tirano. Essa é a terceira razão da servidão.

Segundo Chaui, La Boétie emprega essa expressão paradoxal, de **servidão voluntária**, para:

Indicar que a tirania existe e persiste porque não somos obrigados a obedecer ao tirano e os seus representantes, mas **desejamos voluntariamente servi-los** porque deles esperamos bens e garantia de nossas posses. Usamos nossa liberdade para nos tornarmos servos (CHAUI, 2003, p. 380).

Desse modo, bastaria não dar ao tirano o que ele pede e exige para recuperarmos a liberdade. É necessário que não seja dado o que ele deseja, para que seja derrubado. Mas essa ação não pode ser de um apenas, mas sim coletiva, inclusive daqueles que estão próximos ao tirano.

Mas como passar da servidão à liberdade? Tais ações da não obediência se tornarão mais evidentes a partir do século XIX com as teorias libertárias do socialismo moderno e os movimentos e lutas populares.

Se observarmos ao longo da história do século XX e início do XXI, identificamos inúmeros movimentos de luta contra as formas de tirania.

O Estado

Em *A política*, Aristóteles (384-322 a.C.) afirma que a razão de ser do Estado é assegurar que cada cidadão tenha uma vida digna de ser humano, e que o Estado deve se sobrepor ao indivíduo e à família.

Segundo Kelsen (1881-1973), o Estado é a personificação da comunidade humana, fixada num território e exercendo aí o seu poder político. Essa comunidade é criada por uma ordem jurídica nacional.

Não existe uma interpretação única sobre as origens do Estado, como se observa a seguir:

> Duas hipóteses vêm se mantendo na explicação da origem do Estado: uma de natureza interna e outra de natureza externa. A primeira baseia-se no critério da evolução: a organização passou da tribo para a confederação de tribos e finalmente para o Estado. A segunda considera o surgimento do

Estado como resultado da conquista de um grupo sobre outro; pela dominação emergiu o controle do vencedor sobre o vencido (CASTRO; FALCÃO, 2004, p. 143).

É possível que os fatores que conduziram as comunidades humanas num passado remoto a organizar uma instituição de poder como o Estado tenha advindo da necessidade de organizar a vida coletiva sob o princípio da igualdade. Porém, não se pode descartar a possibilidade de ter surgido por grupos sociais que buscassem se sobrepor aos demais indivíduos.

Para Karl Marx (1818-1883), o Estado é uma instituição política vinculada aos interesses da classe dominante. O Estado, segundo Marx, é reflexo das contradições da sociedade civil, que somente existe para perpetuar essa oposição entre a burguesia e o proletariado. Por isso, segundo o autor, só aparentemente o Estado visa o bem comum, mantendo-se de fato a serviço da classe dominante.

No sentido acima, o Estado atua mais como um instrumento de domínio dos setores pobres. É no espaço público que se confrontam múltiplos interesses, e cabe ao governo o papel de administrar as contradições e preservar o funcionamento das instituições sociais.

Embora o poder e a autoridade se manifestem em todas as relações sociais, eles se concentram de maneira mais clara no Estado. Deste, é a instituição social que determina quem possuirá o "monopólio do uso da força legítima sobre um determinado território" (WEBER, 1979, p. 65) e como será organizado e utilizado o poder que se apoia nesse monopólio.

Independente das vertentes teóricas sobre a origem do Estado, o que podemos afirmar é que em virtude do seu legítimo (mas jamais completo) monopólio da força, o governo, evidentemente, detém o poder supremo na sociedade.

Na busca de tentar diminuir o poder do governante sobre os cidadãos, surge o conceito de **Estado democrático de direito**. As funções do Estado são subdivididas em poderes soberanos.

Cabe ao legislativo, que possui seus representantes escolhidos pelo povo, a elaboração das leis que deverão ser obedecidas pelos cidadãos.

À função executiva, também escolhida pelo povo, pelo voto direto, compete a execução das leis e a preservação da satisfação das necessidades coletivas.

Quanto ao poder judiciário, ele tem a função de zelar pela resolução de conflitos e realizar a punição da violação das leis. Assim, os atos do Estado são exercidos por membros do povo, politicamente constituídos, através de eleição. As pessoas que exercem o poder compõem o governo.

Embora o Estado moderno possua diferenças em relação a outras instituições políticas anteriores, ele carrega elementos comuns a todas as formas de exercício de dominação. O exercício do poder implica no uso de força e de violência.

O pressuposto básico da existência do Estado é o poder. No entanto, a questão do poder encontra-se disseminada em todas as ações humanas: na capacidade de impor obediência, na autoridade e no comando sobre o outro, no poder do discurso, no poder da polícia, no poder legal de executar a autoridade própria de um cargo ou função, no conjunto de direitos do cidadão nas sociedades democráticas etc.

Democracia e cidadania

Os conceitos de cidadania e democracia nasceram na Grécia. Por cidadania compreendemos que o cidadão pode e deve atuar na vida pública independentemente da origem familiar, classe ou função. Todos são iguais, tendo o mesmo direito à palavra e à participação no exercício do poder. O modelo ateniense de democracia era a direta, onde todo cidadão tinha direito ao voto e o dever de participar da assembleia pública, a fim de decidir os rumos da cidade.

Platão era um crítico da democracia. Para ele, as questões políticas não podem ser assunto de decisão de qualquer pessoa, pois só os homens preparados devem se ocupar delas. Em sua obra *A República*, o pensador imagina uma cidade ideal onde os futuros administradores seriam escolhidos entre os filósofos representantes do mais alto grau de formação humana. O homem comum, incapaz de superar as dificuldades do conhecimento opinativo, se ocuparia apenas com os problemas concretos do dia a dia, como a agricultura, o comércio e a defesa da cidade, deixando aos sábios competentes a direção dos destinos comuns.

A base da democracia encontra-se no reconhecimento das coisas públicas, separadas dos interesses particulares. Desse modo, aquele que ocupa o poder o faz como representante do povo e como tal não é proprietário do poder, tendo em vista que a democracia pressupõe a rotatividade do poder.

Sendo assim, a democracia requer o reconhecimento do valor da coisa pública, separada dos interesses particulares, é a aceitação do conflito como expressão das diferenças de opiniões existentes na sociedade.

Nas sociedades democráticas, o poder se desloca do executivo para o legislativo, daí a importância da escolha do parlamento, competindo ao estado fazer e aplicar as leis, ter exércitos, recolher impostos etc.

O exercício da cidadania implica uma relação de direitos e deveres. Portanto, é contraditória a atitude irresponsável de exigir do poder público direitos sociais e sonegar impostos, que têm como finalidade garantir os serviços sociais.

E qual o papel dos partidos políticos na estrutura política? Os partidos representam as diferentes visões dos homens sob a condução da vida pública. A palavra "partido" significa um grupo de pessoas unidas pela mesma opinião e interesses. Desse modo, é importante conhecer as ideias defendidas pelos partidos, e cabe aos candidatos expressar seus ideais.

Alguns políticos afirmam que a representação partidária não deve expressar os interesses de classes sociais, mas os da sociedade como um todo. Porém, em uma sociedade que não possui interesses comuns e é permeada por conflitos de interesses das classes sociais, os partidos acabam por representar os interesses de grupos sociais.

Os partidos convencionalmente se identificam: de direita, quando defendem a manutenção da ordem burguesa; de esquerda, quando defendem mudanças radicais na estrutura social; ou de centro. É interessante pesquisar as ideologias dos partidos, suas propostas para o conjunto da sociedade.

Entretanto, a extensão em que o voto sofre a influência da posição da classe varia de tempos em tempos, à proporção que mudam os problemas e outros fatos se tornam mais ou menos relevantes.

Essas diferenças de classe na lealdade e no apoio partidário ocorrem no jogo político das eleições, nas diferenças das atitudes e opiniões políticas ocasionais.

Portanto, qualquer análise do resultado de eleições precisa levar em consideração não apenas os diversos grupos em que cada partido vai buscar apoio, mas também nas instituições que definem o eleitorado e estabelecem a estrutura da representação na estrutura do governo eleito.

O significado das eleições é maior do que a mera rotatividade de governos, trata-se da essência da democracia, pois o poder é sempre um lugar vazio, que os cidadãos periodicamente preenchem com seus representantes, podendo até mesmo revogar seu mandato.

Os grandes inimigos da democracia são aqueles que desvirtuam a própria política quando se voltam para a defesa de interesses particulares em detrimento dos interesses comuns, e também a ausência de participação política da grande maioria da população.

Desse modo, a democracia requer o reconhecimento do valor da coisa pública, separada dos interesses particulares, e a aceitação do conflito como expressão das diferenças de opiniões existentes na sociedade.

A democracia demanda também a multiplicação dos órgãos representativos da sociedade, como as associações de bairro, movimento estudantil, de gênero, a organização de sindicatos, partidos políticos e movimentos sociais.

O mundo contemporâneo tem apontado que quanto mais complexa e diferenciada for a sociedade, mais diversificados serão os caminhos contra a desigualdade social, a violência, a discriminação, contra a devastação do ecossistema, a destruição da biodiversidade. Assim, o poder deixa de ter um único centro e se manifesta em amplos setores da sociedade, tornando o poder político um poder difuso.

A democracia pressupõe um regime onde haja voto secreto e universal, autonomia dos poderes, pluripartidarismo, representatividade, rotatividade do poder, liberdade de pensamento e expressão. Não pode existir censura, as ideias devem circular livremente e a educação deve ser acessível a todos.

Nas sociedades democráticas, a sociedade civil exerce controle sob as ações do Estado, estabelecendo controle sob a atuação dos governantes. A qualidade das leis e do poder dependem das qualidades dos cidadãos que votam e escolhem seus representantes.

O cientista político Norberto Bobbio (1909-2004) em seu livro *O futuro da democracia* afirma que entre os cidadãos ativos e passivos, os governantes preferem os segundos, pois "é mais fácil dominar súditos dóceis ou indiferentes", mas a democracia precisa de cidadãos ativos.

Portanto, um dos fundamentos da democracia é a ideia de cidadania. Por cidadania podemos compreender que se trata do caráter do indivíduo que tem consciência de seus direitos e deveres e participa ativamente das questões da sociedade. O cidadão é aquele que tem consciência do seu poder.

É importante colocar em evidência que somente após a Segunda Guerra Mundial (1939-1945) as mulheres alcançaram a plena cidadania em países como a França e Inglaterra. Nos Estados Unidos, os negros do Sul só se tornaram cidadãos nos anos 1960. No Brasil, os direitos de cidadania só foram estendidos a todos com a Constituição de 1988, antes os índios e analfabetos não podiam participar da vida política.

Participação política

Todos nós estamos envolvidos na política, mesmo sem querer ou saber disso, pois ela é a atividade que diz respeito à vida pública. Fazemos política ao procurar defender os nossos interesses, como votar nas eleições, atuar em movimentos sociais, comunitários, religiosos, sindicatos ou partidos políticos.

As ações dos cidadãos organizados freiam a ação de dominação do Estado, por isso a participação política significa participar da realidade local, reivindicar melhorias para a cidade ou bairro e buscar manter-se constantemente atualizado sobre os rumos da política. Significa também fiscalizar os candidatos, avaliando a sua atuação e se manifestando sobre suas propostas

É comum na sociedade brasileira o debate sobre o conformismo e o desinteresse da população pelos rumos da vida política.

Um componente-chave da desigualdade social é a distribuição desigual da taxa de retorno da renda e dos investimentos públicos em saneamento básico, saúde, educação, moradia e transporte feitos pelo governo à população.

O desrespeito pelo Estado ao cumprimento dos direitos da pessoa humana é visível tanto na realidade brasileira quanto na internacional. Embora sua visibilidade provoque estranheza e indignação na população como um todo, os avanços das conquistas sociais somente serão concretizados com a superação do individualismo e a operação dos instrumentos de cidadania acatada por convicção pelas comunidades. Como se vê a seguir:

> O problema que temos diante de nós não é filosófico, mas jurídico, e num sentido amplo, político. Não se trata se saber quais e quantos são esses direitos, qual é a sua natureza e seu fundamento, se são direitos naturais ou históricos, absolutos ou relativos, mas sim qual o modo mais seguro para garanti-los, para impedir que, apesar das solenes declarações, eles sejam continuamente violados (BOBBIO, 1992, p. 25).

Para análise do desinteresse do povo pela política, é preciso levar em consideração que ainda temos uma parte da população que vive abaixo da linha da pobreza e tem a televisão como única fonte de informação. É importante discutir o papel dos meios de comunicação de massa no Brasil, que pouco tem contribuído para a informação do cidadão, reduzindo a complexidade da vida política a fórmula de que "todos os políticos são iguais".

Chaui em sua obra *Cultura e democracia* afirma que o autoritarismo estrutural no Brasil conduziu as massas populares à condição de conformismo com as estruturas de dominação e o desinteresse com os rumos da política. Para ela, "as diferenças são postas como desigualdades e, estas, como inferioridade natural" (CHAUI, 2006). A lei é vista como privilégio das elites e forma de repressão para os pobres.

Para a filósofa, a sociedade brasileira conheceu a cidadania através da figura inédita: o senhor cidadão, e conserva a cidadania como privilégio de classe. As desigualdades sociais são transformadas em desigualdade política, e esta em hierarquia.

Para as camadas populares os direitos são apresentados como concessão do Estado, dependente da vontade pessoal do governante. Esse quadro de pobreza favorece o aparecimento de candidatos de perfil ético duvidoso, que acabam conquistando votos em troca de cestas básicas, material de construção etc.

Ninguém escapa da política, quem não se envolve diretamente nos acontecimentos é envolvido indiretamente nas suas consequências, pois todo ato humano em sociedade é político, inclusive o ato de omissão.

As relações de poder

Ciente dessas dificuldades de compreensão do poder, Michel Foucault (1926-1984) desenvolveu uma nova abordagem interpretativa sobre a maneira como se articulam as relações entre o poder e o conhecimento dentro desses mecanismos.

Foucault identifica formas de exercício do poder diferentes do exercido pelo Estado, mas a ele articulado de maneira variada, tornando-se indispensável à sua sustentação e atuação eficaz. Ele aponta que aquilo que caracteriza o conjunto hierárquico das diversas instituições é o poder difuso, espalhado por diversas instâncias da vida social. Para ele não existe apenas o poder exercido por aqueles que se encontram no topo da hierarquia institucional.

Esse tipo específico de poder se expande por toda a sociedade, assumindo as formas mais regionais e concretas; investindo sobre as instituições e tomando forma em técnicas de dominação. Foucault aponta que os séculos XVII a XIX não foram apenas um marco na regulamentação escrita dos exércitos, escolas, prisões, hospitais e fábricas, mas que se persegue principalmente uma ideia construtiva de conversão do homem em máquina, a intenção de tornar o indivíduo útil, dócil e disciplinado através do trabalho.

Essas instituições surgidas no processo de modernização da sociedade possuem um poder disciplinar sobre os indivíduos baseado no *saber-poder*, elaborado a partir do desenvolvimento da ciência e da tecnologia que se transformam em um saber instrumental voltado para a dominação dos indivíduos.

Esse tipo específico de poder que se expande por toda a sociedade – assumindo as formas mais regionais e concretas, investindo sobre as instituições e tomando forma em técnicas de dominação – possui, segundo o filósofo, uma tecnologia e história determinadas. O poder atinge a realidade concreta dos indivíduos por meio do **corpo,** isto é, de procedimentos técnicos do poder no controle detalhado e minucioso dos gestos, atitudes, comportamentos, hábitos e discursos.

Observa Foucault que o poder não é propriedade de uma classe que o teria conquistado, mas é uma **estratégia**, e seus efeitos não são atribuíveis a uma apropriação, e sim a pontos singulares por onde passa.

Como afirma Foucault, uma *microfísica do poder* se estabelece sobre o corpo dos indivíduos, não mais o conjunto de leis ou os aparelhos de Estado. Assim, o poder deve ser analisado como algo que funciona e se exerce em diferentes pontos da rede social. Essa ação sobre o corpo não opera simplesmente pela consciência ou pela ideologia, mas é biológica, somática, corporal. É justamente esse aspecto que explica o fato de que o corpo humano seja alvo, pela prisão, por exemplo, não para supliciá-lo, mutilá-lo, mas para adestrá-lo e aprimorá-lo. Isto resultará, segundo o autor, numa riqueza estratégica e numa eficácia produtiva positiva.

Em vez do princípio formulado pelo modelo monárquico, da lei como um poder único e centralizador, ou mesmo pelo ancoradouro histórico daqueles que querem obter e manter uma representação jurídica homogênea em toda a sociedade, Foucault irá afirmar que o poder não é algo que se detém como uma *coisa*, como uma propriedade, que se possui ou não. Como ele observa, não existe de um lado os que têm o poder e; de outro, aqueles que se encontram dele apartados.

Assim, fica explícito que o exercício do poder não se restringe ao poder do Estado, ele se encontra disseminado na sociedade, como demonstrado a seguir:

> O poder é mais complicado, muito mais denso e difuso que um conjunto de leis ou um aparelho de Estado. Não se pode entender o desenvolvimento das forças produtivas próprias ao capitalismo, nem imaginar seu desenvolvimento tecnológico sem a existência, ao mesmo tempo, dos aparelhos de poder (FOUCAULT, 1979, p. 221).

Concluímos que, embora o Estado se apresente como a instituição máxima de exercício de poder sobre os indivíduos, Foucault nos chama a atenção para as outras formas de exercício do poder existentes na sociedade. Todavia, essa primeira resposta do filósofo, cuja preocupação é, explicitamente, centrada na descrição dos discursos e na estrutura social, ainda não são suficientes para a compreensão de seu objeto: as relações entre saber e poder, que mediados pela verdade mutuamente se produzem e reproduzem. (MUCHAIL, 1984, p.196)

Questões para estudo

1. Explique brevemente a noção de política.
2. O que Étienne de La Boétie define como as mazelas da servidão voluntária?
3. Segundo La Boétie, quais as três razões para a existência da servidão?
4. Quais as funções do Estado no "Estado democrático de direito"?
5. Quais os pressupostos básicos da existência do Estado? E em que ações se encontram disseminados na sociedade?
6. Quais os fundamentos da democracia e da cidadania?
7. Como Foucault delineia um exercício do poder diferente do exercido pelo Estado?

Referências bibliográficas

BOBBIO, N. *Liberalismo e democracia*. São Paulo: Brasiliense, 1993.

CASTRO, C. A. P.; FALCÃO, L. P. *Ciência política*: Uma introdução. São Paulo: Atlas, 2005.

CHAUI, M. *Cultura e democracia*: O discurso da fala competente e outras falas. 11. ed. São Paulo: Cortez, 2006.

_____. *Convite à filosofia*. São Paulo: Ática, 2002.

FOUCAULT, M. *Microfísica do poder*. 3. ed. Rio de Janeiro: Edições Graal 1982.

_____. *A verdade e as formas jurídicas*. Rio de Janeiro: Nau Editora, 1996.

KELSEN, H. *Teoria pura do direito*. São Paulo: Martins Fontes, 2000.

LA BOÉTIE, É. de. *Discurso da servidão voluntária*. São Paulo: Ed. Brasiliense, 1982.

LOCKE, John. *Segundo Tratado sobre o Governo, em Locke*. São Paulo: Abril Cultural, 1978 (Os Pensadores).

MUCHAIL, S. T. A filosofia como crítica da cultura. In: *Cadernos PUC-SP* no. 13, 1984. _____. Da arqueologia à genealogia acerca do(s) propósito(s) de Michel Foucault. In: *Cadernos PUC-SP* no. 32, 1988.

WEFFORT, F. *Os clássicos da política*. São Paulo: Ática, 1989.

WEBER, M. *Ciência e política*: Duas vocações. São Paulo: Ed. Cultrix, 1972.

_____. *Ensaios de sociologia*. Rio de Janeiro: Zahar Editores, 1979..

10

Urbanização: Os sentidos do processo e da estruturação social urbana

Adilson Rodrigues Camacho e Sergio Luiz Carneiro

Objetivos

1. Apresentar a *urbanização* como conjunto hierárquico de projetos de agentes com poderes em múltiplas escalas (interagindo global, regional e localmente), associados precariamente, no caso de uma sociedade desigual como a brasileira, e como motor estruturante do povoamento ou territorialização de espaços rurais (campos antiquados ou modernos) e urbanos (cidades e campos urbanizados);
2. Mostrar a lógica escalar das relações entre urbanização e cidades (processo internacional com raízes locais), bem como das transformações da unidade rural-urbano;
3. Indicar a noção de *rede* como estruturadora das relações sociais tanto rurais quanto urbanas e de suas condições determinadas por esse processo de urbanização;
4. Identificar as *intenções de projetos determinantes* do espaço social urbano, difusores de inovações simbólicas e objetivas, isto é, procurando nos acontecimentos e objetos urbanos as tais intencionalidades (o que as cidades têm e quais são seus problemas).

Para começar, algumas cenas...

Na hora do congestionamento. Todo dia sem que a polícia faça nada. Mal pode acreditar como eles suportam a poluição. Escondem-se entre as colunas do túnel. Ficam esperando a distração dos motoristas, camuflados de fuligem e monóxido. Diz que sabe: que eles preferem os que ficam com os vidros abertos, aqueles (aponta um) 'falando sozinhos, pensando, cantando as músicas do rádio'. Aproximam-se, encostam a arma e disparam contra a cabeça. "Uma verdadeira execução". É o que eles fazem. O roubo acontece em seguida. "Às vezes nem isso". Olha os gigantescos exaustores pendurados no teto oval. "Onde é que vamos parar?". Não espera que eu responda. Fala: "Tem também os que fazem isso, mas não chegam a disparar, só pegam alguma coisa" (BONASSI, 1996, p. 29).

Sete crianças moradoras da favela Zaki Narchi (Zona Norte, São Paulo (N.A.), foram internadas após comerem doces (sonhos) estragados. Elas teriam ganho os sonhos do dono de uma lanchonete, ainda não identificado. As crianças foram internadas no pronto-socorro de Santana e não correm riscos. (BONASSI, 1996, p. 185).

Filho que nasce torto pede esmola (BONASSI, 1996, p. 205).

Foram mais de sessenta tiros com modernos fuzis automáticos. Só vemos as fotografias da perícia e assim mesmo à distância. Mais um massacre bósnio no subúrbio brasileiro. Dessa vez quatro policiais. No instante seguinte o morro é invadido pela lei: setenta por cento das bocas de fumo são fechadas, centenas de prisões em flagrante. Preocupados com a violência, os chefes do tráfico – presos em Bangu I – mandam avisar que querem os assassinos (quatro pelo menos) entregues à polícia civil carioca. O país respira aliviado (BONASSI, 1996, p. 207).

Algumas palavras...

Para introduzir o tema, optamos por partir de cenas as mais corriqueiras em nossas cidades, evocando fatos cotidianos cujas origens são de processos internacionais articulados a processos locais; é o caso de dívidas contraídas por uma prefeitura no sistema financeiro global que lhe tira o fôlego de investimentos em melhorias locais.

Tomemos, para ilustrar as tais faltas, as cenas: a violência banalizada como trabalho no viaduto-escritório, a "desforra" no outro que "macula" as paisagens e os caminhos, crianças que levantam questões com o próprio corpo "sujo e interposto nos caminhos das pessoas de bem", a previsão matemática do "pau que nasce torto, morre torto", os poderes (paralelos) insuspeitos à massa dos cidadãos, embora estejam na essência da "ordem formal" de nossos cotidianos, como a governança territorial do narcotráfico. Eis os ingredientes do caldeirão de nossos pratos mais típicos: violência, insegurança, confusão de papéis sociais, desconfiança, determinismos os mais diversos, agentes sociais múltiplos em coexistência tácita e inconsciente, medo direto e difuso, grande motivador das ações e representações na sociedade urbanizada.

O que a cidade tem? O que vemos quando procuramos? Como se encontra essa objetividade e o que é tudo isso? São os três momentos deste capítulo.

Caminharemos, então, pelas situações apreendidas nas cidades, passando pelo modo como isso tudo é organizado, continuando com uma aproximação com os olhos da mente (teórica) para efeito de identificação das partes apresentadas e encerrando com uma pauta de apontamentos de caminhos para a pesquisa em ciências sociais.

Nossa tese é a de que há perdas no modo como ocorre nosso *desenvolvimento* como sociedade, como nação. Elas corroboram o círculo vicioso da reprodução ou manutenção de nossa existência como *cidadãos brasileiros*, com vidas cotidianas normatizadas, fragmentadas.

E como estudar isso tudo?

Neste capítulo apresentamos a questão urbana, procurando conciliar as cidades como acontecimentos, como aqueles das cenas do início do texto, e como representação com seus principais aspectos constitutivos e possibilidades com os quais o encerramos.

Cidades são fenômenos únicos como cada vida e representações ou produto de generalizações para estudo e planejamento. O objetivo é alcançá-las nesse duplo caminho, de início com uma espécie de inventário dos elementos componentes de uma cidade (o que tem ou do que é formada, como funciona e os problemas nesse funcionamento), passando às tradições de interpretação e pesquisa sobre a vida urbana e os sentidos captados da urbanização, com a ampla frente positivista embasada em Émile Durkheim (seguindo pela via aberta por Auguste Comte), a teoria crítica encabeçada por Karl Marx e a procura dos conteúdos e a razão das ações em Max Weber. Será recorrente a referência às vias e aos autores obrigatórios nos estudos da cidade nas ciências sociais: Delle Donne (1983), Gottdiener (1993), Eufrasio (1995; 2013).

As vias assumem roupagem de disciplinas acadêmicas que conformam corpos de conhecimentos, práticas didáticas e de pesquisa: bem separados no positivismo como ciências parcelares (disciplinas) que se colocam para objetos *independentes* do mundo (como em Durkheim); conhecimentos mais ou menos articulados pela razão, no culturalismo compreensivo (de Weber, por exemplo); e unificados, ainda *mecanicamente*, no projeto político da teoria crítica marxista (não menos efervescente nos intelectuais e ativistas anarquistas, socialistas e comunistas) (Boudon; Bourricaud, 1993).

Não se pode mais, de modo eficiente, estudar objetos exteriormente com prejuízo de perderem-se os sentidos das ações. Portanto, seguimos por caminhos que, como em espirais, se voltam para os próprios sujeitos da constituição do real, estão sob influência do movimento fenomenológico que preconiza a aproximação da realidade social enraizada na união entre sujeito e objeto que está na base da experiência de todos nós. A *fenomenologia* de Edmund Husserl a Maurice Merleau-Ponty, entre outros, articula sujeito e objeto, aceitando nossas limitações diante do real, pois este passa a ser objeto de interesse como fenômeno percebido, vivido (nas relações estabelecidas como experiências) e compartilhado como realidade objetiva.

A solução que damos aqui para a questão do que é visto, portanto, é tomar as generalizações como recursos didáticos e operacionais à investigação e à intervenção na cidade que virá como conjunto sintético (generalizado) de coisas observáveis. Bem que o pensamento científico gostaria de pôr as mãos nos lugares e situações singulares, mas seria impossível nos moldes de nosso encaminhamento científico convencional, como adverte Jorge Luis Borges (2005, p. 119) sobre o absurdo de trabalhar com "todas" as informações do real, ao citar um fragmento de Suárez Miranda:

> Do rigor da ciência. Naquele Império, a Arte da Cartografia alcançou tal perfeição que o mapa de uma única Província ocupava toda uma cidade, e o mapa do Império toda uma província. Com o tempo, esses mapas desmedidos não satisfizeram e os colegiados de cartógrafos elaboraram um mapa do Império, que era do tamanho do Império e coincidia ponto a ponto com ele. Menos Dedicadas ao Estudo da Cartografia, as Próximas Gerações entenderam que aquele vasto Mapa era Inútil e não sem Impiedade abandonaram-no às inclemências do sol e dos invernos. Nos desertos do Oeste perduram Ruínas esfarrapadas do Mapa, habitadas por animais e mendigos; em todo o país não há outra relíquia das disciplinas geográficas.

Admitindo, então, a impossibilidade científica de tratarmos de todas as coisas *singulares* (das experiências de cada um, somadas), o todo de uma só vez, encontramos o primeiro plano de situações e relações *particulares* generalizadas para as cidades (como se fossem fatos normais), cujo mérito é o de fazer parte de um todo conexo (teoria a qual estão referidas), e chegamos em outro nível, à generalização a que nos levaram as partes. Se no primeiro plano a generalização serve de lanterna para enxergar as partes das cidades, no segundo é a procura de conexões entre elas como sentidos (definições) e delineamentos intersubjetivos, a título de possível solução para o esfacelamento do mundo.

Dito isso, entremos pelas particularidades das cidades, seus problemas e organização política.

As cidades e seus atributos: O que elas têm

Ocupemo-nos, agora, da história e da caracterização das cidades determinadas pela urbanização conforme as pistas do texto de E. S. Sposito (2008, p. 85), começando pelo que as cidades têm, isto é, pelo que *todos* vemos nelas.

Trânsito, pessoas circulando, edifícios de vários tamanhos, lojas, vendedores ambulantes, pedintes, policiais fardados, ruas e avenidas com automóveis, caminhões e ônibus em movimento, semáforos, colegiais atravessando na faixa de segurança... Um turbilhão de acontecimentos simultâneos e em todos os lugares. É a cidade, com a sua dinâmica social, atividades políticas, econômicas, culturais e as formas espaciais resultantes de todas as ações humanas, experiência que se repete em todo o mundo, porém nunca exatamente igual.

As cidades são marcadas tanto por seus *atributos locais* (usos de recursos naturais com técnicas autóctones) quanto por seus *atributos localizacionais próprios ou intrínsecos* (organização socioespacial dos usos) e por suas *atribuições localizacionais impostas* ou *extrínsecas* (sua função na *rede* de modernizações e usos exógenos).

Assim, as cidades constituem-se normalmente sobre processos próprios, endógenos (cidades que destinaram seus recursos aos usos de sua deliberação), além dos papéis que passam a desempenhar na constelação urbana em escalas local, regional e nacional e, mais modernamente, internacional (fracionamento de funções produtivas da globalização). Tais papéis são políticos, econômicos, culturais, conforme as cidades sejam *requisitadas* por suas riquezas (regiões e áreas urbanas ou rurais nas quais se encontram os recursos necessários ao movimento do capital, como minérios e solos férteis, por exemplo), ou sejam as *solicitantes*, quando concentrarem os maiores investimentos (metrópoles de porte financeiro e decisório nacionais e internacionais).

Cada cidade constrói a própria história a partir de situações cujos valores variam no tempo e no espaço conforme as características do território e da organização social de sua população. São bons exemplos dessa variação histórica de valores a importância relativa de recursos ambientais, por exemplo, no caso do petróleo como obstáculo à agropecuária antes da Revolução Industrial e do sílex, nos dias de hoje (RAFFESTIN, 1993).

As aglomerações urbanas existem desde a antiguidade (MUMFORD, 1965), quando as atividades econômicas basicamente agrícolas e pecuárias geraram excedentes capazes de sustentar as camadas sociais que não produziam no campo. Eram comerciantes, artesãos, artistas, guerreiros, aristocratas, administradores e burocratas que se apropriavam de parte da renda dessa economia rural e se dedicavam às atividades políticas e de mercado, entre outras. Contudo, as cidades e os motivos de sua fundação e desenvolvimento vão se transformando com o conhecimento científico, as relações econômicas e sua viabilidade (cidades são produtos e negócios) nos mercados.

OBSERVAÇÕES

A gênese das aglomerações urbanas é assunto que requer tratamento detalhado e é tema bastante atual (Lewis Mumford, 1965). Desse modo, há cidades milenares que foram atravessadas por incontáveis ciclos econômicos e há cidades que nascem em torno de projetos e empreendimentos, como as cidades-satélite de Brasília, as cidades com atividades mineradoras ou dormitórios de usinas hidrelétricas, por exemplo (MARTINS, 1996).

Em finais do século XVIII, ocorre a Revolução Industrial, um evento fundamental que impulsionou a urbanização, com o crescimento das aglomerações humanas. Revolução que também se consolida com esse processo de urbanização e configura o que se tornou modelo de cidade capitalista como controladora de riquezas e de relações sociais que se expandiram por todo o globo.

O capital (bens e trabalho que permitam gerar excedente, mais capital) nas formas imobiliária, financeira, industrial, tecnológica (BARBOSA, 2003) está em constante transformação, e em seu movimento e fluxos de mercadorias, valores e pessoas, tem um padrão de expansão em redes que se alimentam e se renovam em sua circulação baseada nas cidades e metrópoles. As redes ou cadeias produtivas *se alimentam* nas cidades porque nelas estão as sedes das grandes empresas industriais, de serviços e do setor financeiro que as controlam e financiam, ao mesmo tempo que *alimentam* as próprias cidades.

O movimento de que estamos falando é dependente da circulação geral, dos circuitos produtivos e financeiros, isto é, da fluidez e das aglomerações que dão massa, volume e conteúdo aos mercados concentrados. O capital precisa da concentração de poder e riqueza no espaço geográfico e a acentua; concentração identifica-se à exclusão, posto que se trate de distribuição territorial e social desigual. Desse modelo advêm sistemáticas reduções das possibilidades de conhecimento e de comunicação das pessoas, facilitando a formação de grupos por semelhança e proximidade. E as reduções são paradoxais por negarem na prática as maiores promessas da urbanização pós-iluminista para as cidades (ROUANET, 2000).

A urbanização no *plano institucional* (por meio de legisladores e dos executivos municipais, estaduais e federais) remodela e estabelece cidades e áreas rurais com as mais variadas formas segundo as necessidades capitalistas de manutenção dos lucros, estabelecendo também no *plano interpessoal* padrões de relações sociais situadas (espaço concreto).

É assim que a estruturação das cidades e das regiões de cultivo e criação segue a lógica das relações transformadoras dos lugares, conforme Milton Santos (1985, pp. 45-57). E se no plano normativo (abstrato) a urbanização da sociedade move-se longe de nossas vistas, no nível *microssociológico* ou ordem próxima (abordados no capítulo seguinte), tanto as relações estudadas quanto o estudioso dão-se imediatamente, diretamente, um para o outro; sujeito e objeto estão juntos, confundem-se.

Pois bem, a urbanização tem papel fundamental na conformação das cidades e, então, é preciso situá-la: trata-se de um processo socioespacial que reúne forças diversas (de diferentes agentes sociais com desiguais intensidades), cada qual com seu projeto de cidade, dos quais os que vingam são aqueles legitimados, normalmente, pelo voto em candidatos de partidos políticos que devem estruturar-se em torno de ideologias como liberalismo, social-democracia, anarquismo, socialismo, comunismo, entre outras. Dito de outro modo, temos: urbanização é a associação de diferentes agentes sociais ocupantes de posições distintas da hierarquia social: política (desde representantes da política convencional com posições sociais antiquadas, estabelecidas há muito, até aquelas contrapostas às novas formas de fazer política); e econômica (de grandes proprietários de terras, de fábricas ou bancos até quem mora na rua), portanto, com poderes desiguais que, entretanto, "juntos", determinam tendências de crescimento, modernização e desenvolvimento.

Pensemos nas formas das cidades: são resultantes das feições do poder em suas manifestações local, regional e nacional; o alcance das expressões culturais dos grupos (definidos por seus sobrenomes de linhagens longevas e tamanho de propriedades) que se impõem simbólica e economicamente conforme o valor das tais propriedades (e produções) que são formas de capital (imobiliário, financeiro, comercial, tecnológico) no contexto das redes que integram e dos papéis que desempenhem como representantes locais de poderes que vão de locais a internacionais, dependendo do período e dos valores econômicos atribuídos, a exemplo de produção e comercialização nos circuitos da cana-de-açúcar, gado, tecnologia, grãos etc.

Para Henri Lefebvre em seu clássico *O direito à cidade* (2001[1967]), o processo de urbanização deriva, de diversas maneiras, da própria industrialização e torna-se, no século XX, a maior marca da ocupação do território brasileiro. Industrialização que garante com a produção de bens e serviços a manutenção das sociedades, por meio de organizações e controles, conforme interesses dos diversos grupos, além da sua reprodução social. José de Souza Martins (1981) apresenta a composição do extenso debate sobre a gênese da industrialização brasileira: de um lado estariam aqueles que acreditam que foi o capital do café o responsável pela formação do mercado monetário para a indústria; enquanto de outro assumem que o processo deveu-se à força de pequenas e quase invisíveis atividades desconsideradas pelo outro lado. Sua contribuição é uma síntese crítica de ambas.

A circulação também exerce sua influência, como nos conta R. Langenbuch (1971) em seu estudo da estruturação da Grande São Paulo, na qual pouso de tropas de muares, estações ferroviárias e depois rodoviárias, entre outras funções que se aglomeram, vão se tornando vilas e cidades.

A ocupação também é promovida pelas atividades mais elementares, como agricultura e pecuária (ANDRADE, 1994) que, desde o período colonial como território português, o Brasil vai sendo povoado com os pequenos núcleos urbanos em meio à geografia "desconhecida" e às áreas rurais; mais tarde, municípios: uma região constituída pela cidade e seus campos de cultivo e criação. Cidade com sede de serviços *públicos* (poderes de estado e governo) e *privados* (agentes comerciais e mercado); o campo encarregado do suprimento e abastecimento alimentar, porém, mais do que isso, a morfologia social determinante do conteúdo das relações culturais, econômicas e políticas até o século XX.

É importante atentar para a armadilha que surge em nosso caminho e é posta pela própria teoria social, qual seja: o pensamento sobre o social vê o campo como o negativo da cidade, etapa de civilização que precisa ser ultrapassada (MARTINS, 2001), enquanto o pensamento sobre o ambiental vê a cidade como o negativo do campo, para "um mundo melhor e mais próximo da natureza". Em ambas as fórmulas subjazem visões de mundo distintas, como nos aponta detalhadamente J. E. Veiga (2004).

Logo, há sobre as complexas relações entre cidade e campo, basicamente, duas grandes vertentes de interpretação dessas ligações: uma perspectiva linear que anuncia o fim do rural, defendendo a ubiquidade ou generalidade do urbano, e outra que aponta para a profunda conexão e complementaridade entre esses dois âmbitos. De qualquer modo, a urbanização capitalista promove a expansão das relações urbanas (antes próprias às cidades) para as regiões agrárias, a exemplo de sua característica organização do espaço (aglomerações, retração dos lotes, inserção de tecnologia), junto com suas racionalidades reprodutoras de outros modelos de urbanização; o que quer dizer que são modelos que ordenam os espaços e as atividades sociais para controlar os recursos locais e propiciar maior produtividade e rentabilidade.

Devemos tomar cuidado para não recair no "modo fácil" de explicar as transformações como transparentes e previsíveis: como transcursos lineares simples, tomados com réguas graduadas que medem tudo, de trás para frente e de frente para trás. Essa é uma questão recorrente.

É desse modo que sempre estaremos falando da vida que, reduzida nas formas de ruas, edifícios, estradas e plantações; reduzida a funções e relações com os objetos manipulados pelas pessoas. Não podemos perder o humano nas análises e estudos, cobrando sempre seu lugar.

Chamamos a atenção, então, para as práticas humanas, sempre socioespaciais,[1] que se dão nas escalas *locais* (horizontais ou próximas, com relações interpessoais) e *verticais* (relações que ocorrem entre as pessoas em lugares não contíguos e hierárquicos). Todas as práticas sociais localizam-se nos lugares "rurais" e "urbanos" e em movimento migratório pelas regiões (fluxos pelas redes), considerando as migrações. As grandes transformações urbanas concentram-se no espaço e originam metrópoles e megalópoles (SOUZA, 2010, pp. 32-7).

Atualmente, convivem nas cidades dois terços da humanidade, espelhando um mundo intensamente urbanizado. A cidade moderna, para sermos didáticos, caracteriza-se pela conjunção de fatores que a tornam o centro de diversas práticas sociais, quais sejam:

— A predominância dos espaços construídos. Inclui todas as intervenções que promoveram transformações no ambiente original, recriando a natureza dos lugares, tais como as edificações (moradias, prédios de apartamentos e escritórios, instalações comerciais, plantas industriais, igrejas, escolas, hospitais, delegacias, estádios esportivos etc.), sistemas viários (ruas, avenidas, túneis, viadutos), equipamentos de transportes (ferrovias, metrô, estações, aeroportos, portos) e redes de infraestrutura (abastecimento de água, coleta de esgotos, distribuição de energia);

— O adensamento populacional. Expressão da concentração de pessoas em espaços específicos do território, com números bastante superiores aos encontrados nas áreas rurais, constituindo aglomerados humanos verticalizados (construções com múltiplos pavimentos superpostos) convivendo no mesmo ambiente, de moradia, de trabalho, de produção e de consumo de serviços;

---

1 As atividades humanas são sociais e espaciais, pois todas se dão em sociedade e ocupam o espaço.

— A concentração de indústrias, comércio e serviços. É uma das marcas das cidades, porém ao mesmo tempo que as áreas rurais vêm sendo incorporadas pelo capital industrial, financeiro, tecnológico (como as cidades), territorializações complexas dão-se como respostas diversas à entrada de capital, permitindo que o campo não tenha apenas atividades agrárias. Silva (1997), Veiga (2004). Contudo, a industrialização criou as condições da cidade moderna como imenso mercado produtor e consumidor conectado a outros em redes. Conforme o peso dessas atividades na economia local, identifica-se a tendência dominante ou vocação dos centros urbanos, classificando-os, de modo simplista, em cidades industriais, tecnológicas (Pesquisa e desenvolvimento, P&D), comerciais ou de serviços;

— A ocupação e uso intensivo do seu território. Determina o valor da terra, avaliado por metro quadrado. O próprio espaço aéreo a partir do solo, com a verticalização de construções para ocupações e usos diversos, como apartamentos residenciais, comerciais e de serviços, passa a ser avaliado economicamente;

— Polos de decisões políticas. Aglutina as relações de poder, principalmente nas cidades de grande porte e nas capitais regionais e nacionais, onde estão instaladas sedes de governos, legislativos, judiciário, partidos políticos, sindicatos e outras associações civis;

— Centro de geração, difusão e recepção de informações. A produção e audiência dos meios de comunicação de massa localizam-se nos médios e grandes aglomerados urbanos. As notícias e informações veiculadas referem-se majoritariamente a acontecimentos, decisões e conflitos sociais frequentes nas cidades e metrópoles. Ainda há muito por investigar quanto ao teor, veículos, códigos, intencionalidades e alcance desses fluxos de dados e informações;

— A concentração de atividades escolares, de pesquisa e conhecimento, artísticas e de lazer. Difusão de espaços criativos, de expressão, comunicação e artes, em geral. Nos grandes centros urbanos, concentram-se estabelecimentos de ensino e produção de saber, como as universidades e núcleos de pesquisas científicas. Salas de espetáculos, teatros, produtoras de cinema, ateliês e galerias de arte formam um ambiente de lazer e entretenimento que favorecem manifestações populares e o surgimento de novas práticas sociais incentivadas pela evolução dos meios eletrônicos. Teria que se estudar a qualidade dessa produção, dado que não podemos ignorar a participação precária e bastante seletiva da população nessas atividades, às vezes muito exclusivas ou mesmo excludentes.

As cidades e seus problemas: Raízes e aparências

"O bem-estar da população e a qualidade de vida não estão sendo cuidados em nenhum lugar do mundo pelos processos de urbanização em massa que acontecem há trinta anos, sendo a desigualdade o maior motor da segregação urbana", ressaltou D. Harvey durante um seminário realizado em São Paulo.

Está se destruindo o conceito de cidade como espaço em que seus habitantes convivem, devido ao desenvolvimento insustentável, efeitos do neoliberalismo, urbanização militarizada, especulação imobiliária, falta de mobilidade e de liberdade embalados como um mero conceito político.

"(...) tudo é submetido a um cálculo monetário no qual nós não importamos, mas o dinheiro sim, e isso é o centro de um processo de urbanização que está sendo impulsionado pelo poder do valor monetário.

Como serão nossas cidades daqui a quarenta anos neste ritmo, alguém consegue imaginar?" (David Harvey, em passagem pelo Brasil em agosto de 2015).[2]

As contradições provocadas pelas desigualdades sociais se tornam visíveis no uso e ocupação do solo das cidades e no acesso aos serviços e aos equipamentos urbanos, tanto públicos quanto privados. Como já apontara Castells

---
2 Disponível em: <http://www.boitempoeditorial.com.br/v3/Noticias/visualizar/3995>. Acesso em: 13 set. 2016.

(1977), a segregação e o acesso restritivo ao consumo da cidade produzem os bairros de alta renda, totalmente urbanizados, e as vilas ou subúrbios distantes e carentes constituem algumas das inúmeras diferenças observáveis no cenário urbano, principalmente nas grandes aglomerações humanas localizadas em países de desenvolvimento perigosamente concentrador, emergentes, como no caso do Brasil. Reafirmando:

> "Não há acumulação [capitalista] sem urbanização. De certa maneira, estamos concebendo as cidades como mercadoria e é dentro desse cenário que temos que pensar o Estado e as classes sociais", disse Haddad. "O processo de produção não se dá só no chão da fábrica, mas nas cidades também. Quando o trabalhador não está na fábrica, vendendo sua força de trabalho, está repondo suas energias para trabalhar no dia seguinte. Essa órbita do trabalhador podemos chamar de cidadania. Quando se discute transporte e moradia, estamos discutindo metabolismo das cidades para repor as forças do trabalhador (MORSOLIN, 2015).

A expressão da modernidade nas cidades, nos casos de sociedades desiguais, dá-se por meio de instalações sofisticadas de alto custo para os seus usuários tanto residentes quanto circunstanciais, isto é, aqueles que nela moram, trabalham ou simplesmente a visitam na condição de viajantes ou turistas, todos convivendo com problemas que em maior ou menor escala subsistem e se expandem. Modernidade que, via de regra, não traz os devidos compromissos com as soluções democráticas, submetendo e criando formas para atender os interesses determinantes dos grupos que se associam para governar. Decorre daí que os problemas são vivenciados de modo desigual e têm impactos distintos nos diferentes grupos sociais e áreas do espaço urbano.

Não é possível caracterizar a vida urbana sem falar do que nela funciona mal, por isso segue uma relação de alguns dos importantes problemas de moradia, preço da terra, segurança, trabalho e emprego, transporte, educação, saneamento e fronteiras, que atormentam a vida dos governos e da sociedade:

Habitação

A cidade é o "habitat", local de moradia. Com o rápido crescimento da população urbana e a expansão da economia de mercado, as demandas por habitação são cada vez maiores. Milhões de pessoas não conseguem se instalar adequadamente e acabam gerando ocupações precárias e clandestinas, como favelas e loteamentos irregulares; ocupações e invasões de imóveis por sem-tetos, cortiços e moradores de rua. A clandestinidade decorre da inexistência de documentos legais, como contrato de compra e venda, locação ou cessão. A fragilidade dessas alternativas é identificada pelo caráter provisório das instalações; pela ausência ou insuficiência de serviços básicos, tais como água, luz e esgoto, que demandam soluções improvisadas, muitas vezes perigosas. Há promiscuidade público-privado nos vários níveis de relações sociais, refletida na distribuição e utilização de equipamentos comuns.

A cidade industrial pujante convive com déficits habitacionais, desde suas origens. A consolidação e o enfrentamento dos processos que levam à favelização das autoconstruções como moradia urbana e ao aumento dos moradores de rua ou sem-tetos são acontecimentos mundiais e que existem mesmo em países com grande crescimento econômico (até mesmo considerados desenvolvidos), configurando um dos sérios problemas decorrentes da globalização do capitalismo. A fragmentação do tecido social é equiparada àquela do espaço:

> O trabalho de especialização acabou por gerar uma fragmentação do espaço: o habitar, a habitação e o habitat, da competência da arquitetura; a cidade, o espaço urbano, da competência do urbanismo; o espaço em sentido amplo (regional, nacional, mundial) para os planificadores [geógrafos] e economistas. Ora, torna-se, por isso, necessário ultrapassar estas divisões e procurar, no pensamento reflexivo, uma unidade da prática social (Proença, 2011).

Com efeito, o déficit habitacional é o grande empecilho para superar-se o quadro de pobreza (Furtado, 2002).

Especulação imobiliária[3]

Trata-se de um desdobramento da questão habitacional. Ocorre por meio da ação de investidores de capital no mercado imobiliário que provocam a "expulsão" ou desapropriação de moradores e proprietários de imóveis em favor de novos empreendimentos. Obras públicas, como a abertura de avenidas ou a construção de metrôs, e a implantação de instalações privadas, como shopping e condomínios de luxo, resultam muitas vezes em problemas sociais decorrentes da necessidade de reassentamento de famílias e realocação de atividades econômicas. Além da famigerada "destruição criativa" do empreendedorismo imobiliário, há os impactos agudos das ações expropriativas nas escalas locais, removendo história com as casas e prédios "envelhecidos". Além das indicações de vídeos ao fim do texto, segue um trecho de romance de Ítalo Calvino sobre o assunto:

> Toda vez que ele chegava a *** [4], a primeira coisa que sua mãe fazia era levá-lo ao terraço (ele, com uma saudade indolente, distraída e logo inapetente, teria ido embora sem subir até lá): Agora vou lhe mostrar as novidades – e indicava as novas construções. – Ali os Sampieri estão levantando mais um andar, aquele lá é o prédio novo de um pessoal de Novara, e as freiras, até as freiras – lembra o jardim com bambus que a gente via lá embaixo? –, agora veja o buraco que elas fizeram, quem sabe quantos andares vão querer erguer com essas fundações! E a araucária da vila Van Moen, a mais linda da Riviera: agora a empresa Baudino comprou toda a área, e uma árvore que devia ter sido tombada pela prefeitura virou madeira de lenha; aliás, seria impossível transplantá-la, quem sabe até onde iam as raízes. Agora venha ver desse lado: a gente já não tinha vista para o nascente, mas veja o novo telhado que apareceu; pois bem, agora o sol da manhã chega meia hora depois (CALVINO, 2002).

---

3 Especular, no presente caso, é apostar no jogo que passa a se chamar mercado imobiliário; cujos valores são artificiais, e não relativos ao trabalho concreto envolvido na construção e manutenção de casas.

4 As reticências estão no texto original, sugerindo atribuição de anonimato à cidade em pauta; remetendo à ideia de cidade fictícia, genérica, ou ainda da cidade que o leitor queira, com características semelhantes daquelas descritas por Ítalo Calvino.

Violência, insegurança e medo

Além dos problemas mais óbvios ligados a assaltos e crimes, temos também a insegurança e o risco de desabamentos, enchentes, alagamentos, que apontam para condições degradantes da vida urbana, que fragilizam o ser humano, causando doenças, matando ou mutilando e têm sido frequentes em muitas cidades.

Cada sociedade deve refletir profundamente sobre a corresponsabilidade estatal (União, estados e municípios) com a segurança, nas dimensões pública e privada, modalidades de defesa civil (contra acidentes) e de polícias civil e militar (violência). Essa situação provoca insegurança social e psíquica, destruição ou depredação física com profundos abalos morais, além dos custos elevados com serviços policiais e equipamentos de segurança. A violência tende a se transmutar para ludibriar e, assim, perdurar e se alastrar.

Olhar a cidade apenas pelas janelas (da casa ou do carro) implica não a ver. E ao não a apreender, tal como é, restam as imagens do que é vivido exteriormente, como o "de fora", que está, infelizmente, "lá fora". Este é o lugar do medo, da negação e do horror ao outro.

Considerados como os propagadores da violência, os meninos e meninas são sempre vistos como suspeitos e temidos nas ruas, nos meios de transportes e nos estabelecimentos comerciais. Entretanto, são constantemente vítimas da violência, pois ainda hoje essa questão é tratada pela sociedade como um "caso de polícia". Tal situação é evidenciada, até mesmo, pela denominação que recebem ("pequenos bandidos", "pivetes" e "trombadinhas"); pela afirmação de uma suposta "carreira criminosa" a que estariam destinados; e pelos constantes pedidos de recolhimento dos grupos, feitos pela população e autoridades públicas. (CASTRO; SILVA; BOMFIM, 1991, pp. 24-5).

"... meninos e meninas são presas fáceis da patologia social que rege o imaginário popular e aponta-os como 'bandidos do futuro'" (OLIVEIRA, 1991, p. 8).

Desemprego e precarização do trabalho

Desemprego e precarização do trabalho estão ligados a processos de contração do mercado de empregos (trabalho formal) ou simples degradação das condições gerais de trabalho. Bem, primeiramente é preciso distinguir trabalho e emprego, pois enquanto este é o trabalho empregado em atividade juridicamente formal, aquele é qualquer atividade desempenhada socialmente que produza resultados, com ou sem valor de mercado: a mulher (ou o homem) que cuida das tarefas de casa como limpeza, alimentação, e manutenção dos bens, trabalha, sem que tais funções tornem-se, necessariamente, um emprego.

Desemprego e precarização geram quantidades significativas de famílias que têm dificuldades ou não conseguem assegurar as condições elementares para manter a qualidade de vida. O desemprego é provocado por mudanças da estrutura produtiva (automação, cibernética) e por crises conjunturais (baixo crescimento, recessão, inflação). Para alguns autores, como Paul Singer (1996), nossa realidade é mais apropriadamente interpretada pelo conceito de precarização.[5] De qualquer modo, são processos que transformam trabalhadores em cidadãos de segunda categoria, integrantes dos circuitos inferiores da economia, dependentes ou aptos à assistência do Estado ou propensos a atividades marginais ou clandestinas, erroneamente denominadas "informais" (SANTOS, 1994, p. 95) e, até mesmo, aquelas infratoras e criminosas. Processos de precarização, segundo P. Singer:

> O desemprego estrutural, causado pela globalização, é semelhante em seus efeitos ao desemprego tecnológico: ele não aumenta necessariamente o número total de pessoas sem trabalho, mas contribui para deteriorar o mercado de trabalho para quem precisa vender sua capacidade de produzir. Nesse sentido, a Terceira Revolução Industrial e a globalização se somam. (....).

---

[5] Precarização seria mais adequado à nossa realidade, posto que desemprego supõe níveis de emprego anteriores e nossa formação social não tem alcançado patamares de emprego como os europeus. Para P. Singer, somente se pode falar de desemprego a partir de expulsão do mercado de trabalho formal, condição que o Brasil não conheceu.

Talvez melhor do que a palavra "desemprego" seja precarização do trabalho a descrição adequada do que está ocorrendo. Os novos postos de trabalho, que estão surgindo em função das transformações das tecnologias e da divisão internacional do trabalho, em sua maioria não oferecem ao seu eventual ocupante as compensações usuais que as leis e contratos coletivos vinham garantindo. Para começar, muitos destes postos são ocupações por conta própria, reais ou apenas formais. Os primeiros resultam muitas vezes do fato de que o possuidor de um microcomputador pode viver da prestação de diversos serviços a empresas, sem qualquer contrato além da transação pontual (SINGER, 1996, p. 8).

Os circuitos da economia e a informalidade

A ideia de informalidade[6] de atividades traria uma outra, a da formalidade ou normalidade de outras funções, que levaria a uma outra, a de que teríamos atividades dentro e fora das normas e das formas, assim como estariam dentro e fora da forma correta as pessoas que as exercem, os instrumentos e circuitos espaciais que as comportam (CAMACHO, 1997).

A lógica social constituinte do circuito superior e inferior da economia (teoria desenvolvida por Milton Santos, 1977, 1979, 1994) proporciona local e regionalmente volumes de pessoas e fluxos de mercadorias envolvidas.

Os circuitos inferiores, além de representar setores populacionais com atividades tradicionais, absorvem imensos contingentes de desempregados ou trabalhadores transbordados para o mercado subordinado e complementar ao circuito superior, cada vez mais visível e agregado às paisagens

---

6 Funcionaria mais ou menos assim: a atividade de camelô considerada informal (fora da norma ou da forma correta) tornaria informal também as pessoas que nela trabalham, assim como os espaços ocupados e os objetos utilizados; sendo uma espécie de transferência da qualidade negativa de anormalidade ou informalidade.

urbanas.[7] Há que se considerar que no sistema tributário atual, tal estrutura produtiva não garante crescentes (e justas) contribuições fiscais ao Estado (haveria que adequá-lo) e não se obtém seguridade social para os seus praticantes. São atividades que, embora escondam feixes de relações subterrâneas, permitem a sobrevivência a milhões de habitantes das cidades e das áreas rurais conexas.

> A existência de uma massa populacional com salários muito baixos ou vivendo de atividades ocasionais, ao lado de uma minoria com rendas muito elevadas, cria na sociedade urbana uma divisão entre aqueles que podem ter acesso de maneira permanente aos bens e serviços oferecidos e aqueles que, tendo as mesmas necessidades, não têm condições de satisfazê-las. Isso cria ao mesmo tempo diferenças qualitativas e quantitativas de consumo. Essas diferenças são a causa e efeito da existência, ou seja, da criação ou manutenção, nessas cidades, de dois sistemas de fluxo que afetam a fabricação, a distribuição e o consumo de bens e serviços. (...)
> Um dos dois circuitos é o resultado direto da modernização tecnológica. Consiste nas atividades criadas dos progressos tecnológicos e das pessoas que se beneficiam deles. O outro é igualmente resultado da mesma modernização, mas um resultado indireto, que se dirige aos indivíduos que só se beneficiam parcialmente ou não se beneficiam dos progressos técnicos recentes e das atividades a ele ligadas (SANTOS, 1979, p. 29).

---

[7] Como nas *Ramblas* e no *Mercat de Sant Josep de la Boqueria*, em *Barcelona*, no Mercado de Queijos de *Alkmaar*, na Holanda, em *Khan el-Kalili*, no Cairo, Egito, *Jaipur*, na Índia, na 25 de março, em São Paulo, entre muitas outras.

Sistema viário

Produto de escolhas valorizadas historicamente e composto por ruas, avenidas, túneis e viadutos; o sistema viário é palco de conflitos permanentes entre o aumento de veículos em circulação e o espaço cada vez mais exíguo para o seu trânsito.

A história do sistema viário é a própria história das soluções territoriais da ocupação dos lugares: loteamentos para assentamentos, parcelamento para habitações, arruamento para circulação; portanto, a questão da mobilidade envolve diretamente a da habitação, do trabalho e do lazer (fruir e fluir).

Nas cidades, principalmente nas metrópoles, os congestionamentos constantes acarretam prejuízos, devido à lentidão e atrasos, e provocam o aumento da poluição da atmosfera. A urbanização foi viabilizada de maneira efetiva pela expansão do sistema baseado no transporte por veículos pneumáticos, de implantação mais rápida para os resultados políticos. C. L. Wright fala da "cultura do automóvel" com seu campo simbólico e comportamental (1988, p.13), e fala da perda das ruas para todos os veículos sobre pneus (1988, pp. 26-7). O trecho de "Não verás país nenhum", de Ignácio de Loyola Brandão, pode nos ajudar a imaginar nosso futuro com os automóveis:

> (...) – E agora? – eu disse, olhando para a frente.
> A freeway estava coalhada de carros. De uma amurada a outra, nenhum espaço. Ao luar, via os radiadores enegrecidos, capôs corroídos, vidros partidos ou cobertos de pó, faróis vazados. Surgiram de repente, ao rastejarmos pela lombada. Na sua imobilidade davam a sensação de velocidade. (...).
> – Pois é, restos do Notável Congestionamento.
> – Eu sei, só me espanta porque já retiraram os carros de quase todos os lugares.
> – Aqui foi mais fácil fechar a estrada. Tem quinhentos quilômetros de carros.
> – Foi uma semana tão louca. Pensei que o país ia explodir. Pela primeira vez os brasileiros se revoltaram. Vi gente se armar e sair à rua tentando formar grupos.

— E os Civiltares prestaram o primeiro grande serviço ao governo. Estavam preparados. Eles tinham organização, e não nós. (...).
Ele rastejou à minha frente, mandando segui-lo. No meio da pista havia um buraco estreito debaixo dos carros. Passei por pneus estourados, havia um forte cheiro de metal enferrujado. Cromados descascados, a lua batia na lataria opaca, sem nenhum reflexo. Seguíamos, ofegantes, suados.
Entre um Passat e um Corcel, paramos. De que ano são estes carros? Nunca fui bom para marcas. Nem sequer aprendi a dirigir. Me achava distraído demais, comodista. Adelaide gostava, apanhava o carro do pai, saíamos aos domingos para a praia ou um piquenique à beira da estrada. (...).
As migrações tinham começado, passou a despencar gente em São Paulo. Multidões.
Primeiro os que tinham posses. Tiveram sorte, se instalaram. Suportaram o Período Agudo da Especulação Imobiliária. As construtoras também estavam no fim, não se autorizava mais projeto. Não havia terreno vago. As casas estavam no chão, substituídas por edifícios.
— Quem ia pensar que um dia íamos nos sentar entre os carros nesta estrada?
— Estão aí, mortos. Lata velha.
— Os carros ficaram parados dois anos em frente à minha casa.
— Você morava quase no centro. O meu bairro foi pouco afetado.
— Quase fiquei louco, Souza, naquela noite. Queria matar, pegar alguém. Buzinavam, aceleravam. Podia ver o ar preto de fumaça. A maioria esgotou a gasolina e o álcool do tanque. Ninguém desligava o motor. Pela manhã, as pessoas continuavam dentro dos carros. Como se pertencessem a ele. Câmbio, volante, freio, condutor. Esperavam, não sei o quê.
— Na minha rua teve gente que não acreditou no noticiário, tirou o carro da garagem, pela manhã, e foi embora. Voltou a pé.
— Teve motorista que ficou uma semana, duas, sem abandonar o carro. De vez em quando batiam, pedindo para ir ao banheiro. Recusei, para todos. O que estavam pensando? Que fossem para suas casas. As famílias traziam mudas de roupas, café, comida. E o desespero quando

souberam que não circulariam mais? Choravam diante do automóvel, inconsoláveis, lamentando como se fosse parente morto. Mulheres desmaiavam, histéricas.

— Tenho fotos dessas semanas. Rostos patéticos, expressões perplexas. Como se tivessem sido postas ao mundo de repente. Não era ódio, raiva, irritação. Era derrota, tristeza, interrogação. Tanto olhar apalermado! (Brandão, 2012).

Transporte coletivo, individual e o trânsito

É um setor essencial para suprir as atividades produtivas da mão de obra e garantir a circulação e o acesso de pessoas à escola, compras e lazer. Os transportes urbanos são intermodais, sobre pneus (ônibus, táxis), sobre trilhos (trens e metrôs) e aéreos (helicópteros). Em muitas cidades, os serviços são insuficientes, aumentando o tempo de espera e de viagem, além de oferecerem situações de desconforto e risco aos seus usuários. Mas, como diz Eduardo A. Vasconcellos: "É impossível, no trânsito atender a todos os interesses ao mesmo tempo, no mesmo espaço, pois ao procurar melhorar a fluidez afeta-se a segurança e a acessibilidade; ao procurar aumentar a segurança afeta-se a fluidez..." (1992, p. 22).

Há também o transporte de cargas, circulando e estacionando pela cidade, inclusive transporte de cargas perigosas, tais como combustíveis, ácidos e gases. Muitas cidades, principalmente nos países subdesenvolvidos ou emergentes, não dispõem de mecanismos de controle desses carregamentos. Movimentos sociais, como o Cidades para Pessoas, Cidades Sustentáveis, Recriar. Com.Você, que defendem a qualificação das relações sociais nas cidades com controle democrático no uso do automóvel, estão baseados no conceito de saúde, privilegiando pedestrianismo e ciclismo na locomoção.

Eduardo A. Vasconcellos (1999) afirma que não se pode mais, na sociologia urbana, tratar o transporte como questão de engenharia de origens e destinos (pp. 39-40), tornando-se mais abrangente como questão comportamental e sociopolítica (pp.57ss), pois envolve cultura, política e economia na circulação como consumo coletivo: da via, dos meios para dela se apropriar e dos lugares por onde ela passa e para onde ela leva. R. DaMatta faz a seguinte observação:

> Desligando o motor. Punição e obediência: A questão dos limites. Um dos dados mais curiosos do trabalho é a constatação paradoxal de que todos concordam que os motoristas irresponsáveis devem ser severamente punidos. O problema, porém, é que tal opinião radical ocorre ao lado da visão (igualmente majoritária) de acordo com a qual não há ninguém que obedeça às regras no Brasil – eis a gravidade do achado. (DAMATTA, 2012, p. 110).

Saneamento e saúde

Estes fatores andam juntos, pois muitas doenças são provocadas pela ausência ou limitação de serviços de coleta, tratamento e destinação de esgotos, bem como dos serviços de tratamento e distribuição de água. Há ainda inúmeros casos de cidades que despejam seus esgotos *in natura* em rios e córregos, que representam mananciais para abastecimento de outras cidades, situadas a jusante ou mais abaixo do curso do rio. A água é na atualidade um bem escasso, e a sua utilização é múltipla, para abastecimento, diluição de esgotos e geração de energia. Muitas cidades, como São Paulo, por exemplo, têm mostrado resultados críticos em relação à saúde pública e à preservação do meio ambiente. Além desse aspecto, outro de igual importância é o atendimento médico-hospitalar e o acompanhamento preventivo da saúde dos moradores, cuja qualidade e presteza variam de cidade para cidade, de país para país, conforme a renda local e as políticas vigentes para o setor.

É interessante notar que a medicina teve sua história, desde a fundação com Hipócrates, associada aos conhecimentos ambientais, posto que a topografia, os cursos d'água, o clima e a direção dos ventos, além dos estilos de vida, dejetos e descartes humanos contribuíam para gerar padrões epidêmicos (COSTA, 1997). A autora acrescenta que:

> O discurso médico-higienista é uma das formas como o discurso ambientalista se manifestou no passado. O discurso médico do século XIX tem uma forte conotação ambientalista. A natureza e o ambiente construído são considerados os grandes responsáveis pelos problemas de saúde que enfrentava a população no século XIX, principalmente nas áreas urbanas.
> O discurso higiênico do final do século XIX se transforma em discurso ecológico no final do século XX (COSTA, 1997, pp. 158-9).

Educação

Condição básica para o exercício da cidadania, é um serviço prestado pelo Estado e, em muitos casos, também pela iniciativa privada. Além da disponibilidade de vagas e da qualidade dos cursos ministrados, a localização das escolas e sua acessibilidade à população têm sido um problema enfrentado principalmente nos centros urbanos dos países subdesenvolvidos e em desenvolvimento. A escola constitui para a maioria dos jovens uma primeira experiência de uso coletivo de um benefício público, de apreensão de conhecimentos e do convívio com um patrimônio da cultura urbana, referências nem sempre apreciáveis, em virtude da precariedade existente.

> A cidade é o lugar em que o Mundo se move mais; e os homens também. A copresença ensina aos homens a diferença. Por isso, a cidade é o lugar da educação e da reeducação. Quanto maior a cidade, mais numeroso e

significativo o movimento, mais vasta e densa a copresença e também maiores as lições e o aprendizado (Santos, 1994b, p. 83).

Sistemas condutores de energia e alimentação das cidades

Geração, distribuição e planejamento de energia elétrica e de gás são fundamentais ao processo de desenvolvimento de uma cidade e mesmo de uma região ou país, pois deles depende a maioria das demandas atuais da economia e da vida social. As cidades modernas dispõem de redes de distribuição de eletricidade e de gás encanado, além da iluminação pública de ruas, avenidas e praças. Esses benefícios do progresso urbano nem sempre são extensivos às periferias e às ocupações irregulares ou clandestinas. Para Mike Davis, ainda que Ernest Bloch "tivesse consciência aguda dos perigos iminentes do fascismo e de uma nova guerra mundial", afirma que ele "insistia em que a estrutura mais profunda do medo urbano não é a guerra aérea de Welles,[8] e sim o afastamento e a distância da paisagem natural" (Davis, 2007, p. 19).

Alguns dos maiores problemas estão ligados ao gigantismo das estruturas urbanas e da complexidade de seu funcionamento e alimentação desses sistemas técnicos, como apresenta Milton Santos (2004, p. 72) e Mike Davis, no trecho abaixo:

> A complexidade infraestrutural cada vez maior, como os americanos tiveram consciência de modo sofrido depois do 11 de setembro, simplesmente multiplica o número de nódulos críticos onde é possível a falha catastrófica de sistemas.

---

[8] O autor faz menção à famosa narração de Orson Welles em um programa de rádio de *A guerra dos mundos*, na qual ele anuncia uma invasão ao nosso planeta, propondo uma experiência comportamental e estética com a população, que acreditou que a Terra estava sendo invadida por alienígenas.

No entanto, as cidades ricas têm maior capacidade de exportar suas condições naturais para mais adiante. Los Angeles, por exemplo, captura água e energia e exporta poluição, lixo sólido e recreação de fim de semana num vasto âmbito de estados do oeste e na Baja Califórnia (DAVIS, 2007, pp. 412-3).

Ainda segundo Mike Davis (2007, p. 413), sabemos mais sobre as florestas tropicais do que a respeito da ecologia urbana.

Fronteiras urbanas

Limites, demarcações e fronteiras entre cidades apresentam casos em que os marcos geográficos foram incorporados pela urbanização, com suas edificações, vias e outras intervenções que alteraram a paisagem natural. É o processo de conurbação,[9] em que as cidades coincidem no mesmo território, confundindo moradores e usuários e, em geral, provocando problemas quanto à identidade do local ("qual é a minha cidade?"), acesso aos serviços públicos (cidade atendendo demandas de outras cidades) e arrecadação fiscal (dupla cobrança).

A cidade e o bairro, tanto paroquial de origem periurbana e rural (originados ao redor de uma igreja matriz, no caso das cidades de colonização portuguesa) quanto de origem industrial ou migratória, esvaziaram-se dos vínculos próximos, do reconhecimento nos objetos e no entorno que tinha sentido e era facilmente mapeável, conforme estudos de Gottdiener (1993, p. 264) e Seabra (2001, p.82). Seus limites e demarcações vinham das vidas e das relações de parentesco, trabalho compartilhado e vizinhança.

> De atributos vivenciais, cidades e bairros tornaram-se nós de redes e distritos para o pensamento planejador; aqui, os limites, diferentes das vilas,

---

[9] Junção de cidades em metrópoles. Com o crescimento, é comum que cidades separadas passem a se "encostarem" ao se expandir, conectando-se ao menos fisicamente.

dos bairros e das cidades, são atribuídos exteriormente num mapa por um burocrata. Contudo, todo evento e toda ação comum toma um lugar histórico, e sempre me ocorre indagar diante de um acontecimento: de onde vem e até onde vai o lugar (de sua ocorrência)? (CAMACHO, 2008, p. 104).

Os lugares de convívio vão até onde conheço os moradores de meu cotidiano; simples. Hoje, vão até onde as linhas do mapa me mostram, ou a voz gravada do aparelho de GPS. "Até ontem, os objetos nos podiam falar diretamente; hoje, nós os miramos e eles nada nos dizem, se não houver a possibilidade de uma tradução" (SANTOS, 1996, p. 180).

> Se pude compreender como nasce em mim esta vaga (de uma relação do visível consigo mesmo que me atravessa e me transforma em vidente...), como o visível que está acolá é simultaneamente minha paisagem, com mais razão posso compreender que alhures ele também se fecha sobre si mesmo, e que haja outras paisagens além da minha (MERLEAU-PONTY, 2005, p. 137).

Seguindo a lista de problemas no plano da territorialização dos projetos sociais (conflitantes) da política espacializada, é preciso frisar que as cidades, apesar de serem entidades públicas que expressam de modo genérico as ações de coletividade e individualidade que nelas habitam e trabalham, são construídas por investimentos de agentes públicos e privados, cujas consonância e dissonância oscilam conforme o mercado dos interesses dominantes coexistentes. Entender a problemática urbana envolve a observação permanente dos seus espaços construídos, dos movimentos cotidianos de sua população, da dinâmica de sua economia – cujos conteúdos estruturadores provêm de diversas escalas – e, sobretudo, das ondas e dos ventos políticos que viabilizam os demais valores (morais e econômicos).

Os vários momentos dessa relação de poder que opõe e alinha os agentes sociais é a própria história dos usos de recursos, das motivações aos impactos e, destas, às respostas públicas e privadas. Usos, aqui, são ações que tomam recursos ambientais e transformam o espaço social; toda ação territorializa-se como condição essencial.

Assim como o *processo* de urbanização apresentado neste capítulo é "responsável" pela *estruturação* social (ordenamento e organização das sociedades) em todas as suas dimensões, moldando países (e até mesmo os criando) como mercados solváveis,[10] também sendo responsáveis pela produção das *formas* (aparência, modo como as coisas nos chegam) e *funções* (atividades procedentes das formas) mais ou menos urbanas, isto é, da imensa variedade que vai das cidades intensamente urbanizadas aos espaços estritamente agrários. Complementando nossa abordagem dos processos de urbanização e globalização deste capítulo, as formas e funções são o foco do próximo; isto é, as ações e atividades basicamente urbanas e de suas razões, do modo que aparecem. Estrutura, processo, função e forma são trabalhados detalhadamente em Milton Santos (1985).

Para encerrar, indicamos algo do que está para ser feito na área dos estudos e planejamento da urbanização do território e da metropolização de cidades:

› Refletir sobre o gigantismo de nossas cidades, da metropolização e suas nefastas consequências sobre a manutenção essencial da vida, que afetam o abastecimento de água, alimentos e o fornecimento de moradia e transportes.
› Combater as agudas distorções no acesso às condições sociais de existência coletiva, cada vez mais urbanas; é a territorialização de barreiras sociais nas cidades.

Ambas as frentes decorrem de posições filosóficas e políticas quanto ao papel da produção na vida social e de opções que promovem intensa concentração pelos processos estudados.

---

10 São seus sinônimos *solvível* e *solvente*. Segundo o Grande Dicionário Houaiss da Língua Portuguesa (2012), são os seguintes: que pode pagar o que deve; solvável, solvente, que se pode solver; que se pode pagar; solvente, devedor que paga ou pode pagar o que deve; devedor cujo ativo é superior ao passivo. Seus sentidos estão na base da visão do sistema bancário (e financeiro, em geral) que reduz seu interesse dentre todos os agentes (tanto internacionais quanto nacionais, países e governos) àqueles que, de fato, podem pagar pelo que tomarem de empréstimo: enfim, os clientes pagadores.

Questões para estudo do conteúdo

1. Em seu processo de estruturação, as cidades (mas também as áreas rurais) são atravessadas por dois grandes processos contraditórios e complementares. Quais são eles e de que modo se articulam no espaço urbano-regional?
2. Quais são os maiores problemas com as tentativas de explicação do mundo baseadas na compreensão linear das relações sociais e atividades humanas?
3. Qual é a composição da dimensão política da sociedade, qual a sua relação com a urbanização e como estudá-la?
4. Quais são as principais explicações dos problemas urbanos descritos no texto: a) do ponto de vista conservador; b) e do ponto de vista da teoria crítica?
5. O que é *comum* aos problemas urbanos apresentados na seção "As cidades e seus problemas: Raízes e aparências"?

Sugestões de filmes

História da cidade (e do espaço urbano) no século XX
Avalon. Estados Unidos, 1990, Dir. Barry Levinson, 126 min.
Ficção, projeções de imagens de cidade
Cidade das sombras. Estados Unidos, 1998, Dir. Alex Proyas, 101 min.
Propriedade e organização urbana e especulação imobiliária
Do mundo nada se leva. Estados Unidos, 1938, Dir. Frank Capra, 127 min.
Clube da lua. Argentina, 2004, Dir. Juan José Campanella, 143 min.
Vivência e sociabilidade na cidade
Denise está chamando. Estados Unidos, 1995, Dir. Hal Salwen, 89 min.

Referências bibliográficas

BARBOSA, A. F. *O mundo globalizado*: Economia, sociedade e política. São Paulo: Contexto, 2003.

BORGES, J. L. *El hacedor*. Espanha: Alianza, 2005.

BOUDON, R.; BOURRICAUD, F. *Dicionário crítico de sociologia*. São Paulo: Ática, 1993.

CALVINO, Í. *Marcovaldo e as estações*. São Paulo: Companhia das Letras, 1994.

CAMACHO, A. R. *A geografia no nascimento do mundo*: existência e conhecimento. Tese de Doutoramento. São Paulo: FFLCH-USP, 2008.

_____; GERALDES, E. A experiência geográfica da constituição do lugar: a reconquista da essência. In: XVI Encontro Nacional de Geógrafos – ENG, 16, 2010, Porto Alegre. Anais. Disponível em: <www.agb.org.br/evento/download.php?idTrabalho=3247>. Acesso em: 01 fev. 2014. Porto Alegre: AGB, 2010.

_____. & LOPES, I. I. A "cidade dos endereços" ou de como o desejo de chegar suprime o interesse pelos caminhos. Comunicação apresentada no 10º Encontro Nacional de Geógrafos, Recife, em 1996.

_____. A informalidade, da economia à geografia. Anais do 6º Encontro Latino-Americano de Geógrafos, em Buenos Aires, 1997.

CASTELLS, M. *A questão urbana*. Rio de Janeiro: Paz e Terra, 1977.

COSTA, M. C. L. "Do higienismo ao ecologismo: Os discursos sobre espaço urbano". In: SILVA, J. B. da (org.). *A cidade e o urbano*: Temas para debates. Fortaleza: EUFC, 1997.

DELLE DONNE, M. *Teorias sobre a cidade*. Lisboa: Martins Fontes, 1983.

EUFRASIO, M. *Estrutura urbana e ecologia humana*. São Paulo: Editora 34, 2013.

_____. *A formação da Escola Sociológica de Chicago*. Plural. Sociologia, USP, São Paulo, 2: 37-60, l. sem. 1995.

FARIA FILHO, L. M. de; CHAMON, C. S.; INÁCIO, M. S. Instruir sem incluir. Desde a Independência, educação é solução para civilizar o país, desde que permaneçam todos em seu lugar. *Revista de História da Biblioteca Nacional*, 1.9.2015. Disponível em: < http://rhbn.com.br/secao/capa/instruir-sem-incluir>. Acesso em: 01 set. 2015.

GOTTDIENER, M. *A produção social do espaço urbano*. São Paulo: Edusp, 1993.

GRANDE DICIONÁRIO HOUAISS DA LÍNGUA PORTUGUESA. Instituto António Houaiss. 2012. Disponível em: < http://houaiss.uol.com.br/busca?palavra=sol-v%25C3%25A1vel>. Acesso em: 01 jan. 2014.

MARTINS, J. de S. *O cativeiro da terra*. São Paulo: LECH, 1981.

_____. O futuro da sociologia rural e sua contribuição para a qualidade de vida rural. Estud. av., São Paulo, v. 15, n. 43, pp. 31-6, dez. 2001.

MARTINS, Sérgio. A cidade sem infância: A produção do espaço no mundo da mercadoria. Boletim Paulista de Geografia, São Paulo, v. 74, p. 23-46, 1996.

DAMATTA, R. *Fé em Deus e pé na tábua*: ou como e por que o trânsito enlouquece no Brasil [recurso eletrônico]. Rio de Janeiro: Rocco Digital, 2012. Recurso digital, Formato: e-Pub. Requisitos do sistema: Adobe Digital Editions. Modo de acesso: World Wide Web.

MORSOLIN, C. Segregação urbana, redução da maioridade penal e educação popular são temas do V Congresso Internacional de pedagogia social: Disponível em: < http://www.ecodebate.com.br/2015/08/31/segregacao-urbana-reducao-da-maioridade-penal-e-educacao-popular-sao-temas-do-v-congresso--internacional-de-pedagogia-social/ >. Acesso em: 14 set. 2016.

MUMFORD, L. *A cidade na história*. São Paulo: Martins Fontes, 1965.

RAFFESTIN, C. *Por uma geografia do poder*. São Paulo: Ática, 1993.

ROUANET, S. P. As duas vias da mundialização. FSP-Mais. São Paulo, domingo, 30 de julho de 2000.

SANTOS, M. O espaço dividido. Rio de Janeiro: Francisco Alves. 1979.

_____. *Espaço e método*. São Paulo: Hucitec, 1985.

_____. *A urbanização brasileira*. São Paulo: Hucitec, 1993.

_____. *Por uma economia política da cidade*. SP: Hucitec /Educ, 1994a.

_____. *Técnica, espaço, tempo*: globalização e meio técnico-científico informacional. São Paulo: Hucitec, 1994b.

SEABRA, O. C. de L. Urbanização e fragmentação: Apontamentos para estudo do bairro da memória urbana. In: SPOSITO, M. E. B. (ORG.). *Urbanização e cidades*: Perspectivas geográficas. Presidente Prudente: FCT-UNESP, 2001.

SINGER, P. *Desemprego e exclusão social*. São Paulo em Perspectiva, 10(1) 1996.

SOUZA, M. L. *ABC do desenvolvimento urbano*. Rio de Janeiro: Bertrand, 2010.

Sposito, E. S. *Redes e cidades*. São Paulo: Ed. Unesp, 2008.

Sposito, M. E. B. A urbanização da sociedade: Reflexões para um debate sobre as novas formas espaciais. In: Damiani, A. L.; Carlos, A. F. A.; Seabra, O. C. L. *O espaço no fim de século*: A nova raridade. São Paulo: Contexto, 1999.

Willians, R. *O campo e a cidade*: Na história e na literatura. São Paulo: Companhia das Letras, 1989.

11

A cidade, organização e dinâmica de formas e funções: Para onde apontam conteúdo e aparência

Adilson Rodrigues Camacho e Sérgio Luiz Carneiro

Objetivos

1. Encaminhar o leitor ao reconhecimento das formas e das funções urbanas materializadas nas cidades e nos campos;
2. Identificar nessas formas e funções as intenções e os projetos (seus conteúdos e aparências) a elas subjacentes, na cidade e nas áreas rurais;
3. Mostrar os elementos gerais da reprodução social da existência e das localizações do capital;
4. Apresentar as intenções dos sujeitos e as relações entre estes, componentes da urbanização, e as formas engendradas, visíveis, nas cidades e nas áreas rurais.

Palavras iniciais...

A ideia de movimento de construção dos espaços sociais expõe os processos globais, regionais e locais estruturadores da vida social urbana e rural. Neste momento, as formas e as funções ou atividades, assim geradas, estão em foco, principalmente consideradas as razões de tal modelagem aos interesses políticos e demandas econômicas dos sujeitos sociais. Dito de outro modo, os objetos e atividades que vemos são resultado de determinações de forças externas e internas dos espaços urbanos.

Milton Santos em muitas passagens de sua obra, em tom semelhante ao de Henri Lefebvre, fala das horizontalidades (relações sociais de proximidade) e das verticalidades (impostas de fora); e essa ideia deve ser perseguida para entendermos os significados e as ordens (o invisível) da cidade visível.

A cidade como organização: Quem coloca o que ela tem, onde e quando

> Apenas hoje é que começamos a apreender a especificidade da cidade (dos fenômenos urbanos). A cidade sempre teve relações com a sociedade no seu conjunto, com sua composição e seu funcionamento, com seus elementos constituintes (campo e agricultura, poder ofensivo e defensivo, poderes políticos, Estados etc.), com sua história. Portanto, ela muda quando muda a sociedade no seu conjunto (...). A cidade depende também e não menos essencialmente das relações de imediatismo, das relações diretas entre as pessoas e grupos que compõem a sociedade (famílias, corpos organizados, profissões e corporações etc.); ela não se reduz mais à organização dessas relações imediatas e diretas, nem suas metamorfoses se reduzem às mudanças nessas relações. Ela se situa num meio-termo, a meio caminho entre aquilo que se chama de ordem próxima (relações dos indivíduos em grupos mais ou menos amplos, mais ou menos organizados e estruturados, relações desses grupos entre eles) e a ordem distante, a ordem da sociedade, regida por grandes e poderosas instituições (Igreja, Estado), por um código jurídico formalizado ou não, por uma "cultura" e por conjuntos significantes (LEFEBVRE, 2001, pp. 51-2).

Henri Lefebvre enxerga a ordem da cidade por meio das lógicas do habitar e das determinações no plano do cotidiano imediato e aquelas impostas de fora. A organização das coisas implica sujeitos e seus projetos; e estes são sempre políticos. A política é um pressuposto da vida social e dá-se nos planos individual e coletivo, os quais são integrados. Fazemos política porque precisamos *ir para um lugar melhor*. Neste sentido vão as definições de Hannah Arendt (2006, pp. 21-4), de Paul Claval (1979, pp. 83-94) e de Zygmunt Bauman (2000, pp. 24-5).

Eis nossa próxima porta no texto, a da política, e das políticas públicas, como arte de colocar melhor as coisas (e coisas melhores) nos lugares adequados, ou ainda, *é o terreno da busca por um lugar melhor para cada um*.

Vimos que os agentes sociais públicos e privados, com distintos poderes, relacionam-se sob as normas de um Estado nacional no controle da ocupação e dos usos e costumes, correlacionando (equiparando) as estruturas social e fundiária. Os inúmeros movimentos sociais demandantes de melhores condições de vida nos campos e nas cidades procuram organizá-la de acordo com seus projetos:

> Dentre os diversos movimentos sociais que invadiram a cena social e política desde a década de 1970, interessa destacar o da reforma urbana. As diferentes experiências de lutas e a agenda da democratização criaram as condições para formação do Foro Nacional da Reforma Urbana e do Movimento Nacional pela Reforma Urbana (...).
>
> A participação foi consagrada como princípio mediante da "gestão democrática por meio da participação da população e de associações representativas dos vários segmentos da comunidade na formulação, execução e acompanhamento de planos, programas e projetos de desenvolvimento urbano". Assim, a agenda da participação no arranjo institucional do desenvolvimento urbano ganhou materialidade na aplicação do Estatuto da Cidade por meio dos Planos Diretores (GOULART et al., 2015, pp. 125-6).

O que há na cidade (e ela própria) *organiza-se* politicamente como criação coletiva de agentes com interesses públicos e privados; criação de problemas e de soluções na busca da promoção diferenciada de qualidade de vida. Para muitos, é também o espaço original da política, ou seja, das decisões acerca dos interesses que convivem e conflitam no processo de gestão dos bens e serviços comuns aos seus habitantes, visitantes e passantes. Distintamente das cidades-estados gregas (polis), as urbes modernas compõem a estrutura política das unidades federadas (estados) do Estado nação.

> OBSERVAÇÃO
>
> Os modos como as sociedades se organizam decorrem do regime de poder constituído. A relação entre as esferas municipal, estadual e União Federal é regida pela carta magna. É importante frisar que não há precedência de uma das esferas de poder municipal, estadual e federal, posto que tenham atribuições distintas; sendo reservada à esfera municipal a incumbência de tratar de questões imediatas dos cidadãos (de gerenciar linhas de ônibus, permissões para plantar e podar árvores, supervisionar o estado do calçamento, até tapar buracos nas vias), enquanto o papel do governo do estado é o de gerir os aspectos regionais que envolvam os municípios da unidade federada (problemas hídricos relativos ao rio Tietê, por exemplo, posto que atravessa vários municípios). Por fim, as incumbências da União são, entre outras, as de manter a unidade da República e garantir a governança e o funcionamento da federação quanto à saúde, educação, transportes, energia, segurança, habitação etc. Com ação direta em alguns casos, como do Sistema Único de Saúde (SUS) e as universidades federais, e apenas regulatória, na maioria dos casos.

A prefeitura é o órgão executivo encarregado da administração da cidade e da zona rural do município, dos serviços, dos bens públicos e dos investimentos em obras. É também responsável pelo cumprimento das leis que incidem sobre o seu território. A sua sustentação financeira depende da arrecadação de impostos municipais (como o Imposto sobre a Propriedade Territorial Urbana (IPTU), no caso dos municípios brasileiros) e da participação na repartição de outros tributos estaduais e federais.

A administração, sob o comando do prefeito, se organiza em secretarias ou departamentos setoriais, como saúde, educação, obras, transportes e outras, conforme as demandas e a capacidade da gestão municipal.

Na cidade, além da prefeitura, há os legislativos locais, exercidos pela Câmara de vereadores ou conselho municipal, como é denominado em outros países.

A Câmara de vereadores é a instituição de representação popular encarregada de elaborar as leis municipais e de fiscalizar as ações do executivo. Os vereadores são responsáveis pela aprovação do orçamento, dos planos e dos projetos formulados pelo executivo municipal e votam também projetos dos próprios vereadores, como denominação de logradouros e criação de novos serviços e equipamentos públicos.

No Brasil, os municípios são regidos por uma constituição local denominada **Lei Orgânica do Município,** que define as competências gerais do executivo, do legislativo e dos deveres e direitos dos cidadãos, sempre em conformidade e subordinada às legislações maiores do país, do Estado e da União. Essa L.O.M. é elaborada pela Câmara de vereadores e sancionada pelo prefeito, tornando-se o "regulamento" a ser cumprido em todo o território do município.

Outro instrumento importante é o **Plano Diretor Municipal,** obrigatório em todo o território brasileiro, que define as estratégias de desenvolvimento, as suas prioridades e os programas e projetos necessários à sua execução, incluindo investimentos, leis e mudanças administrativas. Trata-se de um documento de políticas públicas, voltado para a gestão da cidade e da área rural do município. Associado ao Plano, os municípios elaboram as leis de zoneamento, estabelecendo as regras básicas para o uso e ocupação do solo nas áreas urbanas e rurais do município. Segundo J. O. Goulart et al., "a agenda da participação no arranjo institucional do desenvolvimento urbano ganhou materialidade na aplicação do Estatuto da Cidade por meio dos Planos Diretores" (2015, pp. 125-6). Os Estatutos da cidade e da metrópole, mesmo que ainda necessitem de amadurecimento, assumem grande importância modernizadora na gestão urbano-regional (Carvalho, 2001, p. 131).

As transformações nas escalas e nas qualidades dos processos alteraram a relevância e a eficácia de instrumentos municipais, posto que as estratégias dos investidores cada vez mais articulam os usos do território em escalas regionais. É o que observamos com o ganho de importância das regiões metropolitanas (Decretos de 1970) com suas comissões intermunicipais para resolver problemas que envolvem vários municípios, as megalópoles e o conceito de *macrometrópole* (Souza, 2010; Santos, 1993).

No regime republicano e democrático do atual estado brasileiro, o poder local constituído por prefeito, vice-prefeito e vereadores tem mandato de quatro anos e é eleito por voto direto e popular. Os candidatos concorrem por partidos políticos, aos quais devem estar filiados e serem indicados em convenções partidárias, que se realizam de acordo com legislação em vigência no país. É conveniente reiterar que há entre as esferas municipal, estadual e federal uma distinção de papéis e atribuições, de acordo com as relações e mediações com a população. As incumbências do aparato público municipal são locais, enquanto nos níveis dos estados (incluindo as regiões metropolitanas) e da União as questões são progressivamente mais abstratas.

A sociedade, com grupos e pessoas mais ou menos integrados nas esferas do Estado, além de escolher por meio de eleições os seus governantes e legisladores, organiza-se em associações civis e voluntárias e atua na defesa de seus interesses diante das ações dos poderes públicos e privados locais. São organizações como associações de moradores, as sociedades de amigos de bairros, organizações não governamentais, associações profissionais e entidades de classe, comunidades religiosas e clubes esportivos. Há também associações profissionais mais ou menos engajadas nas mesmas frentes, como aquelas dos jornais de bairro. Outro segmento dessas ações compõe-se dos movimentos sociais que mobilizam segmentos da população, manifestando-se contra situações problemáticas, sejam no campo ou na cidade, relacionadas ao meio ambiente, transportes coletivos, segurança pública e muitos outros itens cuja garantia legal de sua oferta não se realiza de fato.

A cidade é a parte normalmente mais dinâmica e expressiva da política municipal, nos níveis estadual e nacional no Brasil, o que também é verdadeiro para os demais países, exceto nas regiões de atividades e vivências rurais mais profundas. A cidade é, em geral, o palco de decisões e embates sociais e econômicos e, como as decisões políticas referem-se a interesses as mais das vezes conflitantes, a sociedade mostra as suas diferentes faces e inúmeras intenções no cotidiano das relações e práticas urbanas. Acompanhá-las e estar presente no dia a dia é um ofício quase inevitável de todos os moradores, trabalhadores, empresários, usuários da cidade e, principalmente, dos técnicos e cientistas encarregados de entender e interferir em realidades diferentes das suas.

Como esforço para entender as determinantes externas à própria cidade, responsáveis por suas feições e dinâmica, é necessário recorrer à globalização econômica, de *motor único* segundo Milton Santos (1999), como determinante redutora das relações internacionais que submetem países ao receituário dos grandes fundos econômicos (Fundo Monetário Internacional e Banco Mundial) e seus gestores (o grupo de países ricos e poderosos). Processos modeladores das organizações sociais, públicas e privadas, e de seus arranjos espaciais, como localizações, distâncias. Sergio P. Rouanet (2000) acredita que tanto a globalização capitalista quanto a universalização da humanidade como ideal ético seriam vias complementares e oriundas do mesmo Iluminismo francês; uma requerendo a outra para enxergar além de suas autodeterminações. É por essa razão que o capitalismo não se realizaria plenamente sobre o colapso do humano explorado, enquanto a via universalizadora dos valores plurais demanda produção e alguma gestão.

Qual é o projeto de cidade de cada agente da urbanização? Do sem-teto ao banqueiro? Cada qual vive a cidade do seu jeito, sem que possamos recorrer à natureza ou a atribuições fatalistas para explicar, precisamos entender o porquê da variedade de relações, representações e projetos.

Campo e cidade: Das percepções às definições

Embora do meio de uma avenida, como a Paulista, em São Paulo, tudo pareça urbano, as cidades normalmente são as áreas marcadamente urbanas dos territórios político-administrativos denominados municípios, entidades regionais que se completam com as regiões rurais. Então, olhemos para os espaços rurais e urbanos como âmbitos típicos dessa região municipal e, para facilitar a imaginação sobre o pouco conhecido ou desconhecido, como nos casos de citadinos com pouca ou nenhuma familiaridade com as áreas rurais, e do pessoal do campo com os espaços urbanos. Reiteramos que, embora as diferenças vão se desvanecendo em virtude de processos sociais internacionais homogeneizantes, desvanecem-se paisagens, linhas tradicionais e demarcações, não se apagam, como indicam as novas paisagens de pluriatividades no "novo rural", isto é, elementos antes singulares em cada âmbito vão se fundindo e misturando. As transformações regionais refletem nas paisagens, reorganizam as atividades agrárias e as urbanas, conectando espaços com tarefas e processos tradicionalmente rurais e urbanos, cujas formas e aparências, antes bastante distintas, se entrelaçam de muitas maneiras: ora os campos aparecem como descaracterizados, assimilados às cidades com a expansão destas; ora se modernizam sem perder as características essenciais de suas práticas agrícolas.

Se as cidades nascem sob o signo da centralidade regional de seu município, o que o itinerário histórico da cidade corrobora, é preciso perceber seu esfacelamento e explosão atuais. Sobre tal centralidade urbano-regional, segue trecho de M. L. de Souza (2010):

> Pouco mais de uma década após a publicação daquele escrito de Weber [Conceito e categorias de cidade, de 1958], (...) Christaller deu uma contribuição importante, introduzindo o conceito de localidade central. Toda cidade é, do ponto de vista geoeconômico, isto é, das atividades econômicas vistas de uma perspectiva espacial, uma localidade central, de nível maior ou menor de acordo com sua centralidade – ou seja, de acordo com a quantidade de bens e serviços que ela oferta, e que fazem com que ela atraia compradores apenas das redondezas, de uma região inteira ou, mesmo, de acordo com o nível de sofisticação do bem ou serviço, do país inteiro e até mesmo de outros países (SOUZA, 2010, p. 25).

Do mesmo modo, em sua gênese, o povoado de origem rural não é uma localidade central. "A natureza da aldeia, ou do povoado, é mais 'centrífuga'", pois a vida volta-se para as suas bordas, os campos de cultivo, do que 'centrípeta', como no caso da cidade, na qual a área central de negócios (em inglês, *central business district*, ou CDB), concentra atividades de gestão e planejamento e decisões, "fazendo com que as atenções dos citadinos se voltem para o centro do assentamento, e não para as suas franjas" (Souza, 2010, pp. 26-8).

Sobre o que vem antes, campo ou cidade, há mais interpenetração do que muitas vezes se percebe ou admite. Alguns defendem que a cidade surge com a produção de excedente do campo e a formação de uma classe sedentária que controla o poder. Outros (como Mumford e Soja) defendem que a cidade surge antes mesmo da superprodução agrícola ou mesmo do assentamento dos nômades com a invenção da agricultura, quando a cidade era definida como lugar de peregrinação e encontro religioso e festivo.

As especificidades do espaço rural e suas transformações produtivas, ambientais e culturais, evoca o debate acadêmico e político entre aqueles que acreditam em permanências de aspectos fundamentais do modo de vida rural (os adeptos da reforma agrária e a "Escola do Rurbano" (rural e urbano indivisíveis) e aqueles que acreditam na urbanização generalizada, com um capitalismo globalizado aniquilador da essência desse estilo de vida.

Nesse momento aproveitamos a crítica de J. S. Martins à sociologia rural (2001), de que ela sempre viu no campo a anticidade e o atraso, serve para a sociologia urbana quando esta vê o coroamento do desenvolvimento das áreas rurais na forma urbana; ou seja, a cidade é tomada como produto acabado da evolução do campo. Com preocupações diferentes, José Graziano da Silva (1997) e Raymond Williams (1989) mostram nuances dessas territorialidades distintas, porém cada vez mais mescladas. Assim, tanto a sociologia rural quanto a sociologia urbana ressentem da falta de abordagens que apresentem os lados dos debates; prestando-se a defender teses unilaterais que não educam nem promovem avanços científicos. A esse respeito ver também os estudos de Eliseu S. Sposito (2008, pp. 33-4).

José Graziano da Silva (1997), sobre o campo contemporâneo (e suas relações com os espaços urbanos), coloca muitas luzes diferentes ao longo dos anos; sua grande e variada equipe trazia dados e informações novas sobre as transformações na estrutura agrária brasileira. Silva acaba por mostrar que as visões sobre esse espaço agrário são carregadas de preconceitos ou mitos, que encobrem os significados reais das estruturas fundiária, familiar, produtiva, ocupacional (do trabalho), comercial e logística dessas regiões.

Caberiam os exemplos, como os da agricultura em meio urbano em Tóquio (Japão), da viticultura no centro de Viena (Áustria), da urbanização da Serra Gaúcha no Rio Grande do Sul, e dos canaviais e da produção sucroalcooleira e demais *commodities* de uma Ribeirão Preto que se metropoliza (Brasil), além do vale de Nappa com seus vinhedos na Califórnia (EUA), entre outros. Nesse sentido, são belíssimos os trabalhos de Robert Pitte (2006) sobre as atividades que engendraram a cultura e a organização de regiões inteiras.

Insistimos: os estudos do novo rural e de suas pluriatividades, de Graziano (1997), permitem-nos avançarmos nessa perspectiva, procurando as várias formas que a vida toma nos lugares "rurais" e "urbanos" e em trânsito entre eles pelas migrações, acontecendo como práticas socioespaciais nas escalas locais (horizontais) e verticais (espaços hierárquicos) (Santos, p. 1994).

Então, se as áreas rurais dos municípios são aquelas que, na perspectiva convencional, abrigariam estritamente as produções agrícolas e pecuárias, extrações minerais e as reservas naturais, entremeadas a matas e florestas, já se reconhece há algum tempo (Graziano, 1997) transformações profundas no perfil ocupacional de seus habitantes, estando mais para a mistura de atividades agro-urbanas do que para a segregação que se pratica desde há muito tempo.

Raymond Williams (1989) dá apoio às nossas considerações sobre a diversidade integrada de urbano e rural pelas suas próprias experiências que emprega nas análises e como nexo entre os modos de vida e trabalho característicos. Fala de paisagens e períodos de extrema pobreza com base na literatura e em documentos, comentando que:

> Também isso é diferente agora, mas sempre que penso nas relações campo e cidade, e entre berço e instrução, constato que se dá uma história ativa e contínua: as relações não são apenas ideias e experiências, mas também de aluguéis e juros, situação e poder – um sistema mais amplo.

11 A cidade, organização e dinâmica de formas e funções

> Assim, é este o lugar em que me encontro, e ao preparar-me para o trabalho verifico que terei de resolver passo a passo experiências e questões que, antes, moviam-se à velocidade da luz. A vida do campo e da cidade é móvel e presente: move-se ao longo tempo, através da história de uma família e um povo; move-se em sentimentos e ideias, através de uma rede de relacionamentos e decisões (WILLIAMS, 1989, p. 19).

Williams (1989) expõe a trama que liga os espaços rural e urbano de modo multidimensional, provocando muitas reflexões sobre as ligações entre a vida nos campos de cultivo e criação de animais e a vida nas cidades, principalmente quando aponta para "os fios da natureza" (nome de um poema do século XVII) persistentes, apesar da urbanização devastadora (WILLIAMS, 1989, pp. 102-3). Seu intento é desmitificar as várias visões simplistas das relações entre a cidade e os campos, a mais comum sendo aquelas que atrelam a vida rural à dinâmica das cidades.

A cidade, contudo, mantém-se como polo das decisões políticas, portanto hospeda sedes de governo local e pode ser capital estadual ou nacional, como, por exemplo, a cidade de São Paulo, capital do estado de São Paulo, ou Brasília, capital do Brasil. As cidades têm suas áreas de influência correspondentes ao prestígio, volume de atividades, atribuições federais e mercantis; sendo assim, conhecidas como metrópoles regionais, nacionais e globais conforme seu papel na hierarquia dos fluxos de capital e o alcance de suas ações institucionais, econômicas e inclusive culturais.

Como síntese, podemos dizer que as cidades, as metrópoles e as atividades agrárias com as quais compartem as regiões organizam-se e assumem papéis, territorializam-se, logo a arena de interesses e de ações dá-se como usos territoriais e sua história, como paisagens que seguem em movimento escapando das teorias – nosso próximo passo.

A cidade e suas definições: O que dizem que ela é e o que deveria ser

AS CIDADES E OS SÍMBOLOS. Você sabe melhor do que ninguém, sábio Kublai, que jamais se deve confundir uma cidade com o discurso que a descreve. Contudo, existe uma ligação entre eles. Se descrevo Olívia, cidade rica de mercadorias e de lucros, o único modo de representar a sua prosperidade é falar dos palácios de filigranas com almofadas franjadas nos parapeitos dos bífores; uma girândola d'água num pátio protegido por uma grade rega o gramado em que um pavão branco abre a cauda em leque. Mas, a partir desse discurso, é fácil compreender que Olívia é envolta por uma nuvem de fuligem e gordura que gruda na parede das casas; que, na aglomeração das ruas, os guinchos manobram comprimindo os pedestres contra os muros. Se devo descrever a operosidade dos habitantes, falo das selarias com cheiro de couro, das mulheres que tagarelam enquanto entrelaçam tapetes de ráfia, dos canais suspensos cujas cascatas movem as pás dos moinhos: mas a imagem que essas palavras evocam na sua iluminada consciência é o movimento que leva o mandril até os dentes da engrenagem repetido por milhares de mãos milhares de vezes nos tempos previstos para cada turno. Se devo explicar como o espírito de Olívia tende para uma vida livre e um alto grau de civilização, falarei das mulheres que navegam de noite cantando em canoas iluminadas entre as margens de um estuário verde; mas isso serve apenas para recordar que, nos subúrbios em que homens e mulheres desembarcam todas as noites como fileiras de sonâmbulos, sempre existe quem começa a gargalhar na escuridão, dá vazão às piadas e aos sarcasmos.

Pode ser que isto você não saiba: que para falar de Olívia eu não poderia fazer outro discurso. Se de fato existisse uma Olívia de bífores e pavões, de seleiros e tecelãs de tapetes e canoas e estuários, seria um mero buraco negro de moscas, e para descrevê-la eu teria de utilizar as metáforas da fuligem, dos chiados de rodas, dos movimentos repetidos, dos sarcasmos. A mentira não está no discurso, mas nas coisas (CALVINO, 1990, p. 59).

O que é a cidade: Definições

Depois de vermos o que as cidades têm (fenômeno), quais são seus problemas (consequências de ser como são), sua organização básica, nesse momento do texto aproximamo-nos das cidades com as concepções que a generalizam como ideia (teoria).

Ítalo Calvino, no trecho acima, nos alerta para o invisível da paisagem da cidade de Olívia, para aquilo que ganha evidência quanto mais se tenta esconder, advertindo para a *força* e a *fraqueza* do *logos* (razão) em busca do cerne do visível presenciado; *força* quando apresenta e descreve os fenômenos da experiência dos lugares e *fragilidade* em sua impotência diante da vida que fala por si, que fala mais, e maior variedade de coisas, do que as construções teóricas de disciplinas e enunciados científicos convencionais podem escutar e, amiúde, contradizendo-os; como disse Ítalo Calvino: a mentira está nas coisas!

São inúmeras as perspectivas que procuram dar conta da cidade. Alguns dirão que a cidade é singularidade (Calvino), outros, que é misteriosa (Saramago), que é viva e pulsante (Walter Benjamin), que é descoberta, restrição ou acaso (Borges), outros, ainda, que é expressão do engenho humano e da mudança (Henri Lefebvre, 2001; Milton Santos, 1988), que é percepção, imaginação ou drama (Ortega y Gasset, 1988).

As observações e os estudos indicam que o campo e a cidade, como categorias sociológicas, geográficas, econômicas (em oposição às definições jurídicas, que se acentuam) vêm perdendo a clareza de suas demarcações por fronteiras e paisagens antes muito distintas: como vimos, cada vez mais nas cidades inserem-se atividades agrárias e costumes rurais se imiscuem no modo de vida estritamente urbano, enquanto o campo torna-se progressivamente urbanizado. Significa que se esvaem das redes lançadas pelas teorias.

A filosofia é a força e a história dos desafios à nossa razão, ao *logos* constituinte do mundo; e esse problema fundamental não se soluciona, muito longe disso. Então, com ajuda da imaginação de que permite o encontro da ciência com a arte, visamos em Ítalo Calvino uma razão que se debate em busca de explicar-se a si própria e às coisas sobre as quais se debruça. Assim, caminhemos em direção à cidade com ajuda da teoria, do conceito.

Em Ana Fani A. Carlos (1999, p. 65), "o espaço geográfico articula duas dimensões, aquela da localização e aquela que dá conteúdo a esta localização, que o qualifica, singulariza", daí que a problemática urbana envolve a cidade como circunscrição do urbano que se torna conteúdo mais e mais abstrato imposto aos lugares. Significa que entendemos cada vez menos sobre as coisas que nos cercam, de objetos aos porquês das localizações e distâncias de nossos percursos e às normas de urbanidade.

Acerca dessa dificuldade, Maria Encarnação B. Sposito (1999, pp. 84-5) menciona a extrema importância de refletirmos sobre os nexos da forma urbana e de seu conteúdo, o que leva ao par análogo cidade e urbanização, "pois que a cidade está todo o tempo a expressar e sustentar o processo de urbanização". E continua:

> O que se coloca como desafio para os pesquisadores é apreender a natureza dessa relação, no mundo contemporâneo, quando já não temos mais a cidade como unidade espacial, como unidade contínua, como morfologia integrada, e, portanto, quando as relações entre a cidade e seu conteúdo não se expressam, de forma clara, através de formas espaciais que possam ser facilmente distinguidas daquelas que definem a morfologia rural (Sposito, 1999, p. 85).

Agora, dando sequência à procura do que a cidade é, consideremos a morfologia dela, produzida por dentro e por fora, conforme Eliseu S. Sposito (2008, pp. 31-5).

Pelas razões da interpenetração já expressas, seria simplificar demais definir a cidade "sob o ângulo do uso do solo, ou das atividades econômicas que a caracterizam, um espaço de produção não agrícola" ou industrial, como afirma Souza (2010, p. 27), pois além das razões expostas por esse autor que vê mistura das lógicas rural e urbana de uso da terra (nas zonas de transição ou periurbanas), temos que a morfologia social é em toda parte intensamente diversificada, tanto quanto o são as culturas e suas geografias ou frações de espaços.

Marcelo L. Souza acrescenta à lista de quesitos definidores da cidade as dimensões demográfica, cultural e religiosa, do poder e aquelas da funcionalidade (2010, p. 28), já ineficientes metodologicamente em virtude do dinamismo da sociedade; aliás, o fundamental é que cada um dos aspectos tratados é insuficiente à reflexão quando considerado sozinho. É preciso considerá-los em conjunto.

Algumas soluções metodológicas levam-nos a tratamentos simplórios, mas didaticamente eficientes; como é o caso da redução a duas vias de tratamento da realidade social, segundo M. Gottdiener: a *convencional* (1993, p. 18) e a *crítica* (1993, pp. 23-5). Há, também, soluções que confrontam essas duas grandes visões de mundo, agregando na frente *convencional* o *positivismo* e seus desdobramentos e variantes, enquanto naquela denominada crítica agrupam-se vertentes do *materialismo histórico, existencialismo e fenomenologia.* Além de Gottdiener, também encontramos a temática em Marcella Delle Donne (1983).

Simone Weil, em suas lições de sociologia (1991, pp. 119-20), ao expor suas ideias sobre as bases da sociedade, apresenta os autores clássicos que deram início na trilha moderna desse conhecimento, Comte e Marx; respectivamente os pais do positivismo, que pretendia "estudar a sociedade como a biologia, estudando as condições de equilíbrio" e da teoria crítica de Karl Marx, como visão das "mais precisas sobre a ciência de sociedade", pois "uma sociedade não é determinada por princípios, mas por condições materiais".

De modo engajado, a autora vai além do comum dos pensadores e põe também aquele que deve ser o maior objetivo dos estudos sociológicos, o entendimento da opressão em suas várias dimensões (WEIL, 1991, p. 121).

Trazemos essas duas linhas teóricas de compreensão e construção da realidade para os estudos das cidades e da urbanização.

A cidade da urbanização abstrata e da ciência estrangeira a qual aludimos acima é tida como espaço normal pela *ótica liberal conservadora*, no melhor da ciência positivista de que cada um "fazendo o seu", tudo vai funcionar bem; e aquelas ações e relações sociais que lhes escapam entram no rol das aberrações e da anormalidade dos comportamentos desviantes dos padrões estatísticos.

Se a via do positivismo e da ecologia urbana da Escola de Chicago tomaram as cidades biológica e geometricamente (com o modelo de organismo e as formalizações matemáticas) atribuindo a inteligência ao sistema, é o materialismo histórico e a fenomenologia, embora de modos diferentes, procuraram o ser humano nos processos sociais.

Para Auguste Comte, Émile Durkheim e mais especificamente Herbert Spencer (WEIL, 1991, pp. 117ss; GOTTDIENER, pp. 35-6), o organismo e as formas geométricas são modelos de padrões constitutivos da realidade e estão na base da concepção ecológica (biológica) e matemática da sociedade e da cidade. Esse formalismo "organicista" adota como modelo para o método o organismo, tradição clássica (*organnum* de Aristóteles). A ecologia urbana de Chicago aplica aos estudos e a seu receituário urbano essa matriz conceitual. Porém, deve-se registrar a importância dessa contribuição, por esquadrinhar a sociedade com seus principais problemas, mesmo que de modo acrítico a maioria das vezes. M. Delle Donne (1983, pp. 25-46).

Na outra via, pela *ótica dos críticos* nossas cidades são cidades do público perdido (terras de ninguém!), de desinformação, do discurso sobre a vida sediada em pontos ou endereços com o espaço público como obstáculo (CAMACHO, 1996), cidades das multidões de intimidades (Lasch e Sennett), de vida social determinada economicamente (CASTELLS, 1977) e, não obstante, todos os empecilhos, são cidades de possibilidades e de experimentos para David Harvey, Henri Lefebvre e Milton Santos; virtualmente revolucionárias.

Com Henri Lefebvre, fonte de sua inspiração, Gottdiener procura demonstrar as fragilidades e os limites das ciências parcelares, como a sociologia, a geografia e economia ao tratar do espaço urbano, Gottdiener (1977, p. 24). Como estudar essas teorias todas? Dialoguemos com sua advertência inicial:

> O conhecimento atual dos ambientes espaciais na sociedade moderna está dividido entre as várias especialidades da ciência urbana, inclusive a sociologia, a economia e a geografia. Denomino-as abordagens *mainstream* ou convencionais porque, sendo modos institucionalizados de investigação, valem-se de um paradigma que considero ultrapassado (GOTTDIENER, 1993, p. 35).

M. Gottdiener pretende superar a problemática apontada, demarcando uma área de confluência dos tratamentos parcelares, que denomina "ciência urbana"; indo além da aposição de adjetivos às tais abordagens *mainstream* às quais estaríamos ainda atados.

De tudo aquilo que determina nosso presente é o passado das pessoas e das coisas que exerce a maior influência sobre nossas ações individuais e coletivas. No que tange o espaço urbano, temos experiência desse peso por meio de toda construção e arquitetura que se impõe sobre as práticas sociais e a percepção.

Em suas lições de sociologia, S. Weil (1991) nos leva por essa questão das determinações do passado desenvolvendo o raciocínio sobre a sujeição do indivíduo às formas e conteúdos históricos, assim como Marx trata do trabalho morto materializado, Milton Santos equipara norma e forma, e Henri Lefebvre faz com norma e cotidiano. E se por um lado S. Weil (1991, pp.117-8) admite a motivação moral às ações de Max Weber, de outro evoca destacado descrédito à sua racionalidade:

> *A sociedade não se baseia na razão e na virtude*, pois "a religião é poderosa quando o homem está para morrer, quando as doenças já venceram as paixões e quando o homem jaz, inerte, ou então nos tempos em que os homens não têm nenhuma relação uns com os outros, mas ela não tem nenhum poder na praça do mercado ou na corte (real), onde ela seria mais necessária". Todos os homens admitem uma moral rigorosa quando não se trata de aplicá-la (grifo da autora).

Após sua crítica mordaz à moral mecânica, Weil (1991, p. 118) segue expondo sua tese dos vínculos entre indivíduo e sociedade, afirmando a importância de um materialismo cujo objeto seja "pré-teórico", devendo partir das "necessidades inferiores" para alcançar *todos*:

> Toda a questão política resume-se no seguinte: encontrar em determinadas condições uma forma de sociedade conforme às exigências da razão e que repousa ao mesmo tempo sobre necessidades inferiores.

> Deve-se começar por compreender o jogo das necessidades inferiores em questão.
>
> Um método assim materialista é absolutamente necessário para transformar a boa intenção em ação. É absurdo querer reformar a sociedade, reformando os indivíduos.
>
> (...) Além disso há na sociedade coisas que ninguém quer: por exemplo, a crise. O próprio funcionamento da sociedade impede que os homens sejam virtuosos: é uma máquina para fabricar escravos e tiranos. Giramos num círculo vicioso: os que querem reformá-la mecanicamente chegaram ao resultado lamentável que se vê na Rússia [stalinista]; os que querem reformá-la reformando os indivíduos chegaram a umas belas vidas individuais, mas não chegaram a nada em vista da sociedade (grifo da autora).

"Necessidades inferiores" são fenômenos cuja existência está "acima" de qualquer suspeita, como comer, dormir, falar, ouvir; de outro modo, são os *direitos naturais* que requerem trabalho coletivo pelo bem público: alimentação, abrigo, saúde e segurança, comunicação e educação.

As pistas de Simone Weil nos remetem à condição mundana das cidades: estão no mundo e esse mundo, segundo Mike Davis, está imerso no medo das coisas e dos processos que se agigantam e afastam da natureza (2007). Também Yi-Fu Tuan procurou sentido nesse caminho (2013, pp. 11-4).

Assim, a cidade trazida como ideia, considerada em suas linhas teóricas gerais, remete às distâncias que estas mantêm da existência concreta da qual se fala.

O que deveria ser a cidade

> (...) as cidades são elementos cada vez mais decisivos no processo de acumulação capitalista, o que, para Harvey, reforça a necessidade de criar espaço

para movimentos de resistência, que tornem as cidades mais humanas, mais democráticas e mais inclusivas. Isso porque a lógica das políticas urbanas privilegia cada vez mais os interesses do mercado imobiliário e os grandes empreendimentos e não a qualidade de vida dos habitantes.

O acúmulo de capital depende cada vez mais da urbanização como forma primária de acúmulo. A urbanização que vemos é motivada pela dinâmica e pelas necessidades do capital. Tudo é pensado para que se possa acumular mais", diz Harvey. "Quando as pessoas perdem suas casas nas crises imobiliárias é uma imensa transferência de riqueza de uma população vulnerável para organizações que estão especulando no mercado. O futuro do capital vai ser definido pela batalha de classe, articulada ao processo de urbanização". David Harvey em passagem pelo Brasil em agosto de 2015 (MORSOLIN, 2015).

Partimos daquilo que é mais facilmente reconhecível nas cidades (vivido) e chegamos ao que é menos visível (teórico) a quem não estiver procurando. E, sem dúvida, a cidade deve ser mais democrática, como entidade pública que é; consequentemente, é preciso qualificar as relações do processo de urbanização e os usos do ambiente.

As políticas governamentais, as práticas levadas adiante por empresas privadas e os trabalhos de inúmeras organizações sociais, nas cidades ou nos espaços agrários, são responsáveis pela direção e pela qualidade do desenvolvimento do país (ABRAMOVAY, 2010). Este autor reflete sobre a relação desintegrada entre essas diversas instâncias com suas atribuições, não formando um todo coerente, o que lhes retira justamente o alcance estratégico. Para ele:

> Desenvolvimento sustentável é o processo de ampliação permanente das liberdades substantivas dos indivíduos em condições que estimulem a manutenção e a regeneração dos serviços prestados pelos ecossistemas às sociedades humanas. Ele é formado por uma infinidade de fatores determinantes, mas cujo andamento depende, justamente, da presença de um horizonte estratégico entre seus protagonistas decisivos (ABRAMOVAY, 2010, p. 97).

Para Abramovay, a sustentabilidade é de qualidade ética, estando em jogo "o conteúdo da própria cooperação humana e a maneira como, no âmbito dessa cooperação, as sociedades optam por usar os ecossistemas de que dependem" (ABRAMOVAY, 2010, p. 97).

Ainda, segundo esse autor, embora tenham ocorrido melhorias sociais no Brasil, persistem graves problemas no acesso à educação, moradia, justiça, segurança. Ele vê graves impasses nos padrões dominantes de produção e consumo que se apoiam na degradação ambiental muito mais vigorosa do que o poder da legislação voltada à sua contenção. Haveria de promover inovação tecnológica "cada vez mais orientada a colocar a ciência a serviço de sistemas produtivos altamente poupadores de materiais, de energia, e capazes de contribuir para a regeneração da biodiversidade" (ABRAMOVAY, 2010, p. 98).

Sua argumentação nos leva aos processos industriais com crescentes valores econômicos agregados à produção, muito impactantes às organizações dos grupos humanos, aos quais devem ser contrapostos alternativas mais sustentáveis, que respeitem os modos de vida, a exemplo dos projetos de urbanização de favelas (Favela-bairro, no Rio de Janeiro; Mutirões em São Paulo).

Ao pensarmos na vida social insustentável nas cidades, retomamos a ideia das perdas de lá do começo do texto, reiterando que elas se dão em todas as dimensões, políticas, econômicas, culturais, biológicas. Expressas, respectivamente:

— Nas formas de *alienação* clássica ou de *manipulação* (flexibilidade de posições como nos "armários modulados" de Bauman, que colocamos de qualquer jeito);

— No *empobrecimento seletivo* com alijamento da participação da riqueza produzida socialmente (acesso dificultado aos serviços, pelo desconhecimento de sua operação quanto pelas distâncias dos equipamentos);

— No *acesso seletivo à criação* artística e científica (decréscimo da "alfabetização filosófica");

— Na perda de referências alimentares (abandono dos pratos sabiamente constituídos culturalmente).

Como assim? Mais exemplos:

O que acontece quando:

– Levantamos os vidros dos carros durante os percursos, nos cruzamentos, nos semáforos? Ou quando os cobrimos de películas escuras de invisibilidade, nem conseguindo mais nos comunicarmos de modo simples para pedir passagem ou avisar que vai liberar a vaga ou sair da fila de carros? Ou quando aumentamos em alcance e intensidade os ofuscantes faróis dos automóveis?

– Usamos as redes sociais sem dialogicidade (sem trocas reflexivas, isto é, falar por falar), no lugar da comunicação face a face? Muita gente desconhecida, quase sem laços.

– Não reconhecemos ou conferimos sentidos festejos e celebrações tradicionais? Que têm seus sentidos intrínsecos, quando vividos desde sempre, extrínsecos quando exteriores ou impostos aos lugares.

– Aumentamos os muros e cercas dos endereços pelos quais passamos ou nos quais residimos?

A questão mais importante é: e se abaixássemos os vidros nos faróis? E se nos comunicássemos com outros pedestres, ciclistas, passageiros e motoristas para facilitar a vida, o trânsito? E se abaixássemos os faróis? E se cumprimentássemos os vizinhos? E se víssemos o outro? Para começar, estaríamos no campo das ações de ruptura do círculo vicioso a procura do círculo virtuoso, restituindo os sentidos da vida social em conjunto, da participação política efetiva, da democratização das cadeias produtivas urbano-regionais, aos processos de comunicação.

Nas considerações finais, apontamos o que está para ser feito no que diz respeito à tomada de consciência e à ação na área dos estudos da cidade:

› O que é importante é criar maneiras de coexistência pacífica entre os agentes promotores ativos e passivos da urbanização de cunho capitalista (de investidores do poder público e da iniciativa privada aos cidadãos participantes diretos da configuração do poder) e passivos (eleitorado mecânico e indivíduos "marginais", alijados do processo político por escolha própria ou por imposição). Coexistir também com todos os seres vivos;

› Renaturalizar o olhar para enxergar a natureza escondida pela ocupação no espaço urbano. Além de qualificar a ocupação do espaço físico (relevo, hidrografia, condições atmosféricas). Para tanto, deve-se reaprender

com a história o saber ambiental de todos os povos, sobre os usos de recursos, impactos e respostas públicas e privadas;
› Reencontrar os valores morais e éticos na base dos valores econômicos, alinhando-os conforme as recomendações de S. Weil.

Questões para estudo

1. A filosofia positiva tem forte inspiração no desenvolvimento dos organismos como modelo para o entendimento da sociedade em geral e da cidade em particular. De que modo esse plano de fundo está na base da ciência social moderna?
2. De que modo a teoria crítica de fundo marxista ou anarquista pode beneficiar-se das questões levantadas pelas correntes positivistas de estudo da cidade?
3. Qual é a composição da dimensão política da sociedade, qual a sua relação com a urbanização e como estudá-la?
4. Quais são as principais relações entre espacializações, como as áreas rurais e urbanas, e os processos sociais modernizantes do capitalismo global?
5. Quais são as perdas de qualidade na vida social, com especial atenção para suas repercussões nas cidades? E as soluções requeridas?

Sugestões de filmes

História da cidade (e do espaço urbano) no século XX
Sonhos Tropicais. Brasil, 2002, Dir. André Sturm, 120 min.
Projeções de imagens de cidade
Blade Runner. Estados Unidos, 1982, Dir. Ridley Scott, , 117 min.

Propriedade e organização urbana e especulação imobiliária
Dia de festa. Brasil, 2006, Dir. Toni Venturi e Paulo Georgieff, 77 min.
À Margem da imagem. Brasil, 2003, Dir. Evaldo Mocarzel, 73 min.
À Margem do concreto. Brasil, 2006, Dir. Evaldo Mocarzel, 93 min.
Vivência e sociabilidade na cidade
Medos privados em lugares públicos. França/Italia, 2007, Dir. Alain Resnais, 120 min.
Medianeras. Argentina, 2011, Dir. Gustavo Taretto, 95 min.

Referências bibliográficas

ABRAMOVAY, R. *Desenvolvimento sustentável*: qual a estratégia para o Brasil? Novos estudos Cebrap, n. 87, jul. 2010, pp. 97-113.

ARENDT, H. *O que é política?*. Rio de Janeiro: Bertrand Brasil, 2006.

BAUMAN, Z. *Em busca da política*. Rio de Janeiro: Zahar, 2000.

BENEVOLO, L. *História da cidade*. São Paulo: Perspectiva, 1993.

BORGES, J. L. *El hacedor*. Espanha: Alianza, 2005.

_____. *Atlas*. Argentina: EMECE, 2011.

CALVINO, Í. *Marcovaldo e as estações*. São Paulo: Companhia das Letras, 1994.

CAMACHO, A. R. *A geografia no nascimento do mundo*: existência e conhecimento. Tese de Doutoramento. São Paulo-SP, FFLCH-USP, 2008.

_____; GERALDES, E. A experiência geográfica da constituição do lugar: a reconquista da essência. In: XVI Encontro Nacional de Geógrafos – ENG, 16, 2010, Porto Alegre. Anais. Disponível em: < www.agb.org.br/evento/download.php?idTrabalho=3247>. Acesso em: 01 fev. 2014. Porto Alegre: AGB, 2010.

_____. & LOPES, I.I. A "cidade dos endereços" ou de como o desejo de chegar suprime o interesse pelos caminhos. Comunicação apresentada no 10º Encontro Nacional de Geógrafos, Recife-PE, em 1996.

CARLOS, A. F. A. "Novas" contradições do espaço. In: DAMIANI, A. L.; CARLOS, A. F. A.; SEABRA, O. C. L. *O espaço no fim de século*: A nova raridade. São Paulo: Contexto, 1999.

CARVALHO, S. N. de. Estatuto da cidade: aspectos políticos e técnicos do plano diretor. São Paulo Perspec., São Paulo, v. 15, n. 4, p. 130-135, dez. 2001. Disponível em: <http://www.scielo.br/scielo.php?script=sci_arttext&pid=S0102-88392001000400014&lng=pt&nrm=iso>. Acesso em: 01 nov. 2015.

CASTELLS, M. *A questão urbana*. Rio de Janeiro: Paz e Terra, 1977.

CORRÊA, R. L. *O espaço urbano*. São Paulo: Ática, 1989.

COSTA, M. C. L. "Do higienismo ao ecologismo: Os discursos sobre espaço urbano". In: SILVA, J. B. da (org.). *A cidade e o urbano*: Temas para debates. Fortaleza: EUFC, 1997.

DAVIS, M. *Cidades mortas*: Ecologia, catástrofe e revolta. Rio de Janeiro: Record, 2007.

DELLE DONNE, M. *Teorias sobre a cidade*. Lisboa: Martins Fontes, 1983.

EUFRASIO, M. A. *A formação da Escola Sociológica de Chicago*. Plural. Sociologia, USP, São Paulo, 2: 37-60, l. sem. 1995.

GOTTDIENER, M. *A produção social do espaço urbano*. São Paulo: Edusp, 1993.

GOULART, J. O.; TERCI, E. T.; OTERO, E. V. Participação política e gestão urbana sob o Estatuto da Cidade. urbe, Rev. Bras. Gest. Urbana, Curitiba, v. 7, n. 1, p. 122-135, abr. 2015. Disponível em: < http://www.scielo.br/scielo.php?script=sci_arttext&pid=S2175-33692015000100122&lng=pt&nrm=iso>. Acesso em: 01 nov. 2015.

GUIDUCCI, R. *A cidade dos cidadãos*. São Paulo: Brasiliense, 1980.

JACOBS, J. *Morte e vida de grandes cidade*. São Paulo: Martins Fontes, 2000.

LEFEBVRE, H. *O direito à cidade*. São Paulo: Centauro, 2001.

LEFF, E. *Ecologia, capital e cultura*: Racionalidade ambiental, democracia participativa e desenvolvimento sustentável. Blumenau-SC: EdFURB, 2000.

MARTINS, J. DE S. *O cativeiro da terra*. São Paulo: LECH, 1981.

_____. O futuro da sociologia rural e sua contribuição para a qualidade de vida rural. Estud. av., São Paulo, v. 15, n. 43, pp. 31-6, dez. 2001.

MARTINS, S. A cidade sem infância: A produção do espaço no mundo da mercadoria. Boletim Paulista de Geografia, São Paulo, v. 74, pp. 23-46, 1996.

MORSOLIN, C. Segregação urbana, redução da maioridade penal e educação popular são temas do V Congresso Internacional de pedagogia social. Disponível em: <http://www.ecodebate.com.br/2015/08/31/segregacao-urbana-

reducao-da-maioridade-penal-e-educacao-popular-sao-temas-do-v-congresso-internacional-de-pedagogia-social/>. Acesso em: 01 dez. 2014.

MUMFORD, L. *A cidade na história*. São Paulo: Martins Fontes, 1982.

ORTEGA Y GASSET, J. *Notas de andar y ver*: Viajes, gentes y paises. Madrid: Alianza, 1988.

ROUANET, S. P. As duas vias da mundialização. FSP-Mais. São Paulo, domingo, 30 de julho de 2000.

SANTOS, M. *A urbanização brasileira*. São Paulo: Hucitec, 1993.

_____. *O espaço dividido*. Rio de Janeiro: Francisco Alves. 1979.

_____. *Por uma economia política da cidade*. São Paulo: Hucitec /Educ, 1994a.

_____. *Técnica, espaço, tempo*: Globalização e meio técnico-científico informacional. São Paulo: Hucitec, 1994b.

_____. *Espaço e método*. São Paulo: Hucitec, 1985.

SEABRA, O. C. DE L. Urbanização e fragmentação: apontamentos para estudo do bairro da memória urbana. In: SPOSITO, M. E. B. (org.). Urbanização e cidades: Perspectivas geográficas. Presidente Prudente: FCT-UNESP, 2001.

SILVA, J. G. DA. O novo rural brasileiro. Nova economia, Belo Horizonte, v. 7, n. 1, p. 43-81, maio 1997.

SOJA, E. W. *Geografias pós-modernas*: A reafirmação do espaço na teoria social crítica. Rio de Janeiro: Jorge Zahar Editores, 1993 (1985).

SOUZA, M. L. *ABC do desenvolvimento urbano*. Rio de Janeiro: Bertrand, 2010.

SPOSITO, E. S. *Redes e cidades*. São Paulo: Ed. Unesp, 2008.

SPOSITO, M. E. B. A urbanização da sociedade: Reflexões para um debate sobre as novas formas espaciais. In: DAMIANI, A. L.; CARLOS, A. F. A.; SEABRA, O. C. L. *O espaço no fim de século*: A nova raridade. São Paulo: Contexto, 1999.

TUAN, Y. *A cidade*: Sua distância da natureza. Geograficidade. v.3, n.1, Verão 2013. Disponível em: <http://www.uff.br/posarq/geograficidade/revista/index.php/geograficidade/article/view/122>. Acesso em: 1º dez. 2014.

WEIL, S. *Aulas de filosofia*. Campinas: Papirus, 1991.

WILLIANS, R. *O campo e a cidade*: Na história e na literatura. São Paulo: Companhia das Letras, 1989.

12

Os movimentos sociais na sociedade em rede

Angeles Treitero García Cônsolo e Josefa Alexandrina Silva

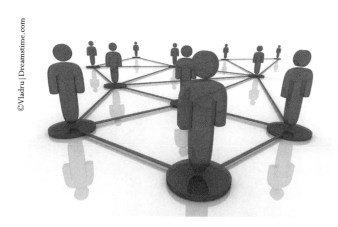

Objetivos

1. Desenvolver uma reflexão sobre os movimentos sociais a partir da análise de como a sociedade se organiza em movimentos coletivos;
2. Explorar a dinâmica nos conflitos existentes e compreender as transformações sociais no final do século XX e início do XXI;
3. Apresentar alguns movimentos que trouxeram grandes transformações nas sociedades, tais como: o feminista e o ambientalista;
4. Expor reflexões contemporâneas sobre o papel das novas tecnologias de comunicação na mobilização dos grupos sociais na defesa de suas causas.

Movimentos sociais

Por movimentos sociais entende-se as "ações de grupos sociais organizados que buscam determinados fins estabelecidos coletivamente e tem como objetivo mudar ou manter as relações sociais" (FERREIRA, 2001, p. 146). Neste sentido, os movimentos sociais podem ser considerados como expressões da sociedade civil, que demandam e promovem mobilizações com o objetivo de solucionar problemas.

Os estudos sobre os movimentos sociais, inserem-se na linha de reflexão sobre as perspectivas de mudanças sociais. A importância desses nos processos de transformações sociais é analisada a partir de diferentes perspectivas.

Os movimentos sociais podem ser divididos em dois tipos: de um lado, os que buscam a emancipação e, de outro, os que desejam a manutenção da ordem existente.

Os estudos orientados por uma perspectiva de análise positivista tendem a considerar os movimentos sociais como evidência de situação de anomia e atribuem ao Estado o papel de conter a ação dos grupos para manter a ordem social.

Em alguns casos, os movimentos sociais são acusados de serem responsáveis pela desorganização social, e suas ações são consideradas como práticas criminosas. Deste modo, existe uma vertente a legitimar as ações de repressão das forças policiais.

Para os analistas de inspiração marxista, os movimentos sociais são expressão das contradições presentes na sociedade e representam fator importante para as mudanças sociais. Nesta perspectiva, os movimentos forjam mudanças nos costumes e nas leis.

Em todas as sociedades e em todas as épocas, há registros da existência de movimentos sociais, indicando que sua existência é inerente ao fato de vivermos em sociedade e das lutas existentes em seu interior entre segmentos que buscam a manutenção da ordem e grupos que buscam mudanças.

A origem e a natureza dos movimentos são muito diversificadas, entretanto, os membros do grupo costumam ser bastante homogêneos. O grupo pode ser composto por um grande ou pequeno número de pessoas. Por exemplo, podem provir de uma empresa, de um bairro, de uma religião, de uma etnia, de uma nação inteira, ou até mesmo de todo o planeta.

Geralmente, o que movimenta um grupo é a causa ou o objetivo em comum, e, para tanto, realizam uma série de atividades organizadas por pessoas que trabalham em conjunto para alcançar um determinado fim. Portanto, o fato de existir um propósito em comum, é o que dá sentido e coesão ao grupo.

Há uma tendência em nossa sociedade de criminalizar os grupos que se organizam em defesa de seus interesses. Porém, é preciso considerar que os movimentos sociais procuram interferir na elaboração das políticas públicas nas áreas econômicas sociais e políticas, algo que o indivíduo isoladamente não conseguiria.

Manuel Castells (2001, p. 25) define os movimentos sociais como:

> (...) las acciones colectivas conscientes cuyo impacto, tanto en caso de victoria como de derrota, transforma los valores y las instituciones de la sociedad. Como no existe

12 Os movimentos sociais na sociedade em rede

> *un sentido de la historia que no sea la historia que sentimos, desde una perspectiva analítica, no hay movimentos sociales "buenos" y "malos", progresistas o regresivos.*[1]

Assim, todos os movimentos sociais refletem a sociedade e entram em choque com estruturas sociais.

Cristina Costa chama de movimentos sociais:

> (...) todas as formas de mobilização de membros da sociedade que têm um objetivo comum explícito. Os movimentos sociais são o objetivo por excelência da sociologia dinâmica, permitindo o estudo dos processos sociais e das mudanças (COSTA, 2005, p. 400).

Ou seja, as atividades exercidas pelos movimentos sociais servem como objeto de estudos para todas as áreas de conhecimento. Os sociólogos, em especial, por meio de pesquisas e estudos realizados constataram que a dinamicidade, ou não, em uma determinada sociedade é gerada pelos movimentos sociais.

A ideia de conflito associada à ação coletiva constituem elementos importantes para compreensão dos movimentos sociais. Não se deve confundir um com turbas (ações de multidões voltadas para depredações e linchamentos), pois essas não possuem objetivos claros em comum e sistemas de organização.

Como fruto das situações de tensões sociais, os movimentos sociais são resultados de esforços coletivos para superar uma situação indesejada. Veja, por exemplo, a mobilização dos negros do Brasil para que o racismo fosse considerado crime.

Os movimentos sociais podem expressar conflitos de classes e resistência à autoridade ou à pressão sobre o sistema institucional. Sua importância social é procurar interferir na elaboração de políticas públicas, econômicas e sociais, algo que o indivíduo isoladamente não conseguiria.

---

[1] (...) as ações coletivas conscientes cujo impacto, tanto em caso de sucesso ou derrota, transforma os valores das instituições da sociedade. Como não existe um senso de história que não seja a história que sentimos, a partir de uma perspectiva analítica, não há movimentos sociais "bons" e "maus", progressistas ou regressivos.

Características dos movimentos sociais: Identidade, oposição e totalidade

De acordo com Touraine apud Foracchi e Martins (1977, p. 344):

> Um movimento social não é a expressão de uma intenção ou de uma concepção do mundo. Não é possível falar de um movimento social se não se pode, ao mesmo tempo, definir o contramovimento ao qual ele se opõe.

Neste sentido, o que define os movimentos sociais é o conjunto de ideias que unem o grupo, dando-lhe uma identidade comum. Outro elemento é contra quem o grupo se organiza. E o princípio de totalidade indica o desejo de mudança para o conjunto da sociedade. É, desse modo, como atores coletivos, que os indivíduos atuam para as mudanças na história.

O princípio de identidade

Segundo Touraine (FORACH; MARTINS, 1995, p. 345), "*é a definição do ator por ele mesmo*. Um movimento social só pode se organizar se esta definição é consciente". Essa consciência, geralmente, precede a formação do movimento.

A identidade refere-se à autoidentificação, ou seja, o que significa, quem fala e em nome de quem, o que representa o movimento perante a sociedade, qual é o problema a ser resolvido etc.

Portanto, a definição da identidade do movimento diz respeito ao grupo social que representa: estudantes? Mulheres? Sem-terras? É preciso que as pessoas se percebam enquanto oprimidos com interesses comuns. A identidade é elemento fundamental para que os indivíduos ajam coletivamente.

Elias (1994, p. 67) faz um referencial bastante interessante sobre isso:

> Toda sociedade humana consiste em indivíduos distintos e todo indivíduo humano só se humaniza ao aprender a agir, falar e sentir o convívio com os outros. A sociedade sem os indivíduos ou o indivíduo sem a sociedade é um absurdo.

As reflexões de Elias, contribuem para pensarmos na tensão existente entre os interesses individuais e os coletivos. Em outras palavras, revela a mútua dependência que existe entre os indivíduos e a sociedade.

O princípio de oposição

Também é muito importante no sentido de identificar quem é o adversário, pois um movimento só se organiza caso possa ser identificado o oponente, aquele que é seu principal inimigo ou concorrente. E somente a partir do conflito é que irá surgir um adversário, e é justamente isso que vai formar a consciência dos participantes do grupo.

Enfim, é necessário que o movimento tenha claro contra a quem se opõe, quais grupos sociais terá que enfrentar. A questão inicial de um movimento social é saber contra quem luta, ou seja, com qual grupo social irá se confrontar.

O princípio de totalidade

Diz respeito ao caráter das reivindicações do grupo. Por exemplo, as reivindicações do movimento sindical vão além do aumento de salário, luta-se pelos direitos sociais. O movimento estudantil vai além das reivindicações específicas de um grupo, luta-se pela melhoria da qualidade de ensino para todos. Neste sentido, as bandeiras de lutas adquirem conotação de defesa de princípios e valores básicos da sociedade.

O campo da ação histórica

Todo movimento social está inserido num campo histórico. Isso quer dizer que o movimento social se insere em um contexto social e que tanto as pessoas que fazem parte do movimento como os adversários tomam atitudes no decorrer das ações, que faz parte de um todo, nada acontece sozinho, mas um depende do outro, o que acaba interferindo no campo de ação histórica.

Desse modo, podemos compreender a necessidade dos processos históricos para analisar as pautas dos movimentos sociais.

Alienação

Como podemos perceber, a vida social está mais para as disputas entre grupos, do que para a harmonia social. Nos movimentos sociais, os interesses de diferentes classes sociais entram em conflito. Veja, por exemplo: a defesa da educação pública e gratuita interessa a classe popular, enquanto que a educação privada é defendida pela classe superior. O problema é que nas situações de conflito, os grupos não se encontram em pé de igualdade para a disputa por seus interesses.

Diante do exposto, mesmo nas situações de conflito, os grupos sociais não possuem simetria. Outro exemplo: os movimentos que reivindicam o acesso à terra e lutam contra os grandes proprietários rurais. As relações entre os grupos são assimétricas, pois os proprietários possuem armas, dinheiro e até mesmo as leis a seu favor. Logo, isso traz o tema da alienação para a análise dos movimentos sociais.

Segundo Touraine apud Foracchi e Martins (1977, p. 357), nos movimentos sociais a alienação está relacionada às classes sociais, isto é, aquela que domina e que é dominada. Para o autor:

> Alienação é o desabrochar da consciência individual ou coletiva, submetida à atração contraditória da participação dependente e da consciência de classe. A primeira impede considerar a sociedade como um conjunto de relações

sociais e impõe a imagem de uma ordem moral, à qual se deve adaptar para não se tornar culpado. A segunda impede esta adaptação e produz a recusa na falta de conflito. Isto envolve a consciência alienada em um isolamento que só pode ser destruído pela agressão contra a ordem estabelecida.

Neste sentido, a consciência de um povo pode ser dominada pela alienação. Os movimentos sociais contribuem para desnaturalizar as formas de dominação social. Geralmente, a luta de um movimento não se dá somente contra seu adversário, mas antes de tudo contra a própria apatia do grupo. Assim, nas sociedades existe uma dialética entre a classe superior e popular, ou seja, as classes sociais se conversam. Segundo Touraine (1977, p. 359):

> A superior é dirigente e dominante ao mesmo tempo, ela cria modelos culturais e a organização social, também submete toda a sociedade aos seus interesses particulares. Já a classe popular é ao mesmo tempo defensiva e progressista. Defensiva, porque participa de modo dependente da atividade econômica e progressista porque contesta a identificação do sistema de ação histórica com os interesses e a ideologia da classe dominante, ou seja, sem o progressismo não poderia haver movimentos sociais.

As formas de decomposição dos movimentos sociais

Um movimento social pode se transformar em transmissor de valores ou de contradições. Todo movimento social deve ser portador de uma ideologia, organização e liderança. Podem ser constituídos por grupos que têm objetivos em comum e minuciosamente organizados sob uma direção central, como o Movimento Sem Terra. O grau de organização de um movimento como o Sem Terra, surgiu do próprio crescimento do número de adeptos da causa, espalhados por todo o país.

A sociedade em movimento

Mudanças nos padrões culturais da sociedade industrial e o crescimento da participação feminina no mercado de trabalho contribuíram para a eclosão do movimento feminista. A partir dos anos 1950, os jovens se rebelaram contra os padrões culturais vigentes, culminando com o movimento hippie e outros pacifistas. O crescente processo de politização da juventude contribuiu para que o movimento estudantil ganhasse evidência.

O crescente processo de urbanização brasileira colabora para a eclosão dos movimentos sociais urbanos ligados à luta por transporte, saúde, habitação e educação. Tais movimentos são associados à luta dos setores populares pela sobrevivência e pela melhoria da qualidade de vida.

Em análise sobre os movimentos sociais urbanos surgidos no Brasil a partir dos anos 1980, Cardoso (1984) afirma que esses movimentos buscavam valorizar a autonomia, a ação direta e a igualdade entre seus membros.

Santos (2001) chama a atenção para o que denomina "os novos movimentos sociais" que identificam novas formas de opressão que não estão baseadas exclusivamente nas relações econômicas, como pacifismo e os movimentos contra o machismo e o racismo. Deste modo, a atuação dos movimentos não está pautada exclusivamente na luta econômica, na busca do bem-estar material.

Os movimentos sociais contemporâneos podem ser divididos em movimentos de interesses específicos de um grupo social, como o de mulheres, negros etc. e os de interesses difusos, como a ecologia e o pacifismo. Lutando por causas subjetivas, buscam emancipação pessoal e não social, por isso há certo distanciamento do Estado, partidos e sindicatos.

No Brasil a luta pela reforma agrária sempre foi uma reivindicação que uniu os camponeses. O Movimento Sem Terra, a partir dos anos 1980, passou a ocupar terras no Rio Grande do Sul e rapidamente encontrou adeptos em todo o país.

Trata-se de um movimento que possui força política nacional e grande capacidade de mobilização.

O movimento feminista

O movimento feminista gerou e gera mudanças comportamentais até hoje. Um movimento que desde fins do século XIX vem apresentado novas lutas, novas dinâmicas e desafios, reconhecidamente tanto a nível nacional como internacional, a mulher tem ganhado espaço na sociedade em que vive.

Claro está que esse movimento não aconteceu isolado ou alheio ao contexto mundial, mas estava presente nas relações com o feminismo do Brasil, do Estados Unidos do Canadá e com as novas dinâmicas de contextos mais amplos, como o internacional que acontecia na época.

Segundo Pinto (2003), o movimento feminista se desenvolveu em três vertentes:

A primeira com foco no movimento sufragista [2] e, por extensão, a luta pelos direitos políticos da mulher.

A segunda vertente se dá quando reúne uma gama heterogênea de mulheres intelectuais, anarquistas e líderes operárias que, além do direito político, defendem o direito à educação, como também discutem a dominação masculina sobre a mulheres e abordam temas que para a época eram extremamente delicados, tais como, a sexualidade e o divórcio.

E a terceira vertente na década de 1960, que surge com o movimento hippie na Califórnia nos Estados Unidos, vai propôs uma forma nova de vida e de pensamento, contrariando os valores tradicionais de moralidade e de consumo norte-americanos, propagando: "paz e amor" em todo mundo. Ao mesmo tempo, os Estados Unidos se envolvem na Guerra do Vietnã, o que vai fazer com que uma grande quantidade de jovens questionem os comportamentos tradicionais da sociedade. Na Europa, acontece o famoso Maio de 68, quando em

---

[2] Esse movimento inglês foi uma das primeiras manifestações femininas de caráter social, político e econômico pela exigência do voto das mulheres. Com a mudança do campo para a cidade, e o trabalho nas fábricas, foi o estopim para as mulheres tomarem consciência de seus direitos pela igualdade social. O movimento ganhou força no início do século XX, após décadas de manifestações pacíficas sem sucesso. Com esse movimento um grupo militante passou a quebrar vidraças e explodir caixas de correio. A escritora inglesa Mary Wollstonecraft (1759-1797) foi a grande pioneira da defesa do voto feminino, em livros e manifestos publicados a partir de 1792.

Paris, muitos estudantes fizeram um movimento na Sorbonne[3] questionando seu poderio alicerçado a séculos, como também soma a esse fato, a própria desmotivação e o desastre que acontecia com os partidos da esquerda comunista instalados nos países europeus.

O movimento feminista no Brasil

No Brasil, por conta do Golpe de 1937, ocorre um longo período de refluxo do movimento feminista que se estende até as primeiras manifestações nos anos 1970. No entanto, isso não significa que durante esse longo período as mulheres não tiveram nenhum papel no mundo público; muito pelo contrário, houveram momentos importantes de participação da mulher, como o movimento no início da década de 1950 contra a alta do custo de vida.

A forte repressão política imposta pelo Golpe militar de 1964 conduziu as mulheres à luta política. A emergência do movimento de mulheres ocorreu tanto nos meios populares e estudantis como entre as mulheres que foram para o exílio.

O movimento de mulheres ganhou visibilidade com o evento organizado para comemorar o Ano Internacional, realizado no Rio de Janeiro sob o título "O papel e o comportamento da mulher na realidade brasileira", e com a criação do Centro de Desenvolvimento da Mulher Brasileira.

O ano de 1975 foi também o da organização do Movimento Feminino pela Anistia, fundado por Terezinha Zerbini. As mulheres exiladas nos Estados Unidos e na Europa voltavam para o Brasil trazendo uma nova forma de pensar sua condição de mulher, em que somente os papéis de mãe, companheira e esposa (submissa e dócil) não mais serviam.

---

3 Sorbonne é uma das mais antigas Universidades da França, fundada no ano de 1170, a partir da escola da catedral de Notre-Dame em Paris.

Na década de 1980 o movimento de mulheres atua no processo de redemocratização, na luta por eleições diretas e constituinte.

A luta contra a violência sempre foi uma bandeira importante do movimento das mulheres. Sua ação foi determinante para a criação das delegacias da mulher em 1985. A criação desses locais foi um avanço porque a mulher passou a ser reconhecida como vítima de violência.

No Brasil, observa-se nos últimos anos uma ampliação dos direitos das mulheres, como o direito ao divórcio, ampliação da licença maternidade etc.

A principal conquista dos últimos anos foi a Lei Maria da Penha, que criminaliza a violência contra a mulher.

Embora tenha crescido a participação política das mulheres, no Brasil o direito de decidir sobre o seu próprio corpo, expresso na luta pela legalização do aborto, ainda é considerado um tabu.

Segundo todos os indicadores sociais, apesar da presença feminina no mercado de trabalho, as mulheres ainda ganham menos do que os homens.

O movimento de mulheres, ao longo da história, obteve importantes conquistas, mas ainda estamos distantes de um modelo de sociedade que garante igualdade entre os gêneros.

O movimento ambientalista

No final do século XX, ganhou projeção global os movimentos sociais que defendem a preservação do meio ambiente. Tratam-se de inúmeros grupos que se voltam para questões que envolvem toda a humanidade e atuam internacionalmente, já que as ameaças ao meio ambiente não têm fronteiras.

A ação do movimento ambientalista nas últimas décadas deve-se a ampliação da consciência ecológica no planeta, em meio aos efeitos adversos do desenvolvimento industrial e da sociedade voltada para o consumo.

Esses movimentos têm estimulado mudanças comportamentais e sociais na população não só no Brasil como no mundo, afinal seus objetivos são planetários, vem promovendo e tentando mudar as relações homem/ natureza.

O movimento vem trabalhando com o objetivo de conscientizar o homem dos prejuízos causados pela devastação da natureza e, por outro lado, mostra as vantagens na preservação da mesma. Ou seja, é um movimento que tenta inculcar, através de atitudes culturais, os prejuízos causados, por exemplo, pelas queimadas das florestas, poluição dos rios ou mares, e muitos outros.

Como se sabe, a natureza, por várias e várias gerações, vem sendo depredada pelo homem. Atitudes que o ser humano tem praticado em causa própria, em virtude da ganância, da riqueza e do poder, cujo estímulo é alicerçado pelo capitalismo selvagem.

O homem passa a queimar florestas inteiras para transformá-las em pastagens, a cortar as árvores para transformá-las em móveis, a poluir as águas transformando-as em depósitos de lixo. Atitudes que de certa maneira, enraízam-se em determinadas culturas, principalmente nos países subdesenvolvidos, por falta de projetos adequados que informem e eduquem a população com relação a natureza.

Uma das grandes bandeiras do movimento ambientalista é a luta contra a produção de alimentos transgênicos. De acordo com a legislação vigente, todos os produtos fabricados com mais de 1% de organismos geneticamente modificados devem trazer essa informação no rótulo. Isso vale mesmo para produtos como o óleo, a maionese e a margarina, em que não é possível detectar o DNA transgênico.

O movimento ambientalista considera importante que os consumidores tenham conhecimento sobre os produtos que estão comprando.

O que podemos afirmar que, alguns problemas sociais, historicamente, são apontados pelos movimentos, com o objetivo da resolução, a melhoria ou o entendimento da sociedade como um todo, modificando até atitudes culturais.

Segundo Castells (2005, p. 573):

> Estamos entrando em um novo estágio em que a Cultura refere-se à Cultura, tendo suplantado a Natureza a ponto de a Natureza ser renovada ("preservada") artificialmente como uma forma cultural: de fato, este é o sentido do movimento ambiental, reconstruir a Natureza como uma forma cultural ideal.

Temos de entender que a preservação da natureza deve ser fator cultural, ser inculcado no cotidiano até se tornar um hábito. Como Castells nos fala, os movimentos sociais nos ajudam a reconstruir a natureza como uma forma cultural ideal.

Movimentos da sociedade em rede

O fenômeno da globalização trouxe para as sociedades contemporâneas a expansão das novas tecnologias, as quais influenciaram radicalmente uma série de coisas, tais como: redefinição dos conceitos entre as fronteiras espaço-tempo; novas formas de ação e de interação; novos formatos de relações sociais, com as pessoas e consigo próprio, fazendo com que se ampliem as relações dos membros dos movimentos sociais, como também acabaram-se os limites geográficos existentes antes do surgimento dessas novas mídias.

Hoje, aumentaram as alternativas com relação à forma de obtenção de informação. É possível acessar qualquer tipo de conteúdo de qualquer lugar do planeta com apenas um pequeno aparelho celular que cabe em nossas mãos. Ou seja, podemos adquirir qualquer tipo de informação, antes controlada e limitada aos canais tradicionais e às grandes corporações e instituições.

As novas tecnologias trazem também consigo um espaço público que possibilita novos caminhos para a interação política, social e econômica, principalmente pelo fato de que, a partir delas, qualquer cidadão pode assumir, ao mesmo tempo, uma variedade enorme de papéis – como cidadão, militante, editor, distribuidor, consumidor etc. –, superando as barreiras geográficas e, até certo ponto, as limitações econômicas.

As novas tecnologias podem possibilitar a ampliação dos modelos com os quais se constroem as experiências humanas, a forma como se percebe a realidade, como se organiza um movimento social.

Algumas características dos movimentos sociais diante das novas tecnologias:

a. *Proliferação e ramificação* – A rapidez e o acesso às novas tecnologias de informação, fez com que houvesse uma proliferação, como também uma integração estratégica e eficiente entre elas; baseado no desejo de participação da comunidade e incentivados pela relação custo-benefício pelas grandes corporações, surgem novas formas de alianças a nível mundial. Isso fez com que aumentassem as formas de mobilização, participação e acesso à informação, aumentando inclusive as ramificações dos movimentos sociais.

b. *Horizontalidade e flexibilidade* – As novas tecnologias promovem maior horizontalidade na medida em que se diminuem as hierarquias. E flexibilidade porque se produzem muitos nós conectados a um número imenso de microrredes que podem ser instantaneamente ativadas.

c. *Tendência crescentemente em forma de redes* – Gira em torno de interesses comuns e de alcance mundial.

d. *Existência dinâmica ou segundo os fatos* – Os movimentos que se organizam em torno de reivindicações específicas e utilizam das novas tecnologias possuem grande dinamismo, podem se transformar, mudar, expandir-se por fatos políticos.

e. *Local físico do movimento* – Não existe um lugar físico, próprio para encontros ou discussões. Os encontros geralmente acontecem na rede.
f. *Universalismo e particularismo das causas* – As causas tanto podem ser universais e particulares de um grupo. Ou seja, grupos grandes ou pequenos lutando por um determinado objetivo.

Podemos afirmar que o uso das novas tecnologias de informação e de comunicação proporciona a circulação de um grande número de informações, que podem ocasionar grandes mobilizações a partir de centenas de nós que são construídos na rede.

Deste modo, ampliam-se os espaços de discussão e de organização dos grupos sociais, que utilizam a tecnologia como uma ferramenta de divulgação de suas causas.

Os movimentos sociais em novos formatos

Novos relacionamentos foram constituídos, os meios possibilitaram a interação de pessoas no âmbito local, nacional ou internacional, o que não quer dizer que houve uma unificação dos movimentos sociais. Segundo Castells (2005, p. 41):

> Os movimentos sociais tendem a ser fragmentados, locais, com objetivo único e efêmero, encolhido em seus mundos interiores ou brilhando por apenas um instante em um símbolo da mídia. Nesse mundo de mudanças confusas e incontroladas, as pessoas tendem a reagrupar-se em torno de identidades primárias: religiosas, étnicas, territoriais, nacionais. O fundamentalismo religioso – cristão, islâmico, judeu, hindu e até budista (o que parece uma contradição de termos) – provavelmente é a maior força de segurança pessoal e mobilização coletiva nestes tempos conturbados.

Em um mundo de fluxos globais de riqueza, poder e imagens, a busca de identidade, coletiva ou individual atribuída ou construída, torna-se a fonte básica de significado social.

Esses meios de comunicação podem contribuir para a articulação de grupos que portam as mesmas ideologias e se encontram dispersos pelo planeta, surgindo daí a potencialidade de movimentos sociais com estruturas globais.

Outro item que se pode mencionar que esses novos meios têm proporcionado é o da desterritorialização do espaço público, e quem trata do assunto é o pesquisador e filósofo Pierry Lévy (1999. p. 41), e diz o seguinte:

> A emergência das comunidades virtuais – gerais ou específicas, comerciais ou militares, ocasionais ou duráveis – constitui um dos maiores acontecimentos sociológicos dos cinco últimos anos. Essas comunidades virtuais podem duplicar comunidades já existentes, tais como empresas, cidades ou associações, mas podem também se constituir de maneira original no ciberespaço, a partir de uma vontade de comunicação em torno de "pontos comuns", quaisquer que sejam, entre internautas.

Isto é, não precisamos mais de um espaço físico definido, ou um território, eles permitem o rompimento de fronteiras, ou tabus, encontramos os assuntos mais variados possíveis, que passam por religião, feminismo, homossexualismo, pobreza, exclusão social, abandono, crianças de rua, deficiente físico, meio ambiente, reciclagem ou sexo; tornando-se difícil acompanhar o grande crescimento, tendo em vista que a cada momento surge um novo grupo, um novo movimento, uma nova comunidade virtual.

Os movimentos sociais ganharam com as novas tecnologias novas potencialidades de organização e mobilização, podendo unir forças, pressionar governos ou partidos políticos. E, ao mesmo tempo que conseguem realizar essa pressão, projetam-se no espaço social e ganham credibilidade, ao mostrar maior transparência.

Maria da Glória Gohn (1997, p. 296) identifica essa realidade em sua Teoria dos Movimentos Sociais:

> O tempo se altera em função dos novos meios de comunicação. A mídia, principalmente a TV e os jornais da grande imprensa, passa a ser um grande agente de pressão social, uma espécie de quarto poder, que funciona como termômetro do poder de pressão dos grupos que têm acesso àqueles meios. As Organizações Não Governamentais, por sua vez, ganham proeminência sobre as instituições oficiais quanto à confiabilidade na gerência dos recursos públicos.

Sem dúvida a grande mídia (rádio, jornal e TV) sempre fez e continua a fazer pressões com relação aos movimentos sociais, porque existe um dono da emissora, é ele quem disponibiliza a informação para o seu público. Ao passo que na internet a procura pela informação acontece de forma diferenciada, pois é o sujeito que vai à procura da informação, existe um diálogo entre o indivíduo e o meio de comunicação, ou seja, uma interatividade, o que não acontece com os meios de comunicação de massa. Não é mais um meio de comunicação dirigindo-se a muitos, mas sim a uma comunidade distribuída por toda parte num mundo de ouvintes, espectadores, leitores ou contribuintes.

Podemos afirmar que esse fato se torna mais evidente com o desenvolvimento das mídias móveis; pessoas se comunicam através de dispositivos móveis ou por sistema de computação sem fio.

Novos formatos de mobilizações sociais

O termo *smart mobs* foi criado por H. Rheingold para descrever as novas formas de sociabilidade usando dispositivos móveis tais como celulares, *pagers*, internet sem fio blogs etc com voz e mensagens de texto (*Short Message Service* – SMS).

Os *smart mobs* são organizados para ações coletivas de multidões que podem ter adeptos de qualquer lugar do mundo.

Uma das primeiras manifestações, e mais proporcionada pelo avanço das tecnologias de comunicação, ocorreu em 2001, quando o Presidente das Filipinas Joseph Estrada foi o primeiro chefe de estado na história a perder o poder por uma "pequena multidão".

Mais de um milhão de moradores de Manila, mobilizados e coordenados por uma onda de mensagens de texto disparados pelo *site* People Power afrontaram o regime com manifestações pacíficas. Dezenas de milhares de filipinos convergiram para a Avenida Epifanio de Los Santos, conhecida como "Edsa", uma hora após a primeira mensagem de texto ter sido lançada. Com dizeres: "Vá para EDSA. Use preto".

Durante quatro dias, mais de um milhão de cidadãos apareceram vestidos de preto. Estrada caiu. Derrubar um governo sem disparar um único tiro era uma demonstração prematura e momentânea do surgimento do comportamento *smart mobs*.

Outra demonstração da força dessa mobilização foi em 2004, na cidade de Madri, depois da explosão de uma bomba dentro do metrô. Mais de cinco mil pessoas se reuniram espontaneamente às 6h da tarde de sábado, em frente ao quartel general do Partido Popular, partido do governo em Madri, protestando contra o que eles achavam ser uma falta de transparência na investigação sobre o bombardeio nos trens na Estação de Atocha. Este protesto foi mobilizado em questão de horas usando o SMS e os e-mails.

Para André Lemos, as tecnologias de comunicação móveis são fenômenos de massa, se caracterizam por serem:

a) abertas e tendem a crescer; b) São rítmicas pois a interação pode acontecer por SMS, e-mails, blogs, internet sem fio e; c) elas são rápidas.

Para o autor, o uso das novas tecnologias de conexão sem fio tende a aumentar a formação de massas ou multidões abertas.

Flash mobs

As práticas de *flash mob*[4] (multidões-relâmpago que têm como característica principal realizar uma encenação em algum ponto da cidade) geralmente ocorrem em circuitos urbanos, mais frequentemente nos hipercentros das grandes metrópoles, e representam a ponta final. Para Rheingold (2003) "a *flash mob* é especificamente um tipo de *smart mob* organizado exclusivamente para entretenimento." Trata-se do auge do processo de articulação e organização que tem início no ambiente on-line.

Por meio da internet – principalmente em *blogs*, listas de discussão, canais de *chat*, *instant messengers* ou mensagens SMS trocadas via telefones celulares – e das facilidades proporcionadas pelas novas formas de comunicação sem fio (comunicação descentralizada, multiplicação da capacidade de circulação de informações em curtos espaços de tempo, rapidez nas rearticulações necessárias etc.), os interessados em participar de uma *flash mob* encontram-se, deliberam, encaminham os procedimentos necessários à consecução do evento.

Segundo André Lemos (2004, p.39):

> As *smart mobs* revelam duas dimensões interessantes: política e hedonista. As flash, por serem apolíticas, hedonistas, tribais e efêmeras são mais um exemplo das diversas formas de sociabilidade contemporânea típica da cibercultura como os chats, os diários pessoais, os jogos, grupos de discussão... A dimensão política aponta para mobilizações rápidas com o uso de tecnologias móveis para agregação usadas com o intuito de escapar do controle e da vigilância policial. Em ambas as ações trata-se de uma lógica do uso dessas tecnologias que pressupõem apropriação e uso social para ação.

Outro elemento favorável à formação de movimentos sociais via rede fixa ou móvel é a oportunidade de compartilhar recursos e conhecimentos ao redor do mundo, entre os vários membros ou entre os grupos. Dessa forma, as

---
4 RHEINGOLD, H. Disponível em: <http://www.smartmobs.com/book/book_summ.html>. Acesso em: 2003.

pessoas podem estar em qualquer lugar do mundo, participar de conferências, reuniões e discutir assuntos com vários grupos, o que facilita a comunicação entre os membros dos movimentos e a agilização.

> A ação de ativistas antiglobalização é articulada pela Internet. A ATACC, associação francesa que defende a cobrança de impostos sobre a movimentação de capitais, que por entrarem e saírem livremente dos países, causam instabilidades econômicas, luta pela tributação das operações financeiras, atua na internet e ganhou projeção global divulgando sua causa e angariando adeptos do mundo inteiro.

O uso e a apropriação da rede para fins sociais tem trazido grandes benefícios aos movimentos sociais; tais como: quebra do isolamento, propagação de lutas particulares, maior presença através da rede, como também maior interação e coordenação, tanto entre os membros como com outras redes e movimentos sociais, o que gerou também a universalização de singularidades.
Segundo Lévy (2003, p. 373):

> (...) as singularidades locais universalizam-se e todos os pontos de vista estão virtualmente presentes em cada ponto da rede. O novo espaço público constrói um território de natureza semântica. A "posição" neste território virtual vai se tornar determinante, relativizando progressivamente o papel da situação ou da proveniente geografia. As distâncias e proximidades semânticas marcam-se através de senhas, de laços hipertextuais, de conexões entre comunidades virtuais, de trocas de informações, de densidades de inteligência coletiva.

Podemos dizer que esses novos meios de comunicação se converteram em um espaço público fundamental para uma nova socialização. Espaço este que possibilita novos caminhos para as interações especialmente, entre os membros dos grupos sociais.

Jorge Alberto S. Machado, professor da Escola de Artes, Ciências e Humanidades da USP, afirma que está se formando um espaço público importantíssimo que possibilita a interação política. E diz que:

> A rede converteu-se em um espaço público fundamental para o fortalecimento das demandas dos atores da sociedade civil, que conseguem contornar a desigualdade de recursos para ampliar alcance de suas ações e desenvolver estratégias de luta mais eficazes. Ela é um espaço público que possibilita novos caminhos para interação política, social e econômica, principalmente pelo fato de que nela qualquer cidadão pode assumir, ao mesmo tempo, uma variedade enorme de papéis – como cidadão, militante, editor, distribuidor, consumidor, etc. –, superando as barreiras geográficas e, até certo ponto, as limitações econômicas.[5]

Os novos movimentos sociais

Com o crescente processo de internacionalização das sociedades, os valores de diferentes grupos se interpenetram, resultando na organização de novos movimentos sociais.

A variedade de movimentos e de orientações indicam tendência de proliferação de movimentos voltados para a mudança de valores, como os movimentos homossexuais, antirracistas e pacifistas.

Desse modo, os novos movimentos sociais não têm como primazia a luta econômica, e sim a cultural. Se no passado os movimentos se voltavam para

---

5 MACHADO, J. A. S. Movimentos sociais, tecnologias de informação e o ativismo em rede. <http://www.educacaopublica.rj.gov.br/biblioteca/geografia/geo22d.htm>. Acesso em: 14 jan. 2007.

o Estado, agora se voltam para a sociedade como um todo adquirindo um caráter difuso.

Santos (2001) analisa que os novos movimentos sociais atuam em estruturas descentralizadas, não hierárquicas e fluídas. Daí uma preferência pela ação política não institucional, dirigida à opinião pública com vigorosa utilização dos meios de comunicação de massa.

Como nos traz uma reflexão, Alves (2012, p. 36), convergindo para:

> Os novos movimentos sociais, a princípio, não incorporam utopias grandiosas de emancipação social que exijam clareza político-ideológica. Pelo contrário, eles expressam, em sua diversidade e amplitude de expectativas políticas, uma variedade de consciência social crítica capaz de dizer "não" e mover-se contra o *status quo*.

Assim, podemos afirmar que os movimentos sociais possuem em sua contingência irremediável, um profundo lastro moral do impulso crítico. Como indignados, eles fazem, mas não o sabem (como diria Marx). No plano contingente, fazem uma crítica radical do capitalismo como modo de produção da vida social.

Considerações finais

Supomos que as novas tecnologias da informação e da comunicação serão fundamentais para a geração e produção de novos movimentos sociais, pois é fato que a internet, com o auxílio dos dispositivos móveis, enquanto um meio de comunicação de massa favorece a organização desses movimentos e de comunidades virtuais em torno de interesses que lhes são próprios e, consequentemente, de novas formas de exercício da cidadania.

Acreditamos que esses meios possam ser utilizados dialogicamente, para o aprimoramento no sentido de ampliar a interlocução entre comunidades e os poderes públicos, aperfeiçoando estratégias e táticas de pressão contra um *status quo* que não nos garante sequer afastar as possibilidades de tragédias de diversas ordens, irreversíveis para a preservação da vida no planeta Terra.

A existência de movimentos sociais pode ser considerada como elemento importante para que haja mudanças sociais. Desse modo, todo movimento social tem natureza política, pois implica na intenção de exercer o poder ou de influir na tomada de decisões políticas.

Os movimentos sociais desempenham papel importante na defesa dos direitos humanos e têm contribuído para a ampliação dos direitos dos cidadãos.

Questões para estudo

1. Qual é a importância dos movimentos sociais para a sociedade?
2. Como os pesquisadores analisam os movimentos sociais? Justifique sua resposta.
3. Qual é a relação existente entre as novas tecnologias e os movimentos sociais?
4. Como você analisa os movimentos sociais que fizeram história, como o ecológico ou o movimento feminista. Qual é a relação deles com os dias atuais?
5. Você já participou de alguma *smart mob* ou *flash mob*? Conte o que aconteceu e como foi a organização. Caso nunca tenha participado do evento, procure entender como ele se dá a partir da criação e produção de um texto. Tema: Um encontro relâmpago.

Sugestões de filmes

As Sufragistas. Reino Unido, 2015, Dir. Sarah Gavron, 107 min.
Avatar. Estados Unidos, 2009, Dir. James Cameron, 162 min.
Happy Feet: O pinguim. Estados Unidos, 2006, Dir. George Miller, Judy Morris, Warren Coleman, 108 min.
Histórias cruzadas. Estados Unidos, 2011, Dir. Tate Taylor, 146 min.
O silêncio das inocentes. Estados Unidos, 2010, Dir. Jonathan Demme, 138 min.
Revolução em Dagenham. Estados Unidos, 2011, Dir. Nigel Cole, 113 min.

Referências bibliográficas

ALVES, G. Ocupar Wall Street... e depois? In: HARVEY, David et al. *Occupy*: Movimentos de protesto que tomaram as ruas. São Paulo: Boitempo Editorial & Carta Maior, 2012.

BRASIL OESTE. Disponível em: <http://www.brasiloeste.com.br/noticia/1876/transgenicos>. Acesso em: 13 jan. 2007.

CARDOSO, R. Movimentos sociais urbanos: um balanço crítico. In: ALMEIDA, M. H & SORJ, B. (org.). *Sociedade e política no Brasil pós-64*. São Paulo: Brasiliense, 1984.

CARGILL. Disponível em: <http://www.cargill.com.br/C8/A%20Cargill/default.aspx>. Acesso em: 13 jan. 2007.

CASTELLS, M. *La era de la información, economía, sociedad y cultura:* El Poder de la Identidad (Vol. II). Editorial Siglo Veintiuno, 2001.

_____. *A sociedade em rede*. 8. ed. São Paulo: Paz e Terra, 2005.

COSTA, C. *Sociologia*: Introdução à ciência da sociedade. 4. ed. São Paulo: Moderna, 2005.

EDUCAÇÃO PÚBLICA RJ. Disponível em: <http://www.educacaopublica.rj.gov.br/biblioteca/geografia/geo22d.htm>. Acesso em: 14 jan. 2007.

ELIAS, N. *A sociedade dos indivíduos*. Rio de Janeiro: Zahar, 1994.

FERREIRA, D. *Manual de sociologia*: Dos clássicos à sociedade da informação. São Paulo: Atlas, 2001

FIRJAN SAÚDE. Disponível em: <http://www.firjansaude.com.br:8008/firjansaude/firjansaude.nsf/paginas/movimento_feminista>. Acesso em: 20 fev. 2007.

FORACCHI, M. M., MARTINS, J. DE S. *Sociologia e sociedade*: Leituras de introdução à sociologia. São Paulo: LTC, 1977.

FÓRUM SOCIAL MUNDIAL. Disponível em: < http://www.forumsocialmundial.org.br>. Acesso em: 21 fev. 2009.

GOHN, M. DA G. *Teoria dos movimentos sociais*: Paradigmas clássicos e contemporâneos. São Paulo: Loyola, 2006.

_____. *Sociologia dos movimentos sociais*. 2. ed. São Paulo: Cortez Editora, 2014.

GREENPEACE. Disponível em: <http://www.greenpeace.org.br/consumidores/noticia.php?c=2960>. Acesso em: 15 jan. 2007.

LEMOS, A. *Cibercultura e mobilidade a era da conexão*. In: *Derivas*: Cartografia do ciberespaço. LEÃO, L. (org.). São Paulo: Senac, 2004.

LÉVY, P. Pela ciberdemogracia. In: Moraes, D. de (org.) *Por uma outra comunicação*. Rio de Janeiro: Record, 2003. p. 373.

MACHADO, J. A. S. Movimentos sociais, tecnologias de informação e o ativismo em rede. Disponível em:<http://www.educacaopublica.rj.gov.br/biblioteca/geografia/geo22d.htm>. Acesso em:14 jan. 2007.

PINTO, C. R. J. *Uma história do feminismo no Brasil*. São Paulo: Fundação Perseu Abramo, 2003.

RHEINGOLD, H. Disponível em: <http://www.smartmobs.com/book/book_summ.html>. Acesso em: 2003.

SADER, E. *Quando novos personagens entram em cena*. Rio de Janeiro: Paz e Terra, 1988.

SANTOS, Boaventura de S. *Los nuevos movimientos sociales*. OSAL. Septiembre, 2001. pp. 177-88.

_____. O caos da desordem. Folha de S. Paulo, 16 ago.2011, caderno Opinião, p. A3

SCHERER-WARREN, I. *Movimentos sociais*: Uma interpretação sociológica. Florianópolis: Ed. da UFSC, 1984.

SCIELO. Disponível em: <http://www.scielo.br/scielo.php?script=sci_arttext&pid=S1413-81232003000400002&lng=pt&nrm=iso>. Acesso em: 12 jan. 2007.

_____. Disponível em: <http://www.scielo.br/scielo.php?script=sci_arttext&pid=S0104-026X2004000200015>. Acesso em: 20 fev. 2007.

TOURAINE, A. *Production de la société*. Paris: Éditions du Seuil, 1973.

UNB. Disponível em: < http://www.unb.br/ih/his/gefem/labrys7/liberdade/anaalice.htm>. Acesso em: 10 fev. 2007.

WWF. Disponível em: <http://www.wwf.org.br/natureza_brasileira/meio_ambiente_brasil/educacao/tratado_de_educacao_ambiental/index.cfm>. Acesso em: 13 jan. 2007.

ÍNDICE REMISSIVO

ABERTURA ECONÔMICA 176, 185, 188

ABSOLUTISMO MONARQUICO 14, 17, 35, 38

AÇÃO SOCIAL 34, 148, 149, 150, 151, 152, 153, 223,

ALIENAÇÃO 139, 140, 306, 320, 321

ANTIGUIDADE 5, 7, 9, 257

ANTIGUIDADE CLÁSSICA 7, 9

ANTROPOCENTRISMO 9

ARISTÓTELES (384-322 a.C.) 7

BACON, FRANCIS (1561-1626) 11

BANCO MUNDIAL 177

BEM-ESTAR SOCIAL 179, 183, 187, 190, 206

BURGUESIA 9, 13, 14, 35, 38, 49, 50, 69, 71, 72, 73, 78, 82, 87, 136, 143, 156, 238

BURGUESIA CAPITALISTA 69

BURGUESIA COMERCIAL 9, 35,

BURGUESIA FINANCEIRA 9, 10, 35

BURGUESIA INDUSTRIAL 63

BURGUESIA MANUFATUREIRA 42, 45

BURGUESIA MERCANTIL 10

BURGUESIA OCIDENTAL 63

BURGUESIA RENASCENTISTA 10

BUROCRACIA 161, 162, 163, 164, 165, 166, 167

CADASTRO GERAL DE EMPREGADOS E DESEMPREGADOS (CAGED) 213

CAPITALISMO 45, 84, 89, 132, 135, 136, 137, 139, 140, 153, 155, 156, 161, 164, 179, 182, 184, 190

CAPITALISMO CONCORRENCIAL 36

CAPITALISMO CONTEMPORÂNEO 142

CAPITALISMO FINANCEIRO 155, 190

CAPITALISMO GLOBAL 180, 187, 195

CAPITALISMO LIBERAL 36

CAPITALISMO MERCANTIL 8

CAPITALISMO MODERNO 205

CAPITALISMO MONOPOLISTA 36

CAPITALISMO PLENO 37

CAPITALISMO SELVAGEM 134, 326

CARDOSO, FERNANDO HENRIQUE (1931-) 185, 211

CENTRAL ÚNICA DOS TRABALHADORES 225

CIÊNCIA POSITIVISTA veja POSITIVISMO

CLASSES SOCIAIS 33, 136, 140, 141, 240, 320, 321

COLLOR, FERNANDO veja MELLO, FERNANDO COLLOR DE

COMPANHIA DAS ÍNDIAS ORIENTAIS 86

COMTE, AUGUSTE (1798-1857) 18, 19, 20, 21, 22, 23, 88, 90, 91, 99, 101, 102, 113, 254, 301, 302

COMUNA DE PARIS 98

COMUNIDADES VIRTUAIS 219, 330, 334

CONFEDERAÇÃO GERAL DOS TRABALHADORES 225

CONFLITOS SOCIAIS 37, 103, 262

CONSCIÊNCIA COLETIVA 102, 108, 115, 116

CONSOLIDAÇÃO DAS LEIS DO TRABALHO (CLT) 224, 225

CONSUMISMO 186, 226

CONSUMO 135, 139, 151, 179, 192, 193, 194, 195, 196, 208, 212, 215, 261, 264, 270, 274, 323, 325

CONTRARREFORMA 10

COPÉRNICO, NICOLAU (1473-1543) 12

CRESCIMENTO ECONÔMICO 187, 211, 212, 218, 221, 265

CRISE ECONÔMICA 79, 184, 196, 213

CRÍTICA DA RAZÃO PURA 88

D'ALEMBERT, LEAN LE ROND (1717-1783) 17

DECLARAÇÃO DOS DIREITOS DO HOMEM E DO CIDADÃO 77

DECLARAÇÃO UNIVERSAL DOS DIREITOS HUMANOS 77

DEPARTAMENTO INTERSINDICAL DE ESTATÍSTICA E ESTUDOS SOCIOECONÔMICOS (DIEESE) 217

DESCARTES, RENÉ (1596-1650) 13

DESEMPREGO 47, 49, 50, 134, 142, 190, 196, 208, 209, 214, 215, 217, 218, 219, 221, 268, 269

DESENVOLVIMENTO TECNOLÓGICO 221, 225

DESINDUSTRIALIZAÇÃO 213, 223

DESTERRITORIALIZAÇÃO 193, 194, 330

DIDEROT, DENIS (1713-1874) 17

DIVISÃO DO TRABALHO 39, 57, 58, 108, 116, 117, 118, 119, 120, 132, 139, 142, 205

DIVISÃO SOCIAL 108, 139, 205

DOMINAÇÃO BUROCRÁTICA 166

DOMINAÇÃO TRADICIONAL 168

DURKHEIM, ÉMILE (1858-1917) 92, 98, 99, 100, 101, 102, 103, 104, 105, 106, 107, 108, 109, 110, 111, 112, 113, 114, 115, 116, 118, 119, 120, 121, 150, 254, 302

ECONOMIA 8, 33, 38, 39, 46, 58, 84, 89, 128, 142, 156, 158, 159, 163, 176, 177, 179, 180, 182, 184, 185, 186, 187, 191, 196, 207, 208, 209, 211, 212, 214, 216, 221, 225, 265, 268, 269, 274, 276, 278, 302

ECONOMIA BRASILEIRA 209, 210, 211, 212, 213

ECONOMIA CAPITALISTA 183, 190

ECONOMIA INFORMAL 209

ECONOMIA MUNDIAL 184, 196, 218

ECONOMIA RURAL 257

EMPRESAS TRANSNACIONAIS 179, 181, 182, 185, 194

ENGELS, FRIEDRICH (1820-1895) 89, 128, 129

ESTADO DEMOCRÁTICO DE DIREITO 238

ESTADO KEYNESIANO 176

ESTADO LIBERAL 207

ESTADO MODERNO 162, 164, 239

ESTADOS CAPITALISTAS 183

ESTRUTURA BUROCRÁTICA 164, 166, 169

ESTRUTURA CARISMÁTICA 168

ESTRUTURA DE EXERCÍCIO DE PODER 167

ESTRUTURA PATRIARCAL 168

ESTRUTURA RACIONAL LEGAL 166, 169

ESTRUTURA TRADICIONAL 168

ÉTICA 2, 84, 153, 157, 158, 170, 234, 306

EXISTENCIALISMO 301

EXPANSÃO DO CAPITALISMO 175

FATOS SOCIAIS 33, 100, 101, 102, 104, 108, 109, 112, 114, 122, 150

FENOMENOLOGIA 254, 301, 302

FENOMENOLOGIA DOS ESPÍRITOS 88

FILOSOFIA POSITIVISTA 19, 23, 88

FLASH MOB 333

FORÇA DE TRABALHO 42, 45, 47, 48, 49, 54, 64, 131, 132, 134, 139, 140, 204, 214, 264

FORÇA SINDICAL 225

FORDISMO 181, 208

FOUCAULT, MICHEL (1926-1984) 244, 245, 246

FUNDAÇÃO SISTEMA ESTADUAL DE ANÁLISE DE DADOS (SEADE) 217

FUNDO MONETÁRIO INTERNACIONAL 293

GLOBALIZAÇÃO 142, 175, 176, 177, 178, 183, 184, 186, 187, 190, 191, 192, 193, 194, 195, 196, 207, 216, 221, 256, 265, 268, 279, 293

GOULART, JOÃO (1918-1976) 187, 289

GUERRA FRANCO-PRUSSIANA 98

GUERRA FRIA 191

HEGEL, GEORGE W. (1770-1831) 88, 127, 128, 129

HIPÓCRATES (460 - 370 a.C.) 275

HOBBES, THOMAS (1588-1651) 15

HUSSERL, EDMUND (1859-1938) 254

IDADE MÉDIA 9, 39, 72, 156, 205

ILUMINISMO 14, 15, 293

IMPOSTO SOBRE A PROPRIEDADE TERRITORIAL URBANA (IPTU) 290

INDEPENDENCIA DOS ESTADOS UNIDOS 15, 83, 86, 87

INDUSTRIALIZAÇÃO 18, 19, 44, 48, 49, 50, 52, 53, 54, 57, 62, 63, 134, 139, 140, 205, 208, 224, 259, 262

INOVAÇÕES TECNOLÓGICAS 42, 43, 88, 179, 180, 221

INSTITUTO BRASILEIRO DE GEOGRAFIA E ESTATÍSTICA (IBGE) 217

INVESTIMENTO INTERNACIONAL 177, 182

JEFFERSON, THOMAS (1743-1826) 75, 87

JOBLESS GROWTH 218

JORNADA DE TRABALHO 41, 51, 52, 56, 57, 226

KANT, IMMANUEL (1724-1804) 88, 111, 114

KELSEN, HANS (1881-1973) 237

KEYNES, JOHN MAYNARD (1883-1946) 183, 184, 186, 187

KUBITSCHEK, JUSCELINO (1902-1976) 187, 209

LA BOÉTIE, ÉTIENNE (1530-1563) 235, 236

LEI DO AÇUCAR 86

LEI DO CHÁ 86

LEI DO SELO 86

LEI MARIA DA PENHA 325

LEI ORGÂNICA DO MUNICÍPIO 291

LIBERALISMO ECONOMICO 14, 35, 52, 57, 89

LOCKE, JOHN (1596-1704) 13, 14

MAIS-VALIA 133, 134, 141, 142, 204

MÃO DE OBRA 46, 47, 48, 50, 134, 136, 142, 180, 184, 191, 208, 209, 212, 215, 223, 273

MAQUIAVEL, NICOLAU (1469-1527) 12

MARX, KARL (1818-1883) 14, 33, 34, 42, 44, 46, 47, 48, 49, 53, 54, 55 89, 92, 127, 128, 129, 130, 131, 132, 133, 134, 135, 136, 137, 138, 139, 140, 141, 142, 143, 205, 238, 254, 301, 303, 336

MATERIALISMO HISTÓRICO 159, 301, 302

MEIOS DE PRODUÇÃO 39, 40, 41, 45, 52, 58, 63, 131, 134, 136, 137, 139

MEIOS MATERIAS DE PRODUÇÃO veja MEIOS DE PRODUÇÃO

MELLO, FERNANDO COLLOR DE (1949-) 185

MERCADO COMUM DO SUL (MERCOSUL) 215

MERCADO DE TRABALHO 184, 205, 208, 209, 212, 213, 215, 218, 223, 322

MERLEAU-PONTY, MAURICE (1980-1961) 254, 278

MILAGRE BRASILEIRO 209

MILAGRE ECONÔMICO BRASILEIRO veja MILAGRE BRASILEIRO

MODELO DESENVOLVIMENTISTA 189

MONARQUIA CONSTITUCIONAL 74, 79, 80

MONTESQUIEU (1689-1755) 15, 17, 70, 79, 87, 100, 103

MOVIMENTO AMBIENTALISTA 325, 326

MOVIMENTO FEMININO PELA ANISTIA 324

MOVIMENTO FEMINISTA 322, 323, 324

MOVIMENTO HIPPIE 323

MOVIMENTOS SOCIAIS 80, 128, 196, 241, 242, 273, 289, 292, 315, 316, 317, 318, 320, 321, 322, 325, 327, 329, 330, 331, 333, 334, 335, 336, 337

MUNDIALIZAÇÃO 191

NEOLIBERALISMO 183, 186, 263

ORDENAMENTO RACIONAL 167

ORGANICISMO SOCIAL 22

ORGANIZAÇÕES NÃO GOVERNAMENTAIS 210, 292, 331

PENSAMENTO CIENTÍFICO 5, 12, 13, 14, 17, 24, 25, 26, 254

PENSAMENTO FINALISTA 7, 18

PENSAMENTO NEOLIBERAL 186

PENSAMENTO NORMATIVO 7, 18

PLANO BRESSER 209

PLANO COLLOR I 210

PLANO COLLOR II 210

PLANO CRUZADO 209

PLANO DE ACELERAÇÃO DO CRESCIMENTO (PAC) 212

PLANO DIRETOR MUNICIPAL 291

PLANO REAL 210, 211

PLANO TRIENAL 187

PLANO VERÃO 209

PLATÃO (427-347 a.C.) 7, 8, 239

PODER HEGEMÔNICO AMERICANO 183

POSITIVISMO 18, 90, 99, 254, 301, 302

PRECARIZAÇÃO DO TRABALHO 208, 215, 216, 217, 218, 219, 268, 269

PROBLEMAS SOCIAIS 189, 266, 326

PROCESSO PRODUTIVO 43, 132, 134, 204, 207, 214, 221, 226

PRODUÇÃO CAPITALISTA 31, 32, 33, 35, 37, 45, 63, 88, 136, 175

PRODUTO INTERNO BRUTO (PIB) 182, 207, 213, 214

PROLETARIADO 136, 137, 156, 196, 238

RACIONALIDADE 7, 8, 11, 13, 21, 151, 152, 155, 156, 157, 161, 190, 260, 303

RACIONALIDADE DISCURSIVA 7

RACIONALISMO 13, 14, 17

RACIONALISMO FRANCÊS 103

REAÇÃO TERMIDORIANA 82

REAGAN, RONALD (1911-2004) 176

REDES SOCIAIS 194, 307

REFORMA RELIGIOSA 9

RELAÇÕES SOCIAIS 22, 32, 34, 36, 37, 49, 99, 106, 135, 137, 152, 238, 257, 258, 265, 273, 301, 315, 327

RENASCIMENTO 8, 9, 10, 11

RENASCIMENTO COMERCIAL 8

REVOLUÇÕES BURGUESAS 9, 15, 32, 67, 78, 83, 88

REVOLUÇÃO FRANCESA 9, 15, 18, 22, 32, 38, 51, 62, 69, 70, 78, 80, 81, 83

REVOLUÇÃO GLORIOSA 14, 38

REVOLUÇÃO INDUSTRIAL 32, 36, 37, 42, 43, 45, 46, 47, 48, 49, 52, 54, 56, 60, 61, 62, 63, 69, 83, 92, 142, 179, 223, 256, 257, 268

ROBESPIERRE, MAXIMILLIEN DE (1758-1794) 78, 81, 82

ROUSSEAU, JEAN-JACQUES (1712-1778) 15, 16, 17, 70, 88, 104

ROUSSEFF, DILMA (1947-) 212

SAINT-SIMON (1760-1825) 18, 19

SEGUNDA GUERRA MUNDIAL 77, 188, 214, 242

SENSO COMUM 6, 23, 24, 25, 26, 233

SERVIDÃO VOLUNTÁRIA 235, 236

SILVA, LUIZ INÁCIO LULA DA (1945-) 211

SIMMEL, GEORG (1858-1918) 99, 147

SISTEMA ÚNICO DE SAÚDE (SUS) 290

SMART MOBS 331, 332, 333

SMITH, ADAM (1723-1790) 14, 52, 57, 89

SOCIEDADE INDUSTRIAL 21, 22, 133, 322

SOCIEDADES PÓS-INDUSTRIAIS 192

SOCIOLOGIA 2, 18, 21, 22, 39, 91, 92, 97, 99, 101, 102, 103, 105, 106, 107, 108, 109, 110, 111, 113, 148, 149, 150, 152, 161, 203, 301, 302, 303

SOCIOLOGIA COMPREENSIVA 149, 161

SOCIOLOGIA DO CONHECIMENTO 115

SOCIOLOGIA RURAL 295

SOCIOLOGIA URBANA 274, 295

SOLIDARIEDADE SOCIAL 107, 116

SPENCER, HERBERT (1820-1903) 101, 104, 302

TAYLORISMO 208

TECNOLOGIA DA INFORMAÇÃO 187, 188, 195

TEOCENTRISMO 9

TEORIA GEOCÊNTRICA 12

TEORIA HELIOCÊNTRICA 12

TERCEIRIZAÇÃO 211, 216, 219, 222

TERRITORIALIZAÇÃO 278, 279

THATCHER, MARGARET (1925-2013) 176

TIGRES ASIÁTICOS 178

TIPO IDEAL 160, 161

TÖNNIES, FERDINAND (1855-1936) 99

TOYOTISMO 181, 190, 208

TRABALHO PRIMITIVO 205

TRADE-UNIONS 51

URBANIZAÇÃO 9, 59, 254, 256, 257, 258, 259, 260, 263, 264, 271, 277, 279, 293, 295, 296, 297, 300, 301, 305, 306, 307, 322

VARGAS, GETÚLIO (1882-1954) 23, 187, 208

VOLTAIRE (1694-1778) 8, 15, 17, 70, 77

VON BISMARCK, OTTO (1815-1898) 98

WEBER, MAX (1864-1920) 36, 84, 92, 99, 147, 148, 149, 150, 151, 152, 153, 154, 155, 156, 157, 158, 159, 161, 162, 163, 164, 165, 166, 167, 168, 169, 170, 254, 294, 303

SOBRE OS AUTORES

ADILSON RODRIGUES CAMACHO

Doutor em ciências pelo programa de geografia na USP; mestre em geografia pela UNESP, graduado e licenciado em geografia pela USP. Professor titular na UNIP e na FAAP. Especialista em EaD e com experiência em estudos socioambientais municipais e regionais, atua nas linhas de pesquisa ligadas à epistemologia da geografia e metodologias de planejamento, qualificação dos usos territoriais do ambiente (diagnóstico e prognóstico socioambiental) associada à adequação das políticas públicas às demandas locais.

ANGELES TREITERO GARCÍA CÔNSOLO

Doutora em educação e mestre em tecnologia da inteligência e design digital pela PUC-SP. Gestora de processos comunicacionais (ECA-USP), especialista em comunicação e mercado (Faculdade Cásper Líbero). Graduada em comunicação social pela ESPM. Atualmente, desenvolve pesquisas na área da educação à aplicabilidade de dispositivos móveis no ensino formal e informal. Presta assessoria em educação e TICs. Professora titular na UNIP.

EDILSON CÂNDIDO DA SILVA

Pós-graduado em psicopedagogia clínica pela UNIFIEO. Bacharel e licenciado em história pela PUC-SP e licenciado em pedagogia pela UNINOVE, atua como professor na UNIP.

Fernanda Silveira Correa
Doutora e mestre em filosofia pela UNICAMP e psicóloga formada pela PUC-SP. Autora do livro Filogênese na metapsicologia freudiana, é psicanalista e atua como professora do curso de pós-graduação lato-senso na Universidade Anhembi-Morumbi.

Fernando Perillo da Costa
Sociólogo, bacharel e licenciado em ciências sociais pela USP, com especialização em sociologia da comunicação e sociologia rural. Pós-graduado em sociologia pela PUC-SP e em formação em educação à distância pela UNIP. É coordenador geral do curso de comunicação social também na UNIP.

Josefa Alexandrina Silva
Doutoranda no programa de pós-graduação da Faculdade de Educação da USP, mestre em ciências sociais pela PUC-SP, bacharela e licenciada em ciências sociais pela PUC-SP. É ainda professora adjunta de cursos de graduação na UNIP e pesquisadora na área de políticas educacionais e ensino de sociologia.

José Eduardo Azevedo (Organizador)
Doutor em ciências sociais (ciência política) pela PUC-SP, mestre em ciência política pela UNICAMP e graduado em ciências sociais, pedagogia e administração. Atua ainda como professor titular de cursos de graduação, pesquisador nas áreas de relações sociais nas prisões e pensamento político da Polícia Militar e especialista em desenvolvimento urbano (sociólogo) na Prefeitura Municipal de São Paulo.

Neusa Meirelles Costa
Doutora em ciências sociais (ciência política) pela UNESP. Professora titular de sociologia na UNIP. É membro do Grupo de Pesquisa e Núcleo de Estudos Interdisciplinaridade: Movimento e Transformação (InMTra), da Sociedade Brasileira de Sociologia (SBS) e da Associação Internacional para Estudo da Música Popular – América Latina (IASPM-AL), apresentando trabalhos em

congressos nacionais e internacionais. Autora do livro *De amor, cotidiano e outras falas na música brasileira popular*.

Renata Viana de Barros Thomé

Doutora em educação pela USP, mestre em sociologia pela UNICAMP, bacharel em ciências sociais pela PUC-SP e em letras pela USP. É professora do Centro de Educação da Universidade Federal do Rio Grande do Norte (UFRN) e desenvolve pesquisa nas áreas de arte-educação e pedagogia ativa.

Silas Guerriero

Doutor e mestre em antropologia pela PUC-SP. É professor do Departamento de Ciência da Religião e do Programa de Estudos Pós-Graduados em Ciência da Religião da PUC-SP, professor titular na UNIP e pesquisador na área de antropologia da religião.

Sirlei Pires Terra

Doutora em ciências sociais pela PUC-SP, mestre em educação e saúde pela Universidade Presbiteriana Mackenzie, graduada em ciências sociais pelo IMES - São Caetano do Sul. Graduada e licenciada em geografia pela PUC-SP. Especialista em formação de professor em EaD, pela UNIP, e em saúde coletiva pela Universidade Católica Dom Bosco (UCDB) e portal Educação. Professora titular na UNIP, atua no curso de licenciatura em sociologia, em EaD, e na coordenadoria de estágio em educação da UNIP.

Sérgio Luiz Carneiro (in memoriam)

Mestre em comunicação social pela UNIP e graduado em ciências sociais pela Faculdade de Filosofia, Ciências e Letras de Rio Claro da USP. Sociólogo, especialista em planejamento urbano, trabalhou na Empresa Paulista de Planejamento Metropolitano S.A. (EMPLASA), vinculada ao Governo do Estado de São Paulo. Lecionou na Escola de Sociologia e Política de São Paulo e na UNIP.

Contato com o autor
jazevedo@editoraevora.com.br

Este livro foi impresso pela gráfica Maistype em papel *Offset* 70 g.